내 친구 코딩아트왕

엔트리 그림판 활용하기

마린북스

이 책의 목차

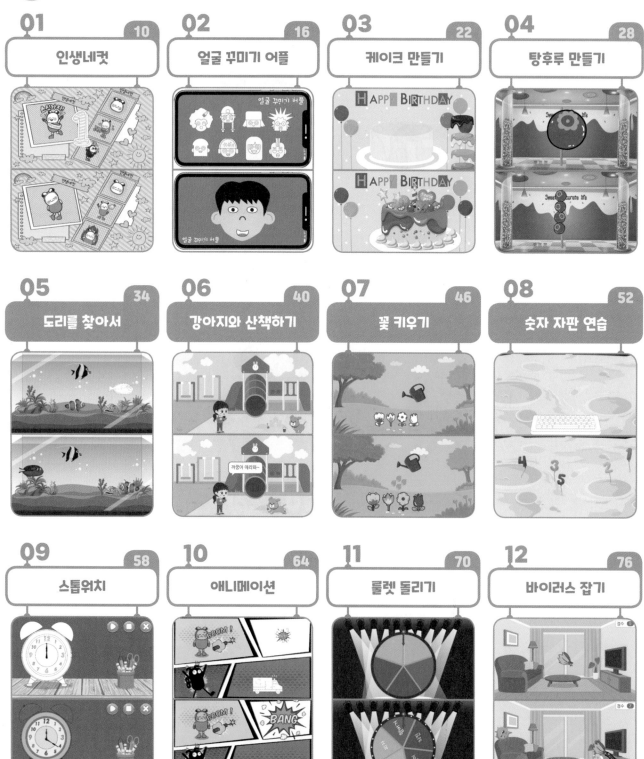

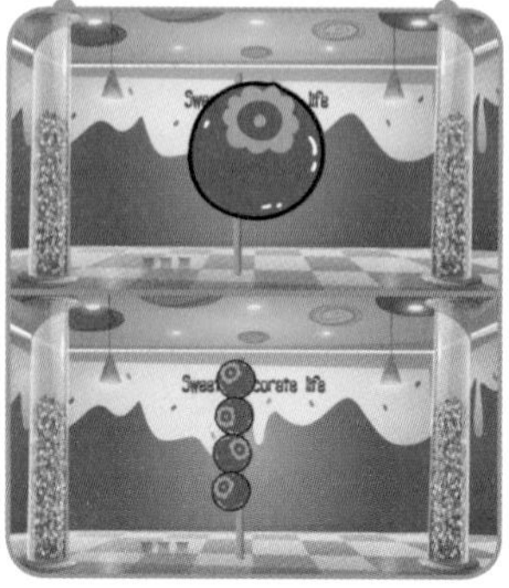

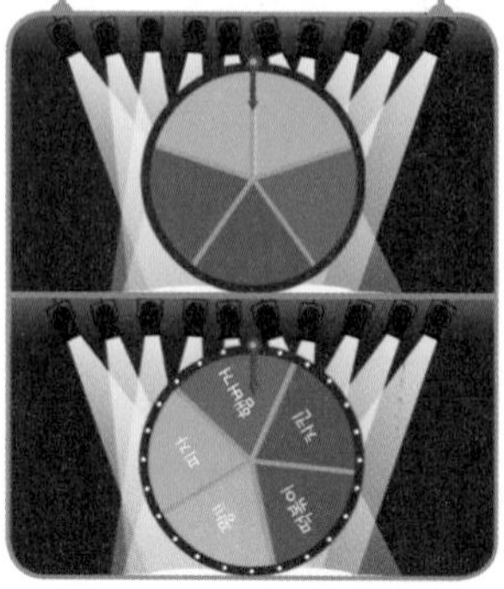

알록달록 오브젝트를 꾸미고,
뚝딱뚝딱 엔트리로 코딩해요!!

부록 엔트리 그림판 사용 방법에 대해 알아볼까요?

엔트리 그림판은 내가 원하는 그림을 그리거나 색칠을 할 수 있으며 완성된 그림은 코딩에 필요한 오브젝트로도 사용할 수 있어요. 지금부터 엔트리 그림판 기능에 대해서 하나씩 배워볼까요?

실습파일 엔트리 그림판.ent 완성파일 엔트리 그림판(완성).ent

1 실습파일 파일 불러오기

❶ 엔트리를 실행한 후 **[파일]-[오프라인 작품 불러오기]**를 클릭하세요.

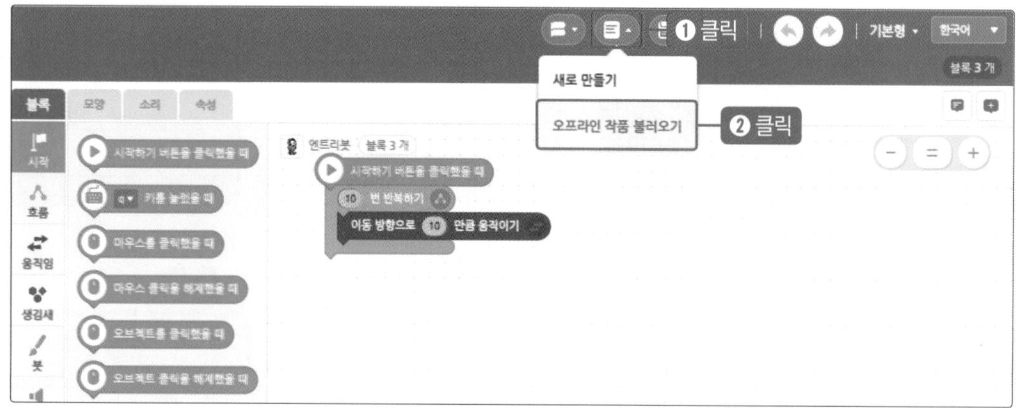

❷ [열기] 대화상자가 나오면 작업할 파일(엔트리 그림판)을 선택한 후 **<열기>**를 클릭하세요.

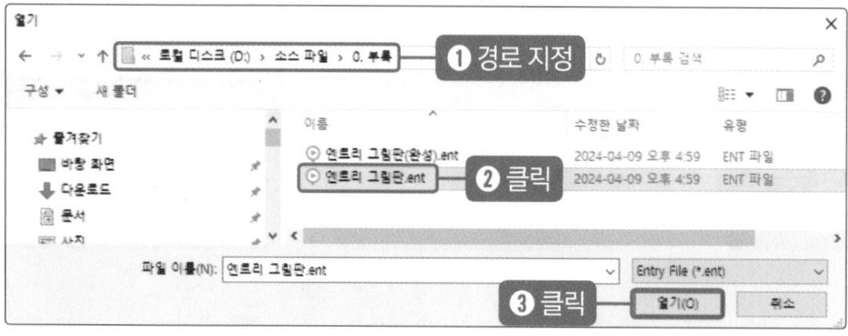

TIP [파일 탐색기]로 엔트리 파일 실행하기

[파일 탐색기]에서 작업할 엔트리 파일을 더블클릭하면 엔트리 프로그램을 별도로 실행하지 않아도 해당 파일이 자동으로 열려서 편리해요.

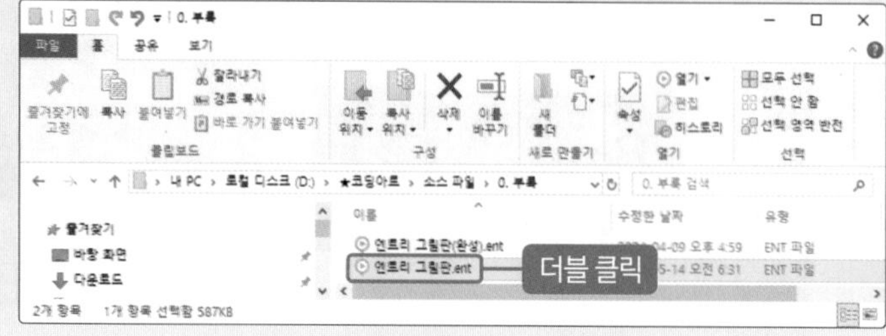

2 색칠하기

❶ 파일이 열리면 **[모양]** 탭에서 **벡터**를 선택한 후 **채우기()**를 클릭하세요. 앞으로 모든 그림 작업은 **벡터**로 작업해야 하기 때문에 비트맵이 선택되지 않도록 주의해 주세요.

TIP 벡터

오브젝트에 색을 채우거나 그릴 때는 반드시 '벡터'를 선택해 주세요.
비트맵을 선택하여 색을 채우면 이미지가 깨끗하게 채워지지 않아요.

▲ 벡터

▲ 비트맵

TIP 자주 사용하는 엔트리 그림판 메뉴

메뉴	설명
(이동)	화면을 확대했을 때 원하는 위치로 이동할 수 있어요.
(선택)	특정 객체를 선택할 수 있어요.
(펜)	윤곽선 굵기와 채우기 색상을 지정하여 자유롭게 그림을 그릴 수 있어요.
(직선)	윤곽선 굵기와 윤곽선 색상을 지정하여 직선을 그릴 수 있어요.
(사각형)	윤곽선과 채우기 색상을 지정하여 사각형을 그릴 수 있어요.
(원)	윤곽선과 채우기 색상을 지정하여 원을 그릴 수 있어요.
T| (글상자)	글꼴, 글꼴 크기, 글꼴 스타일을 지정하여 텍스트를 입력할 수 있어요.
(채우기)	채우기 색상을 지정하여 색을 채울 수 있어요.

❷ 아래쪽 **채우기 색상(▾)**을 클릭하여 **원하는 색을 선택**한 후 그림이 없는 **빈 곳을 클릭**하세요.

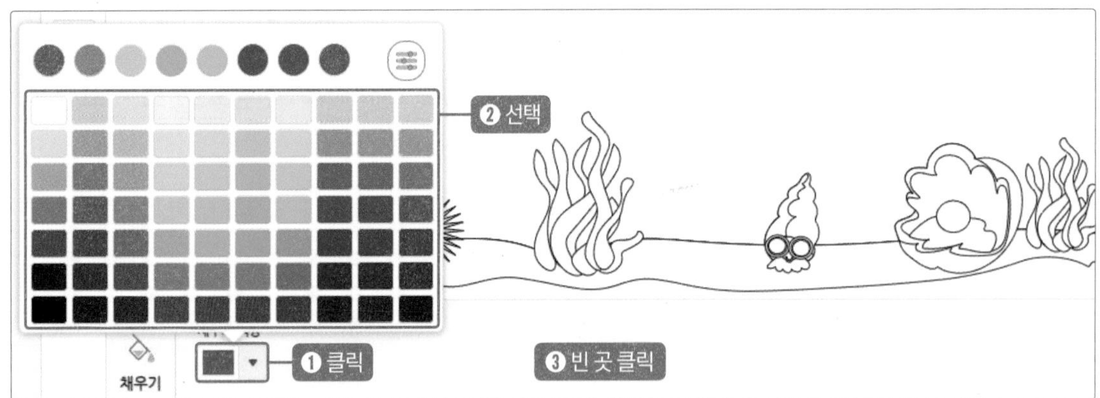

❸ 색상이 선택되면 해당 색으로 채울 곳을 **더블클릭**하세요.

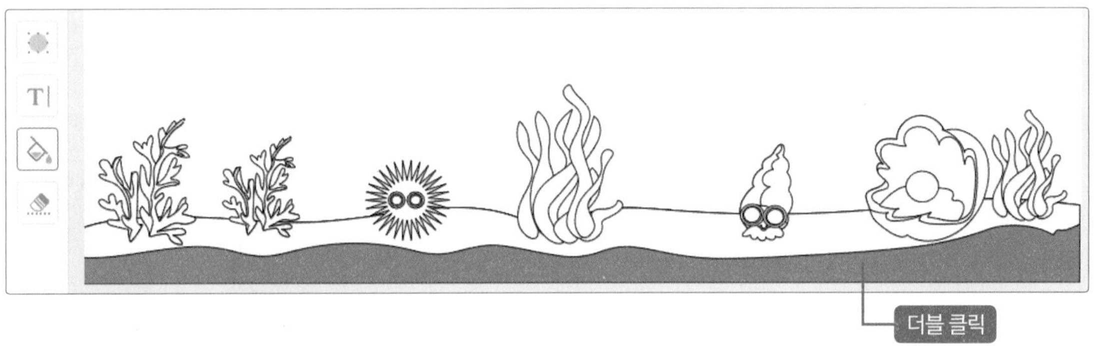

❹ 색을 변경하기 위해 **채우기 색상(▾)**을 클릭하여 **원하는 색을 선택**한 후 그림이 없는 **빈 곳을 클릭**하세요.

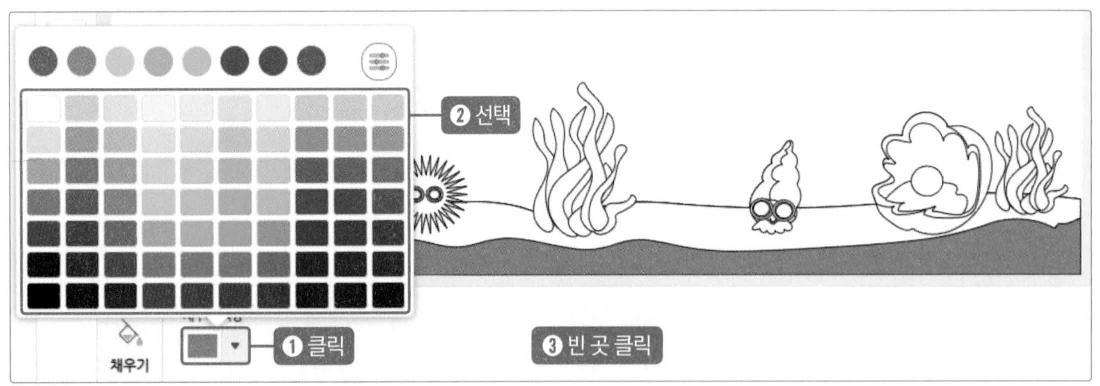

TIP **색 채우기 취소(Ctrl+Z)**

색칠을 하다가 틀렸을 경우에는 입력 취소( ) 또는 Ctrl+Z를 누른 후 다시 원하는 색으로 색칠하세요.

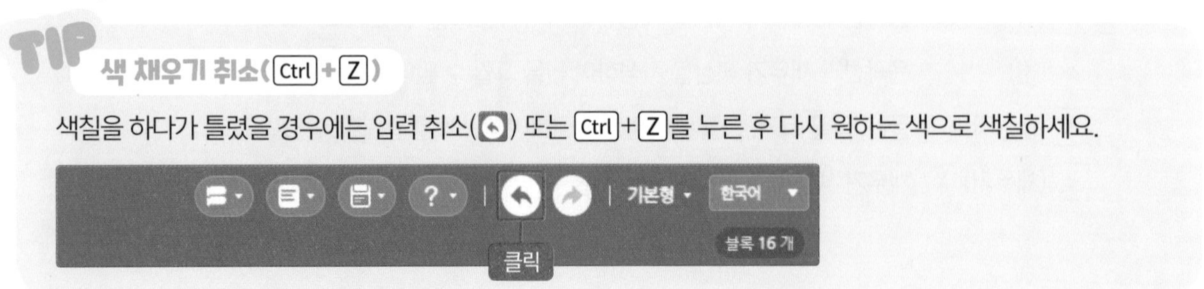

❺ 색상이 변경되면 해당 색으로 채울 곳을 더블클릭하세요.

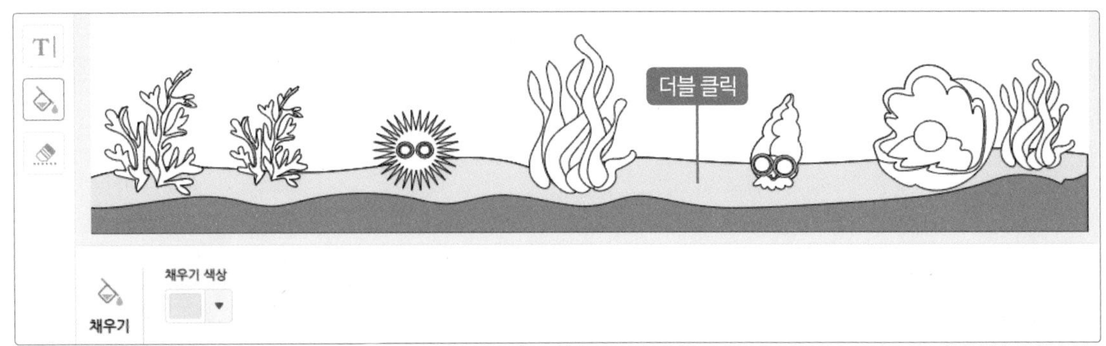

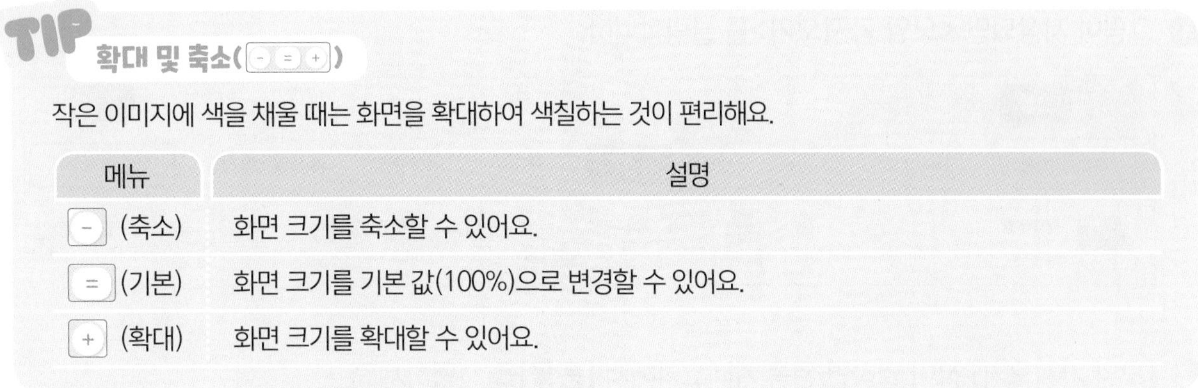

TIP 확대 및 축소(- = +)

작은 이미지에 색을 채울 때는 화면을 확대하여 색칠하는 것이 편리해요.

메뉴	설명
- (축소)	화면 크기를 축소할 수 있어요.
= (기본)	화면 크기를 기본 값(100%)으로 변경할 수 있어요.
+ (확대)	화면 크기를 확대할 수 있어요.

❻ 화면을 확대한 후 여러 가지 색을 이용하여 바다속을 예쁘게 색칠해 보세요. 화면이 확대되면 이동( ) 메뉴를 이용하여 색칠할 위치로 이동하세요.

❼ 그림이 완성되면 <저장하기>를 클릭하세요.

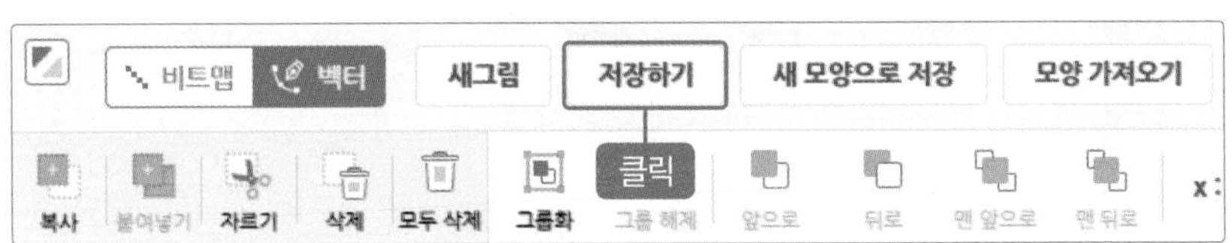

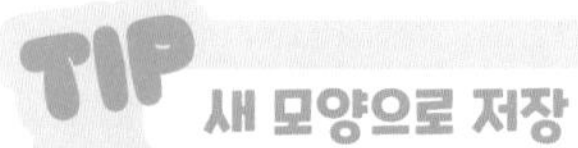

새 모양으로 저장

엔트리 그림판으로 그림을 그린 후 <새 모양으로 저장>을 눌러 저장하면 원본은 그대로 유지한 채 '새그림'으로 저장돼요.

3 모양 가져와 그림 꾸미기

❶ 그림이 저장되면 **<모양 가져오기>**를 클릭합니다.

❷ [모양 가져오기] 창이 열리면 왼쪽 카테고리에서 **[동물]**을 선택하세요.

❸ 오른쪽 스크롤 바를 아래쪽으로 내려서 **[주황 물고기_1]**을 선택한 후 **<추가하기>**를 클릭세요.

❹ [주황 물고기_1] 모양이 추가되면 왼쪽 Shift를 누른 채 조절점( )을 드래그하여 크기를 변경하세요.

❺ 크기가 변경되면 마우스로 드래그하여 위치를 변경하세요.

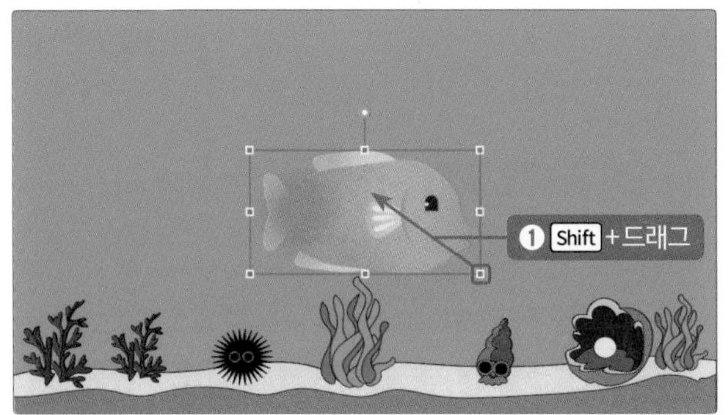

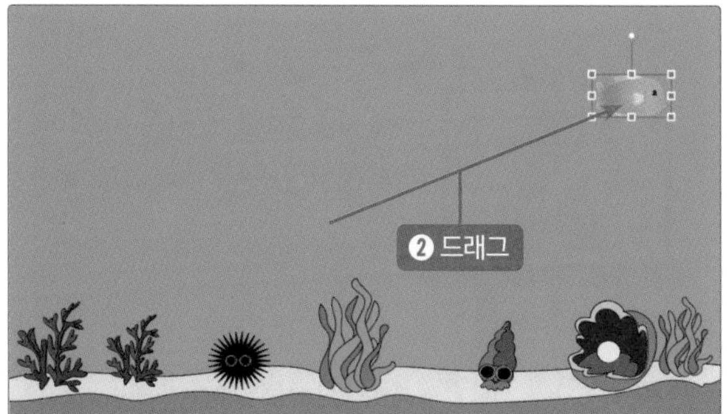

TIP 모양 추가 후 다른 모양이 선택될 경우

모양을 추가한 후 크기 및 위치를 변경할 때 다른 모양이 선택되면 입력 취소( )를 누른 후 해당 모양을 다시 선택하여 작업하세요.

❻ 똑같은 방법으로 여러 가지 바다 동물과 해초를 추가한 후 **<저장하기>**를 클릭하세요.

- [동물] 카테고리 : 가오리_옆, 긴 해파리_1, 꽃게_1, 노란 복어_1, 아기 고래_1
- [식물] 카테고리 : 해초_1

❼ 엔트리 그림판에서 모든 작업이 완료되면 -저장하기를 클릭하세요.

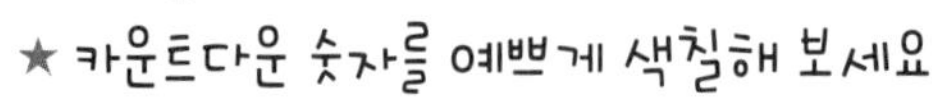

인생네컷

학습목표

★ 카운트다운 숫자를 예쁘게 색칠해 보세요.
★ 실행화면을 클릭하면 카운트다운(3,2,1) 후 멋진 포즈로 사진을 찍을 수 있어요.

실습파일 인생네컷.ent　　**완성파일** 인생네컷(완성).ent

카운트다운 색칠하기	카운트다운 후 다양한 포즈로 사진찍기

오브젝트 파헤치기

❶ **카운트다운** : 0.5초 간격으로 모양을 바꿔 카운트다운(3,2,1)을 진행해요.
❷ **인생사진1~인생사진4** : 카운트다운(3,2,1)이 끝나면 10개의 모양 중에서 하나의 모양으로 포즈를 정해요.

명령 블록 파헤치기

블록 꾸러미	명령 블록	설명
시작	마우스를 클릭했을 때	실행화면을 마우스로 클릭하면 아래쪽에 연결된 블록들이 실행돼요.
흐름	2 초 기다리기	입력한 시간만큼 기다린 후 다음 블록을 실행해요.
생김새	모양 보이기	오브젝트를 실행화면에서 보이게 해줘요.
	모양 숨기기	오브젝트를 실행화면에서 보이지 않게 해줘요.
	원본1 ▾ 모양으로 바꾸기	오브젝트를 선택한 모양으로 바꿔줘요.

알록달록 오브젝트 꾸미기

01 **인생네컷**.ent 파일을 불러와 **[카운트다운]** 오브젝트를 선택한 후 **[모양]** 탭을 클릭하세요.

02 3개의 모양 중에서 1을 선택하여 **채우기( )**로 예쁘게 색칠한 후 **<저장하기>**를 클릭하세요.

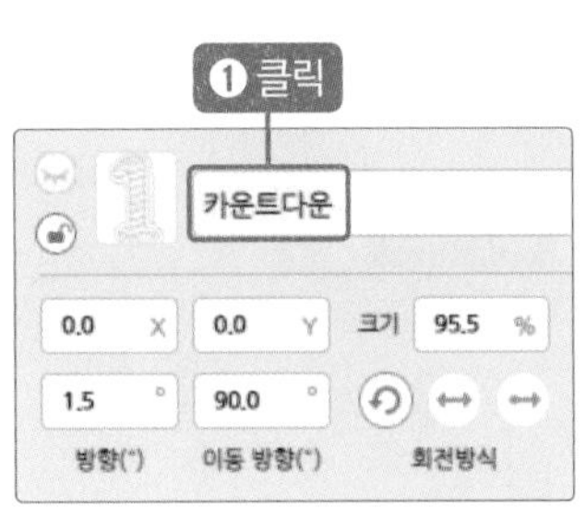

TIP 색 채우기 취소(Ctrl+Z)

색칠을 하다가 틀렸을 경우에는 입력 취소( ) 또는 Ctrl+Z를 누른 후 다시 원하는 색으로 색칠하세요. 엔트리 그림판 작업이 어려운 경우 앞쪽 부록 내용(엔트리 그림판 사용 방법)을 참고하세요.

03 2와 3도 예쁘게 색칠한 후 **<저장하기>**를 클릭하세요.

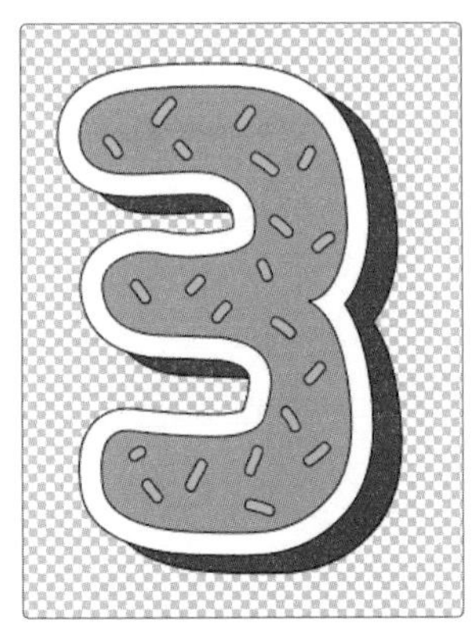

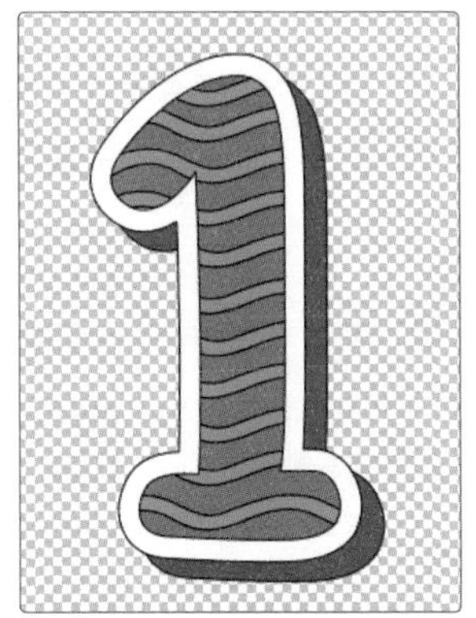

04 엔트리 그림판에서 모든 작업이 완료되면 ( ) - **저장하기**를 클릭한 후 **[블록]** 탭을 선택하세요.

뚝딱뚝딱 블록 조립하기

01 **[카운트다운]** 오브젝트가 선택된 상태에서 [시작]을 클릭한 후 [마우스를 클릭했을 때]를 블록 조립소로 드래그 하세요.

02 실행화면을 클릭하면 숨겨져 있던 **[카운트다운]**을 나타내기 위해 [생김새]의 [모양 보이기]를 아래쪽에 연결 하세요.

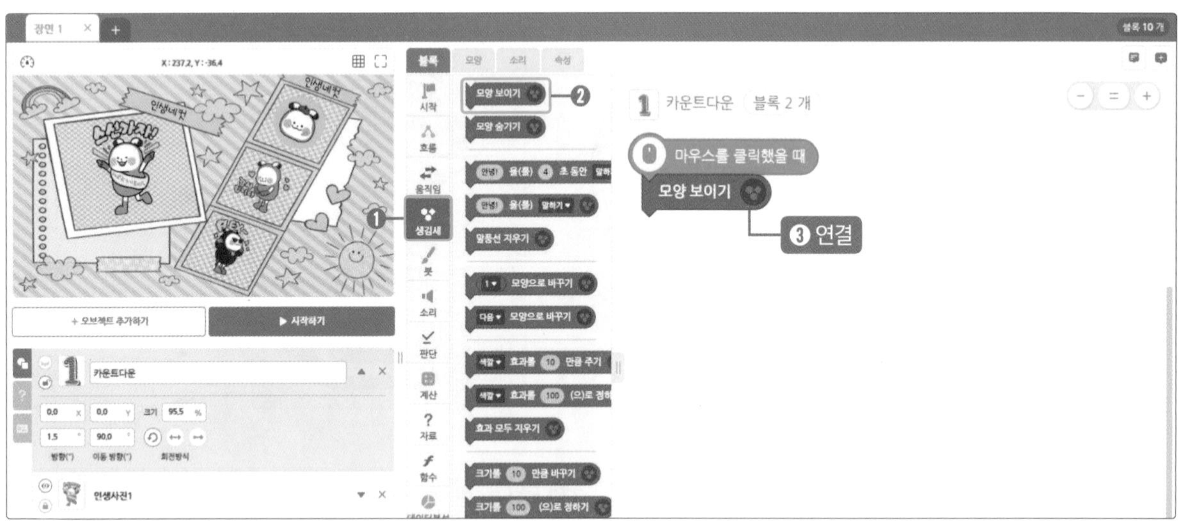

TIP 오브젝트 숨기기 및 보이기

오브젝트 목록에서 [보이기]을 클릭하면 실행화면에서 오브젝트를 숨김과 동시에 [숨기기] 모양으로 변경되며, 반대로 [숨기기]를 클릭하면 숨겨진 오브젝트가 보이고 [보이기] 모양으로 변경돼요. 현재 [카운트다운] 오브젝트는 실행화면에서 보이지 않게 숨겨진 상태예요.

카운트다운

03 **[카운트다운]**의 모양을 변경하기 위해 [1▾ 모양으로 바꾸기] 를 아래쪽에 연결하세요.

04 모양(1, 2, 3)이 변경될 때 일정 시간을 기다리기 위해 [흐름]의 [2 초 기다리기] 를 아래쪽에 연결한 후 **2**를 클릭하여 **0.5**로 입력하세요.

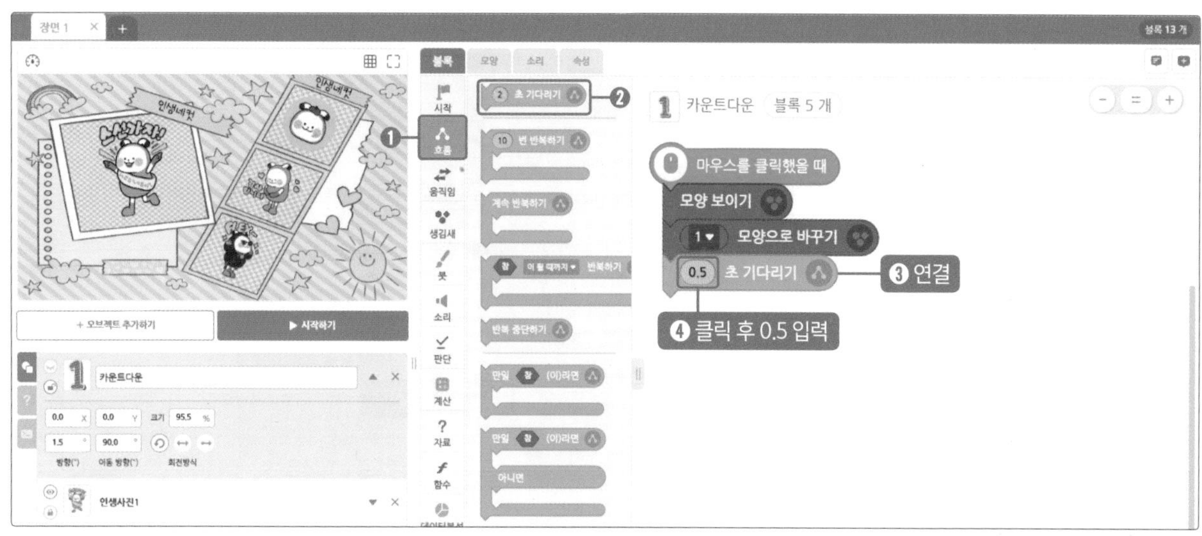

<시작하기> 버튼을 누른 후 실행화면을 클릭하면 [카운트다운] 오브젝트의 모양이 1로 변경된 후 0.5초를 기다려요.

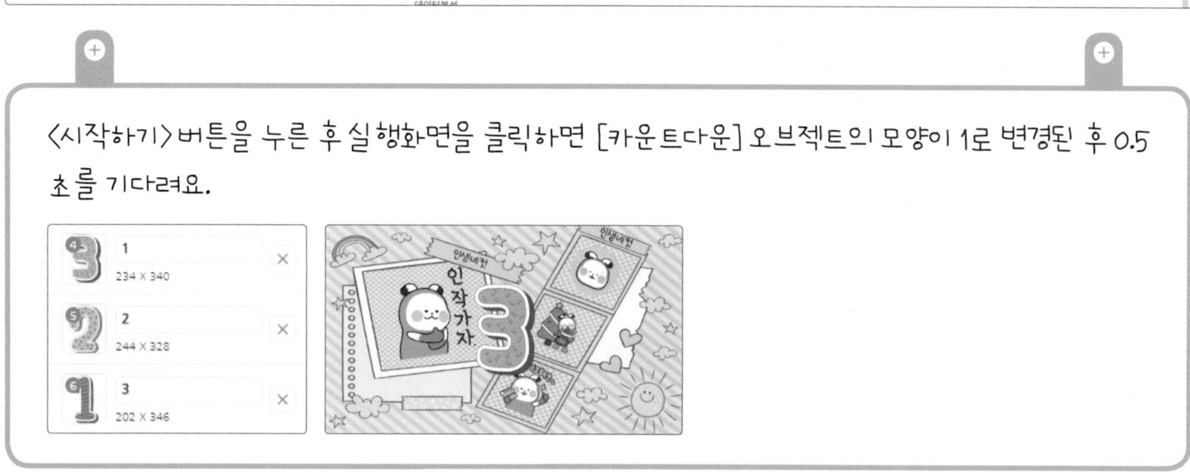

05 같은 명령블록을 반복해서 사용하기 때문에 [1▾ 모양으로 바꾸기] 위에서 마우스 오른쪽 버튼을 눌러 **[코드 복사 & 붙여넣기]**를 클릭하세요.

06 코드가 복사되면 아래쪽에 연결한 후 **1**을 클릭하여 **2**로 선택하세요.

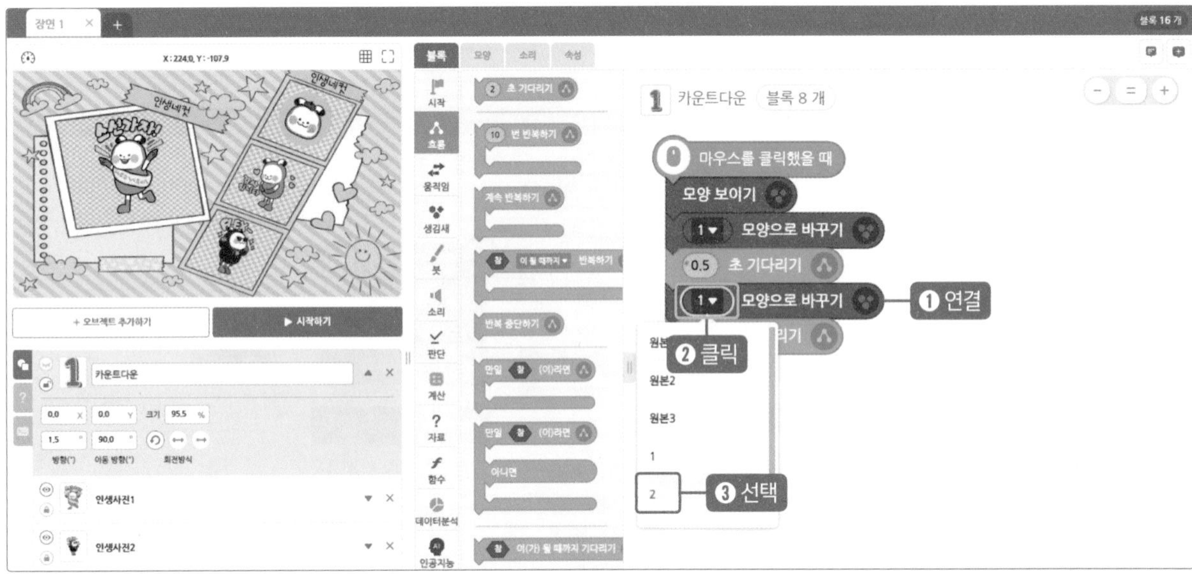

07 똑같은 방법으로 코드를 복사하여 아래 그림처럼 연결한 후 모양을 **3**으로 수정하세요.

08 마지막으로 **[카운트다운]**의 모양을 실행화면에서 숨기기 위해 생김새 의 모양 숨기기 를 아래쪽에 연결하세요.

09 <시작하기> 버튼을 누른 후 실행화면을 클릭하여 인생네컷 사진을 찍어보세요. 실행화면을 클릭할 때마다 계속 다른 포즈로 사진을 찍을 수 있을 거예요.

<시작하기> 버튼을 누르면 카운트다운 모양(1, 2, 3)을 0.5초 간격으로 3번 변경한 후 4개의 엔트리봇(인생사진1~4)이 다양한 포즈로 모양을 바꿔서 사진을 찍어요.

현재 카운트다운의 순서가 3, 2, 1인데 1, 2, 3으로 순서를 변경한 후 <시작하기> 버튼을 눌러 결과를 확인해 보세요.

얼굴 꾸미기 어플

학습목표

★ 얼굴 꾸미기 메인 화면을 예쁘게 색칠해 보세요.
★ 숫자키(1~5)를 누르면 머리 스타일부터 얼굴 모양까지 다양한 모양으로 변경할 수 있어요.

실습파일 얼굴 꾸미기 어플.ent **완성파일** 얼굴 꾸미기 어플(완성).ent

메인 어플 화면 색칠하기	얼굴 모양 꾸미기
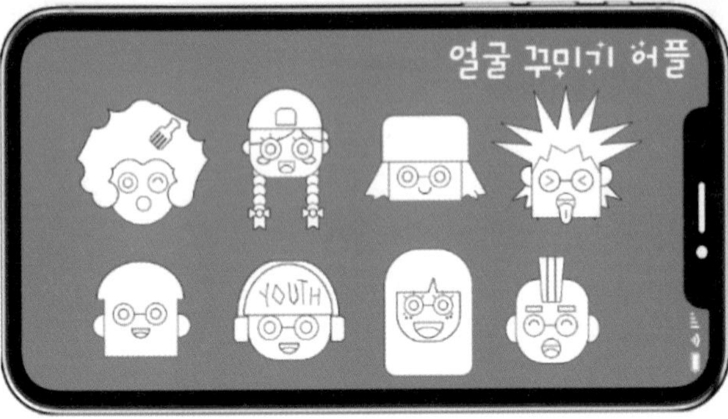	

오브젝트 파헤치기

❶ **메인 어플 화면 :** 얼굴 꾸미기 초기 화면으로 실행화면을 마우스로 클릭하면 사라져요.
❷ **머리 스타일~얼굴 모양 :** 숫자키(1~5)를 누르면 머리 스타일부터 얼굴 모양까지 다양한 모양으로 변경돼요.

명령 블록 파헤치기

블록 꾸러미	명령 블록	설명
시작	q▼ 키를 눌렀을 때	선택한 키를 누르면 아래쪽에 연결된 블록들이 실행돼요.
흐름	처음부터 다시 실행하기	작품을 처음부터 다시 실행해요.
생김새	다음▼ 모양으로 바꾸기	오브젝트의 모양을 이전 또는 다음 모양으로 바꿀 수 있어요.

알록달록 오브젝트 꾸미기

01 **얼굴 꾸미기 어플.ent** 파일을 불러와 **[메인 어플 화면]** 오브젝트를 선택한 후 **[모양]** 탭을 클릭하세요.

02 **채우기( )**를 이용하여 예쁘게 색칠한 후 **<저장하기>**를 클릭하세요.

TIP 전체화면 전환( )

을 클릭하면 엔트리 그림판 화면을 전체화면으로 변경할 수 있어요.

03 엔트리 그림판에서 모든 작업이 완료되면 -**저장하기**를 클릭한 후 **[블록]** 탭을 선택하세요.

뚝딱뚝딱 블록 조립하기

01 [머리 스타일] 오브젝트를 선택한 후 [시작]을 클릭하여 [q▾ 키를 눌렀을 때]를 블록 조립소로 드래그하세요.

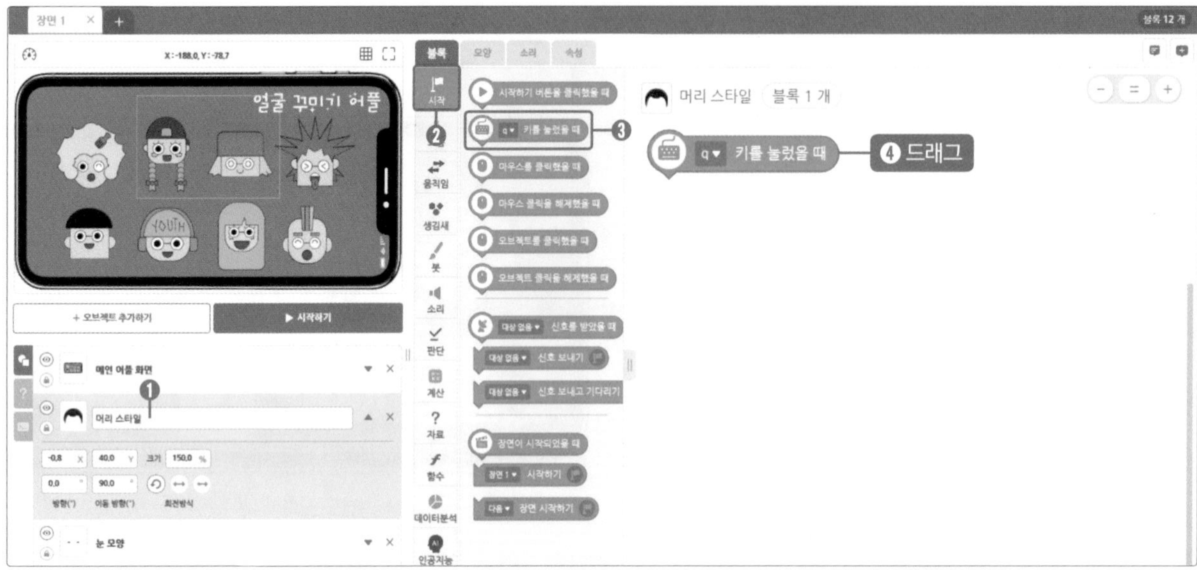

02 q를 클릭한 후 마우스 가운데 휠을 아래로 굴리거나 스크롤 바를 드래그하여 **5**를 선택하세요.

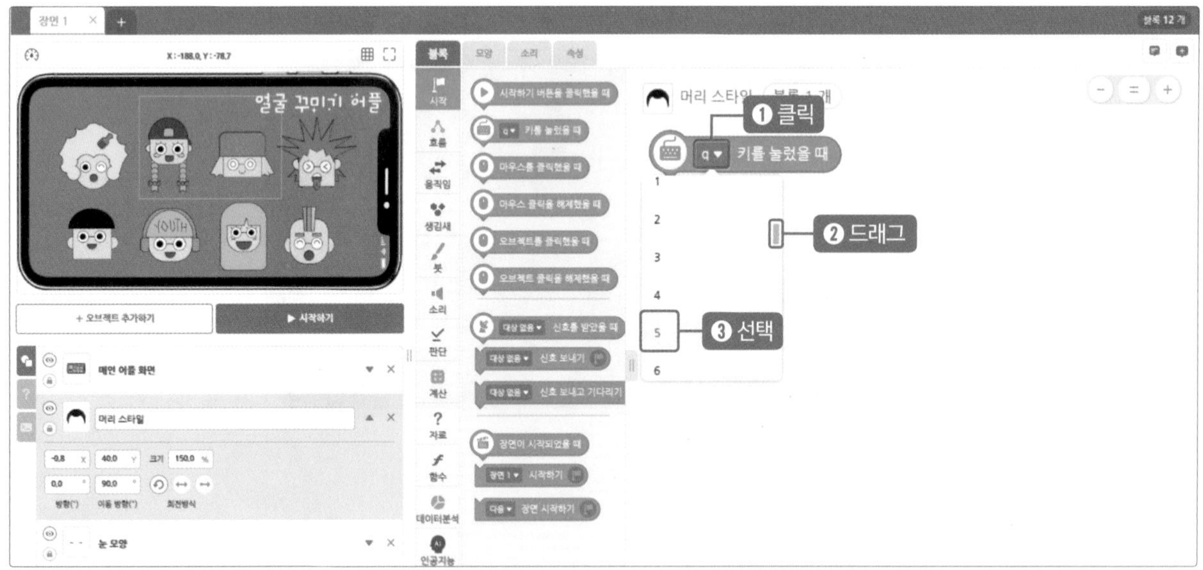

TIP

q를 클릭한 후 키보드에서 원하는 키([1], [Space Bar], [→] 등)를 직접 입력하면 빠르게 키를 세팅할 수 있어요.

03 키보드에서 [5]를 눌렀을 때 다음 모양으로 바꾸기 위해 [생김새]의 [다음▾ 모양으로 바꾸기]를 아래쪽에 연결하세요.

키보드에서 숫자키 [5]를 누를 때마다 머리 스타일 모양(10개)이 계속 바뀌어 원하는 스타일을 선택할 수 있어요.

04 다른 오브젝트에도 똑같은 코드를 복사하기 위해 [5▾ 키를 눌렀을 때] 위에서 마우스 오른쪽 버튼을 눌러 **[코드 복사]**를 클릭하세요.

05 코드가 복사되면 **[눈 모양]** 오브젝트를 선택한 후 마우스 오른쪽 버튼을 눌러 **[붙여넣기]**를 클릭하세요.

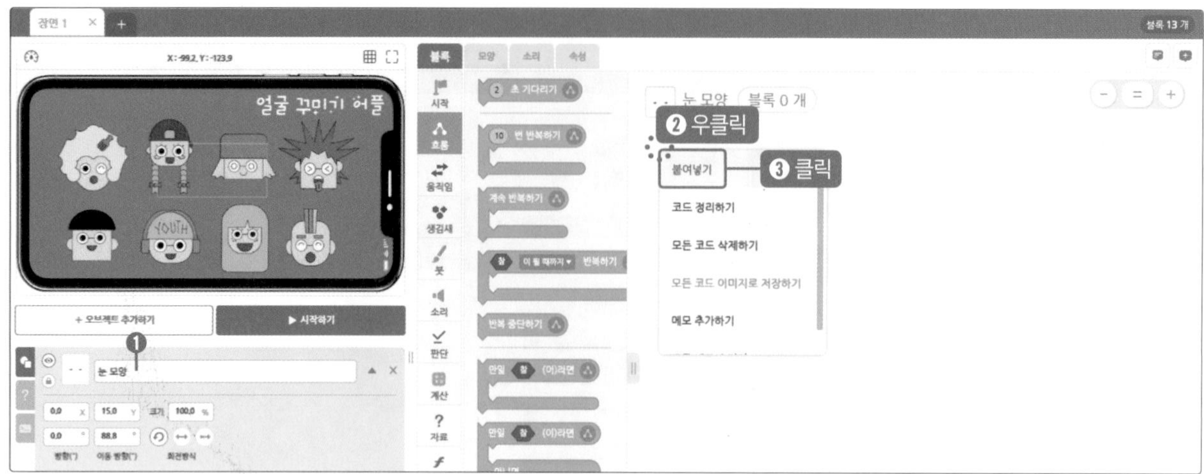

06 **[눈 모양]** 오브젝트에 코드가 복사되면 **5**를 클릭한 후 키보드에서 숫자 **4**를 누르세요.

07 똑같은 방법으로 나머지 오브젝트(**코 모양, 입 모양, 얼굴 모양**)에도 코드를 붙여넣은 후 **5**를 클릭하여 키를 **3, 2, 1**로 수정하세요.

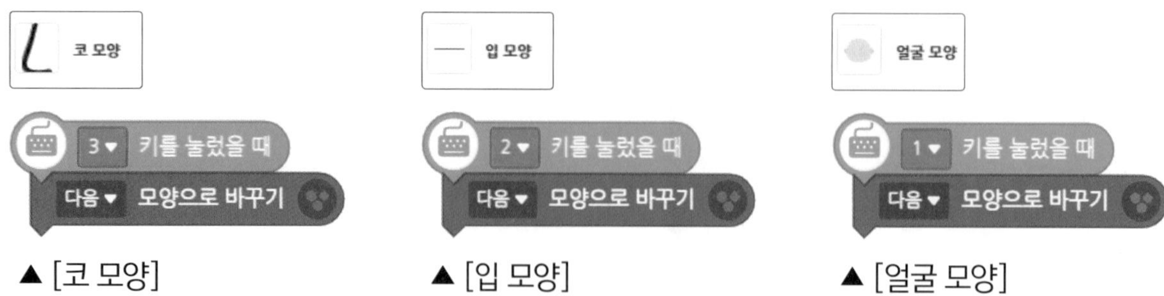

▲ [코 모양]　　▲ [입 모양]　　▲ [얼굴 모양]

08 <시작하기> 버튼을 누른 후 실행화면을 클릭하세요. 얼굴 꾸미기 화면이 나오면 숫자키 [1]~[5]까지 눌러서 다양한 얼굴 모양을 만들어 보세요.

[5] 숫자키는 머리 스타일 모양, [4] 숫자키는 눈 모양, [3] 숫자키는 코 모양, [2] 숫자키는 입 모양, [1] 숫자키는 얼굴 모양이 변경돼요.

코딩 플러스

<시작하기> 버튼을 누르지 않아도 중간에 얼굴 모양을 다시 꾸밀 수 있어요. **[머리 스타일]** 오브젝트에 처음부터 다시 실행하기 명령블록을 이용하여 아래와 같이 코드를 추가하면 작업 중간에 [Space Bar]를 눌러 처음부터 다시 얼굴 모양을 꾸밀 수 있어요. 코드를 꼭 추가해 보세요~

케이크 만들기

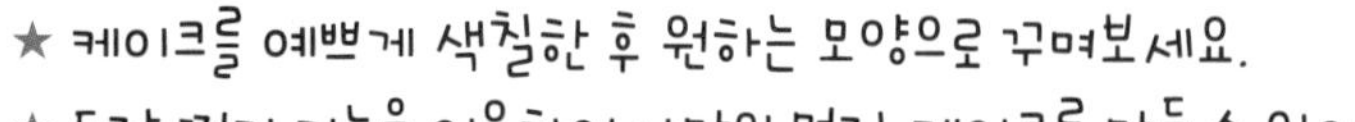

학습목표

★ 케이크를 예쁘게 색칠한 후 원하는 모양으로 꾸며보세요.
★ 도장 찍기 기능을 이용하여 나만의 멋진 케이크를 만들 수 있어요.

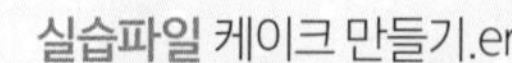

실습파일 케이크 만들기.ent **완성파일** 케이크 만들기(완성).ent

오브젝트 파헤치기

❶ **데코레이션 :** 케이크 장식에 필요한 여러 가지 모양을 마우스로 클릭하여 예쁘게 꾸밀 수 있어요.

명령 블록 파헤치기

블록 꾸러미	명령 블록	설명
시작	마우스를 클릭했을 때	실행화면을 마우스로 클릭하면 아래쪽에 연결된 블록들이 실행돼요.
	q▾ 키를 눌렀을 때	선택한 키를 누르면 아래쪽에 연결된 블록들이 실행돼요.
붓	도장 찍기	오브젝트의 모양을 도장처럼 실행화면 위에 찍을 수 있어요.
	모든 붓 지우기	실행화면 위에 찍은 도장과 선을 모두 지울 수 있어요.
생김새	다음▾ 모양으로 바꾸기	오브젝트의 모양을 이전 또는 다음 모양으로 바꿀 수 있어요.

알록달록 오브젝트 꾸미기

01 **케이크 만들기**.ent 파일을 불러와 **[케이크]** 오브젝트를 선택한 후 **[모양]** 탭을 클릭하세요.

02 **채우기( )**를 이용하여 예쁘게 색칠한 후 **선택( )**을 클릭하세요.

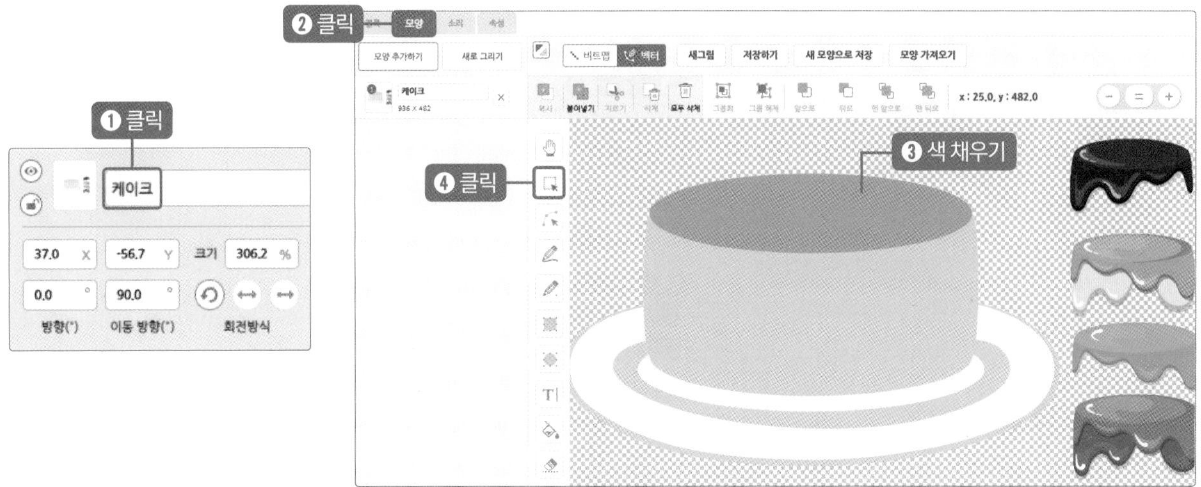

03 원하는 케이크 크림 모양을 드래그하여 위치를 이동한 후 조절점( )으로 크기를 변경하세요.

04 사용하지 않은 나머지 크림 모양은 마우스 클릭 후 Delete 를 눌러 삭제해 주세요.

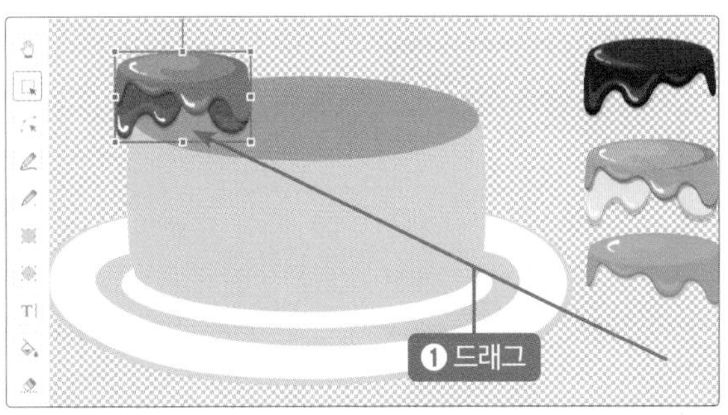

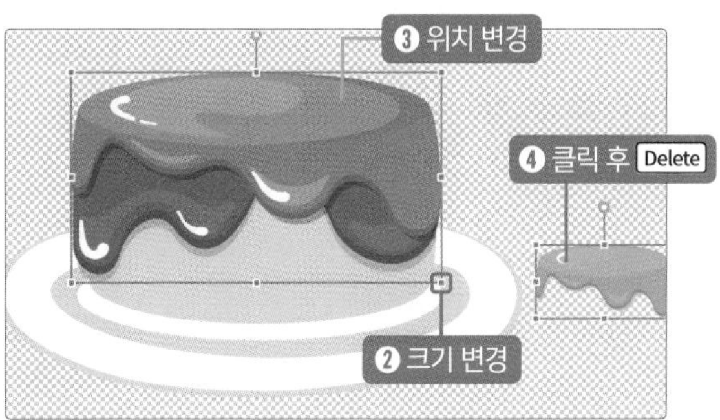

05 케이크가 완성되면 **<저장하기>**를 클릭하세요. 이어서, -**저장하기**를 클릭한 후 **[블록]** 탭을 선택하세요.

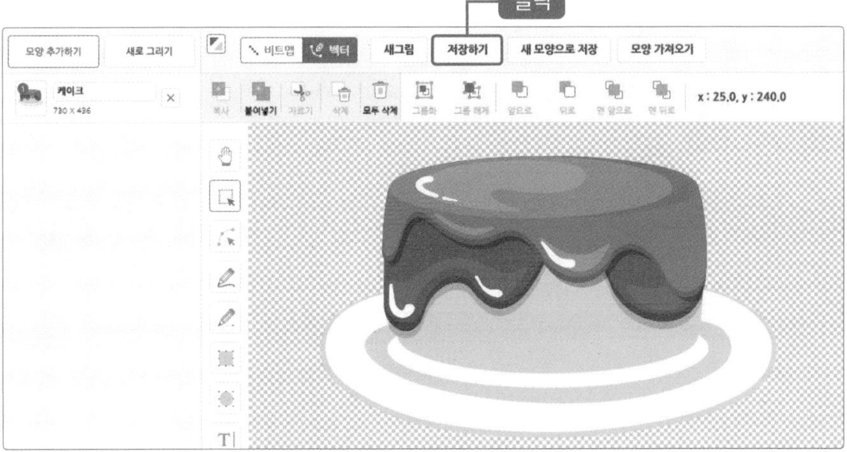

뚝딱뚝딱 블록 조립하기

01 **[데코레이션]** 오브젝트를 선택한 후 [시작]을 클릭하여 [마우스를 클릭했을 때]를 블록 조립소로 드래그하세요.

02 마우스를 클릭하여 도장을 찍기 위해 [붓]의 [도장 찍기]를 아래쪽에 연결하세요.

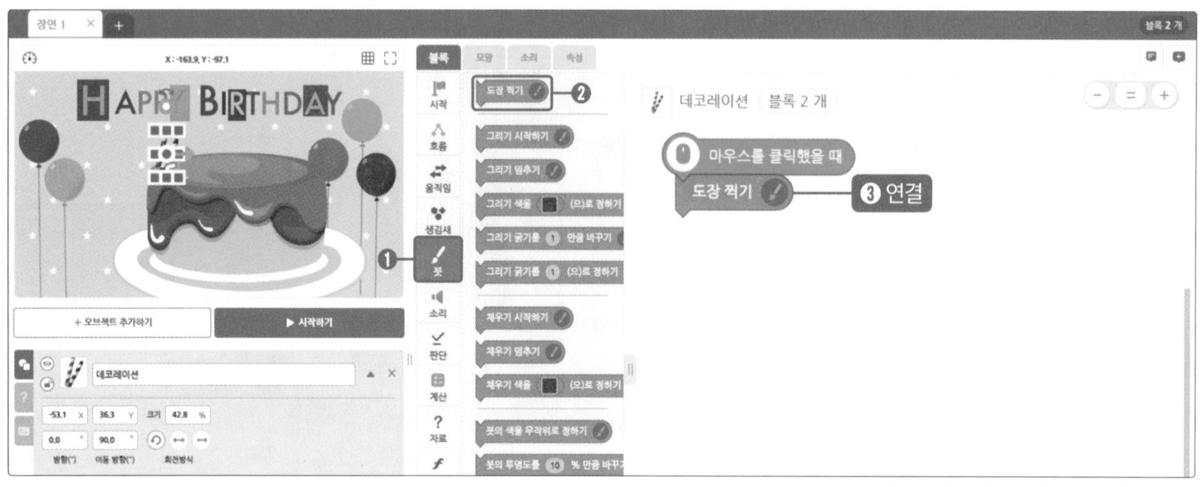

TIP

특정 오브젝트의 모양을 실행화면에 도장을 찍듯이 똑같은 모양을 계속 만들어 낼 수 있어요.

03 오브젝트의 모양을 바꾸기 위해 [시작]의 [q▼ 키를 눌렀을 때]를 블록 조립소로 드래그하세요.

04 q를 클릭한 후 키보드 [Space Bar]를 누르세요.

05 [Space Bar]를 눌렀을 때 다음 모양으로 바꾸기 위해 [생김새]의 [다음 ▼ 모양으로 바꾸기]를 아래쪽에 연결하세요.

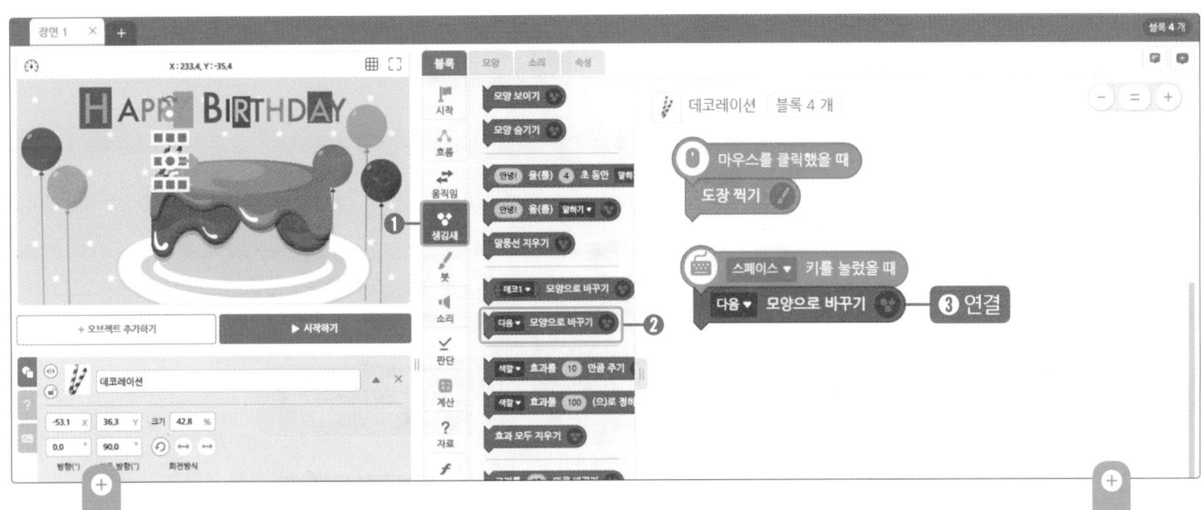

[Space Bar]를 눌러 [데코레이션] 오브젝트의 모양을 바꿔가면서 실행화면에 도장을 찍을 수 있어요.

06 실행화면의 모든 도장을 지우기 위해 [시작]의 [q▾ 키를 눌렀을 때]를 블록 조립소로 드래그하세요.

07 q를 클릭한 후 키보드 [Enter]를 누르세요.

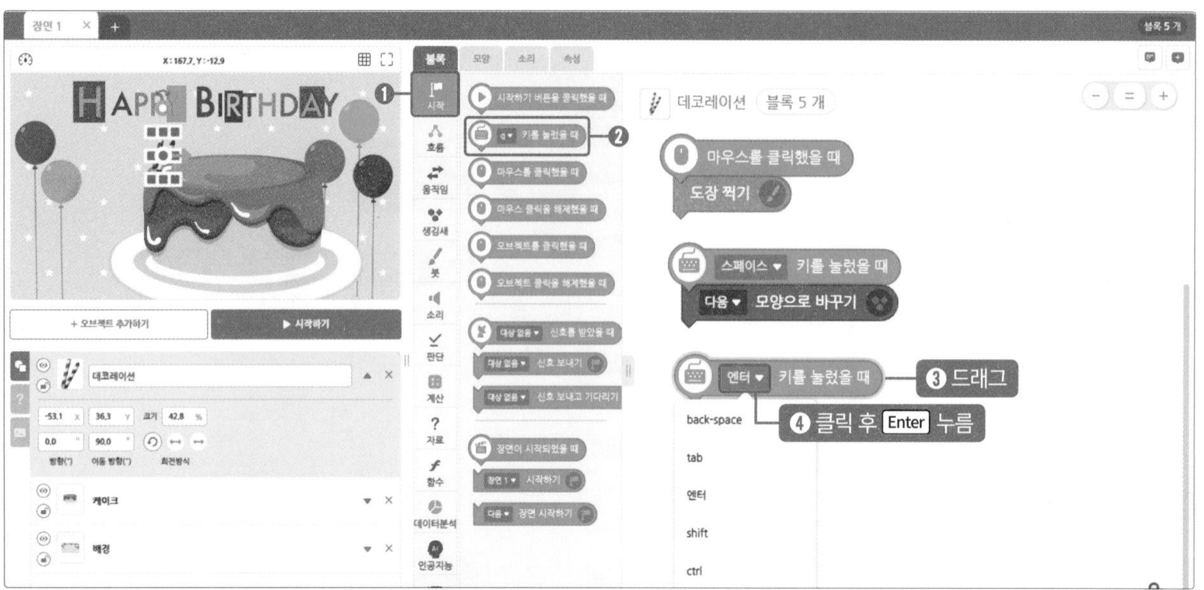

08 [Enter]를 눌렀을때 모든 도장을 지우기 위해 [붓]의 [모든 붓 지우기]를 아래쪽에 연결하세요.

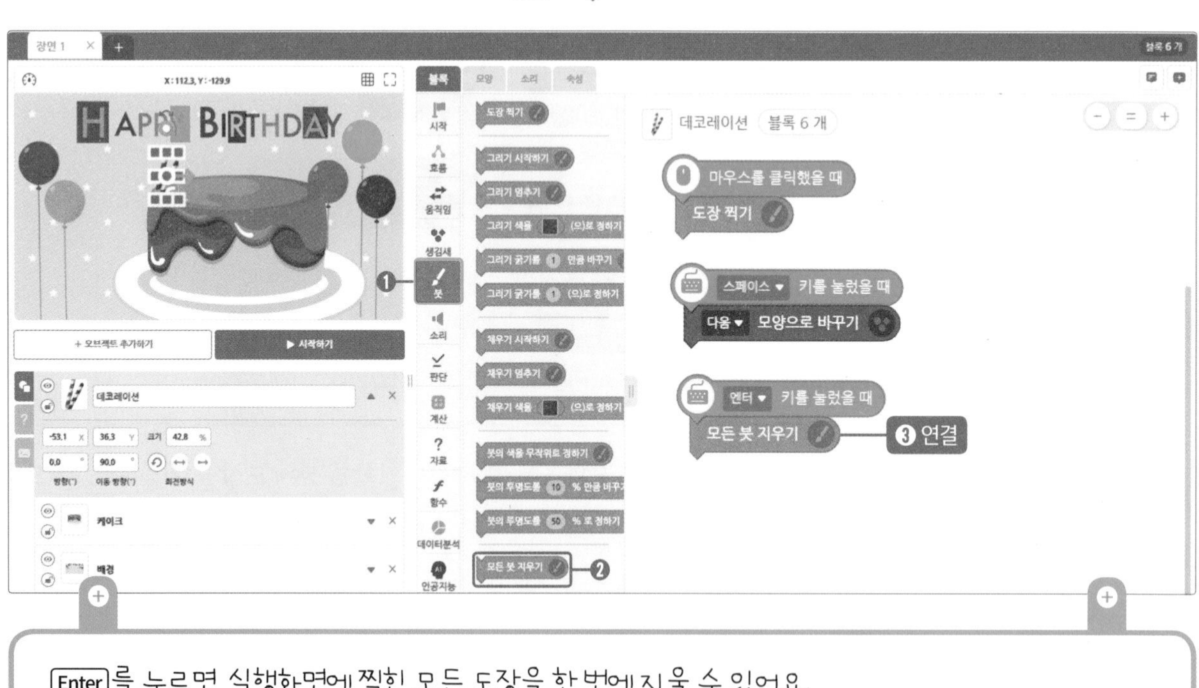

[Enter]를 누르면 실행화면에 찍힌 모든 도장을 한 번에 지울 수 있어요.

09 <시작하기> 버튼을 누른 후 케이크와 주변을 클릭하여 여러 가지 모양으로 꾸며보세요. **[데코레이션]** 의 모양을 바꿀 때는 Space Bar 를 누르고, 케이크 모양을 다시 꾸밀 때는 Enter 를 누르세요.

코딩 플러스

<시작하기> 버튼을 누르면 [데코레이션] 모양이 마우스포인터에 붙어서 계속 이동하는 것을 볼 수 있어요. 여러분이 원하는 위치에서 클릭만 하면 도장을 찍을 수 있었던 이유는 아래와 같은 코드가 미리 작성되어 있기 때문이에요. 아직은 이해가 잘 안되겠지만 <시작하기> 버튼을 누르면 [데코레이션] 오브젝트는 마우스 포인터 위치로 이동하여 마우스의 움직임에 따라 계속 같이 이동해요.

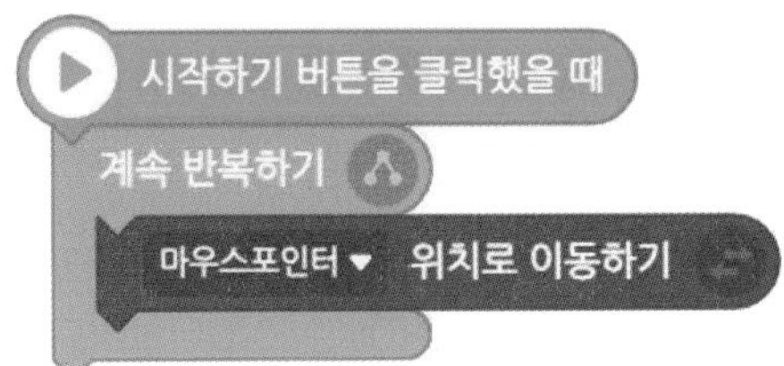

탕후루 만들기

학습목표

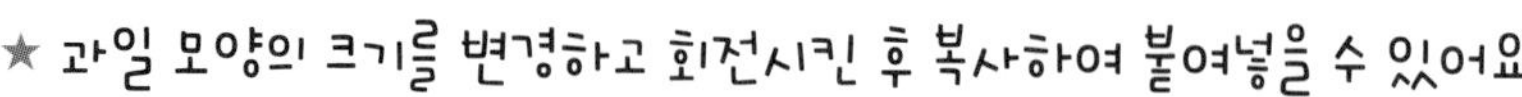

★ 과일 모양의 크기를 변경하고 회전시킨 후 복사하여 붙여넣을 수 있어요.

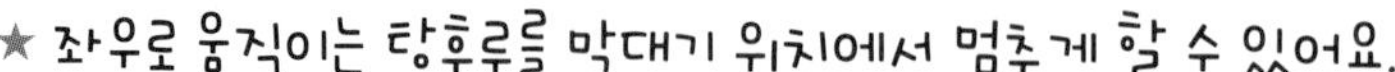

★ 좌우로 움직이는 탕후루를 막대기 위치에서 멈추게 할 수 있어요.

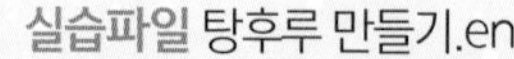

완성파일 탕후루 만들기(완성).ent

오브젝트 파헤치기

❶ **탕후루 과일** : 실행화면에서 좌우로 움직이는 [탕후루] 오브젝트를 마우스로 클릭하여 멈추게 할 수 있어요.
❷ **탕후루_막대기** : 3초 간격으로 실행화면 좌측 또는 우측의 특정 위치로 이동해요.

명령 블록 파헤치기

블록 꾸러미	명령 블록	설명
시작	오브젝트를 클릭했을 때	오브젝트를 클릭했을 때 아래쪽에 연결된 블록들이 실행돼요.
	q▼ 키를 눌렀을 때	선택한 키를 누르면 아래쪽에 연결된 블록들이 실행돼요.
흐름	모든▼ 코드 멈추기	현재 실행중인 모든 블록들의 실행을 멈추게 할 수 있어요.
생김새	모양 보이기	오브젝트를 실행화면에서 보이게 해줘요.
	다음▼ 모양으로 바꾸기	오브젝트의 모양을 이전 또는 다음 모양으로 바꿀 수 있어요.

알록달록 오브젝트 꾸미기

01 **탕후루 만들기.ent** 파일을 불러와 **[탕후루 과일]** 오브젝트를 선택한 후 **[모양]** 탭을 클릭하세요.

02 **선택( )**이 선택된 상태에서 왼쪽 Shift를 누른 채 조절점( )으로 크기를 변경하세요.

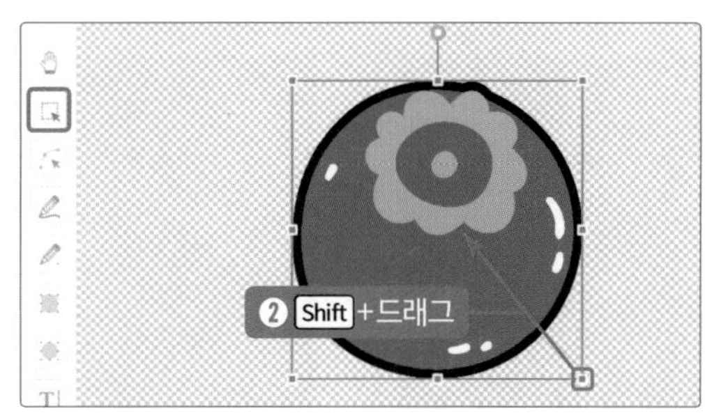

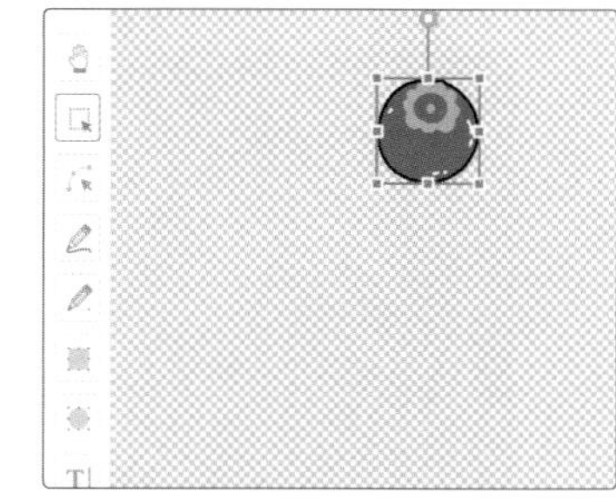

03 **노란색 조절점( )**으로 방향을 회전시킨 후 [복사]와 [붙여넣기]를 클릭하세요.

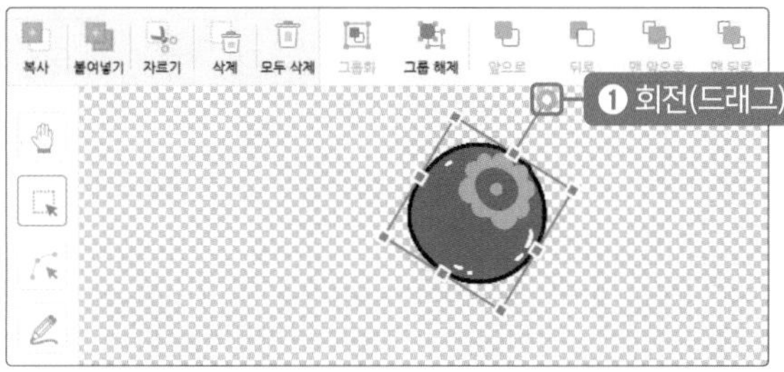

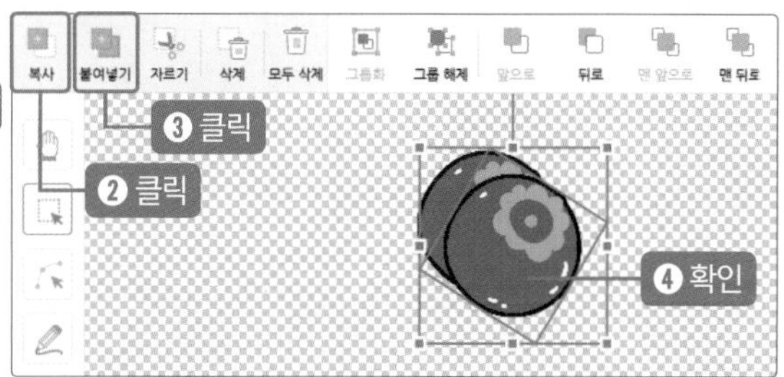

04 복사된 모양을 아래쪽으로 이동시킨 후 다시 **노란색 조절점( )**으로 방향을 회전시키세요. 똑같은 방법으로 블루베리 탕후루를 완성시킨 후 **<저장하기>**를 클릭하세요.

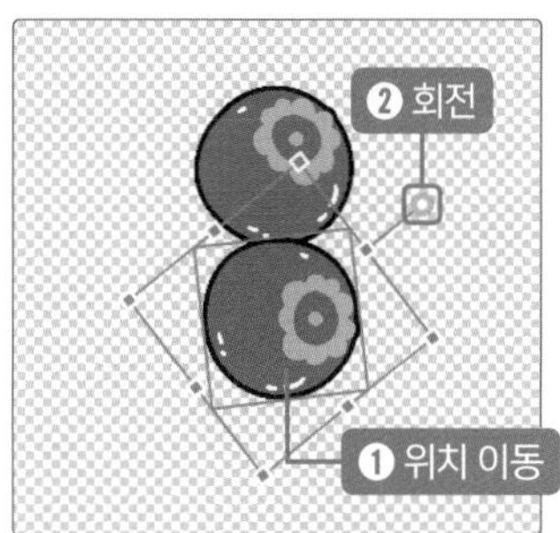

05 귤, 딸기, 키위, 파인애플도 탕후루 모양으로 완성시킨 후 [ ]-**저장하기**를 클릭하세요. 이어서, **[블록]** 탭을 선택하세요.

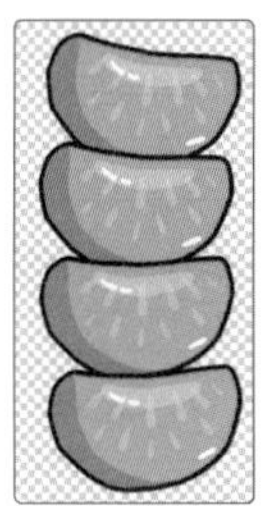

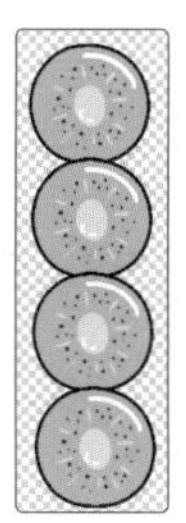

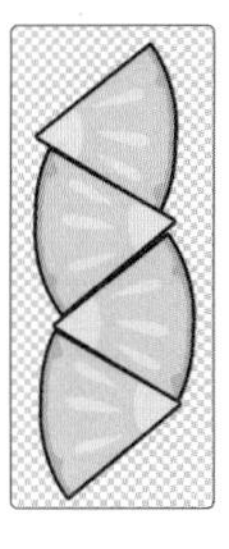

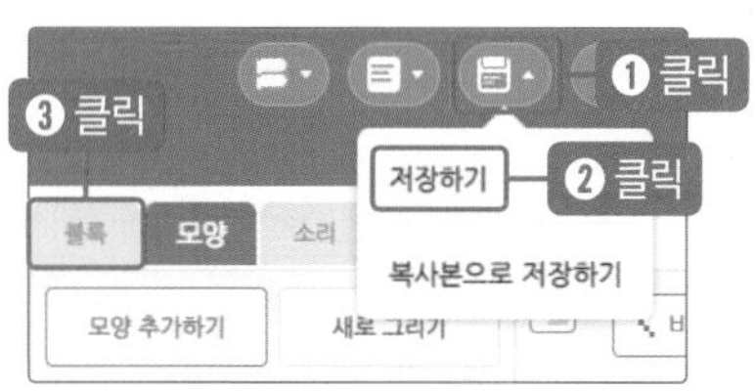

뚝딱뚝딱 블록 조립하기

01 **[탕후루 과일]** 오브젝트가 선택된 상태에서 (◎)을 클릭하여 실행화면에서 보이지 않게 숨겨주세요.

TIP 오브젝트 숨기기 (◎)

[탕후루 과일] 오브젝트가 실행화면에서 보이지 않도록 설정하기 위해 숨기기((◎))를 지정하였어요. 기본값은 숨기기로 설정하였지만 <시작하기> 버튼을 눌렀을 때 실행화면에 나타나도록 코드를 작성할 거예요.

02 (시작)을 클릭하여 (시작하기 버튼을 클릭했을 때)를 블록 조립소로 드래그하세요.

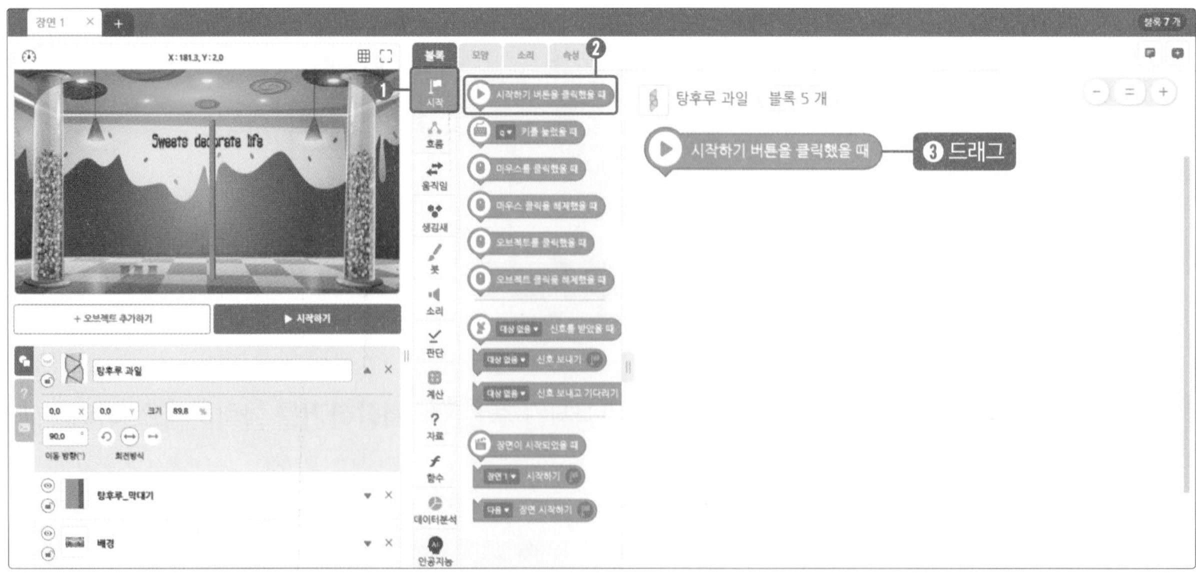

03 <시작하기> 버튼을 눌렀을 때 실행화면에 숨겨져 있던 **[탕후루 과일]**을 나타내기 위해 생김새의 모양 보이기 를 아래쪽에 연결하세요.

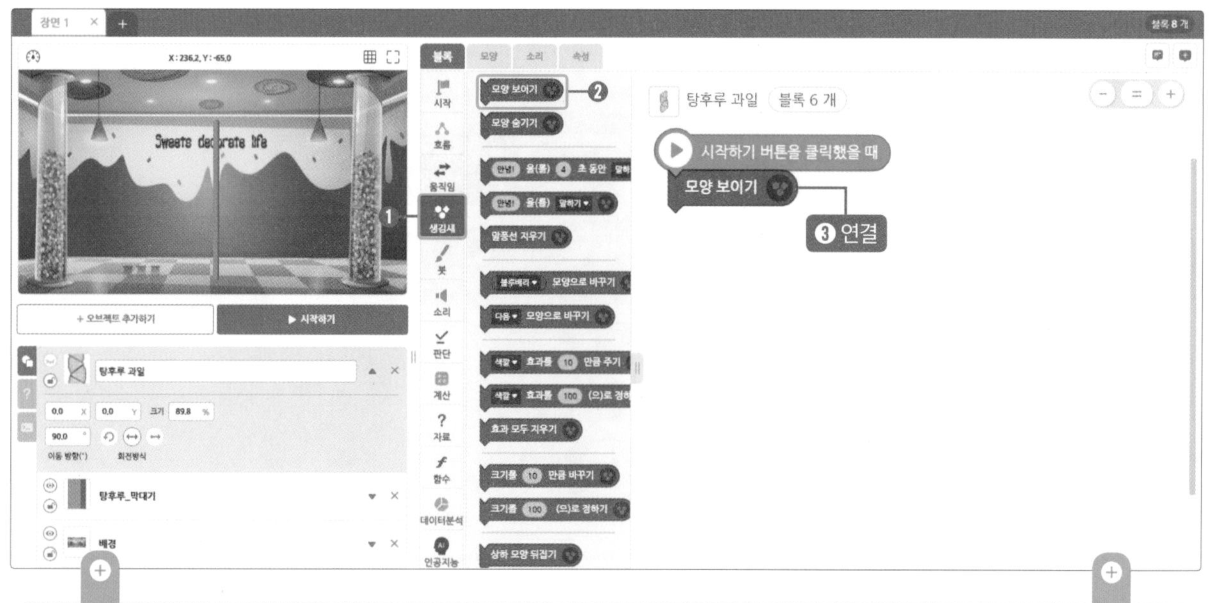

<시작하기> 버튼을 누르면 숨겨져 있던 [탕후루 과일] 오브젝트가 실행화면에 나타나서 좌-우로 계속 움직여요.

04 코드를 추가하기 위해 시작의 오브젝트를 클릭했을 때 를 블록 조립소로 드래그하세요.

05 실행화면에서 **[탕후루 과일]** 오브젝트를 클릭했을 때 모든 코드 실행을 멈추게 하기 위해 [흐름]의 [모든▾ 코드 멈추기]를 아래쪽에 연결하세요.

실행화면 좌-우로 움직이는 [탕후루 과일] 오브젝트를 탕후루 막대기 위치에 왔을 때 마우스로 정확하게 클릭하면 해당 위치에서 멈추게 할 수 있어요.

06 **[탕후루 과일]** 모양을 바꾸기 위해 [시작]의 [q▾ 키를 눌렀을 때]를 블록 조립소로 드래그하세요.

07 q를 클릭한 후 키보드 [Space Bar]를 누르세요.

08 [Space Bar]를 눌렀을 때 다음 모양으로 바꾸기 위해 [생김새]의 [다음 ▾ 모양으로 바꾸기]를 아래쪽에 연결하세요.

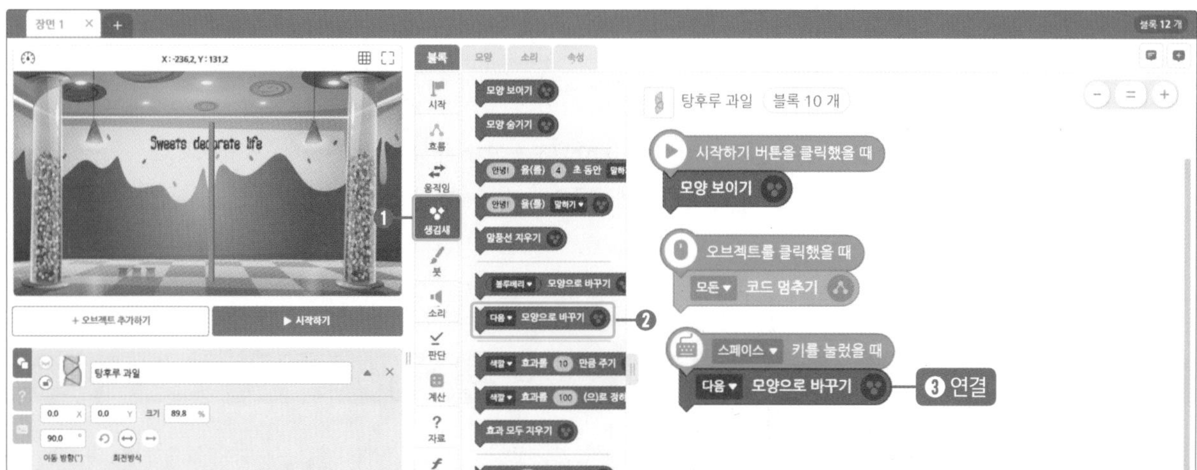

09 <시작하기> 버튼을 누른 후 좌우로 움직이는 **[탕후루 과일]**이 탕후루 막대기 위치에 왔을 때 오브젝트를 정확하게 클릭해 보세요. 좌우로 움직이는 **[탕후루 과일]**의 모양을 바꾸기 위해서는 [Space Bar]를 누르면 돼요.

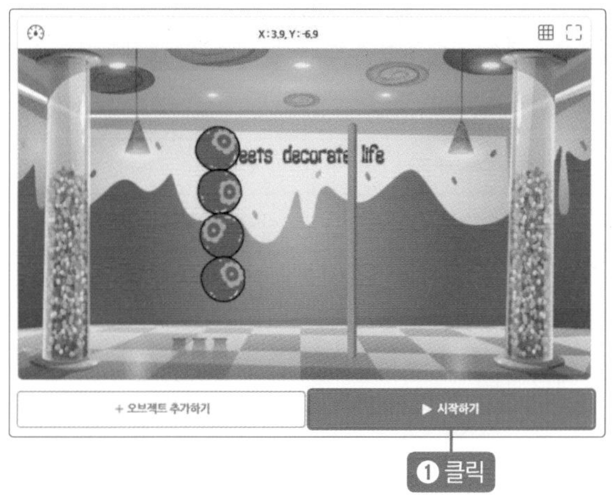

코딩 플러스

<시작하기> 버튼을 눌렀을 때 [탕후루 과일]이 좌우로 계속 이동하는 이유는 아래와 같은 코드가 미리 작성되어 있기 때문이에요. 좌우로 움직이는 속도를 느리게 변경하고 싶다면 이동 방향으로 10만큼 움직이기 값을 5로 변경한 후 실행해 보세요.

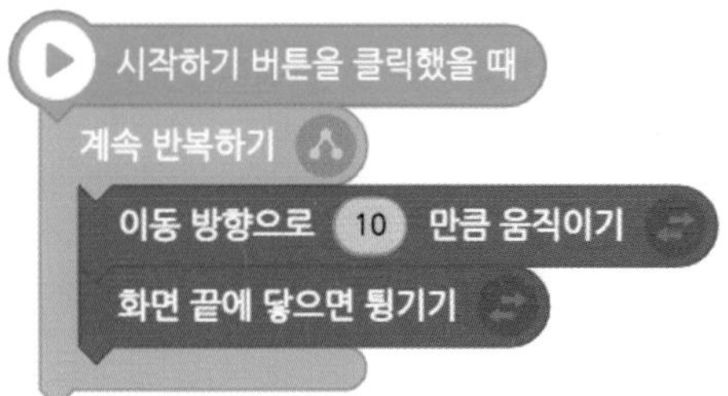

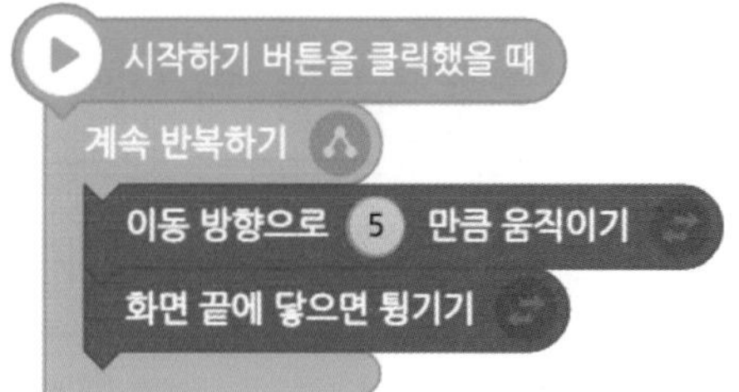

도리를 찾아서

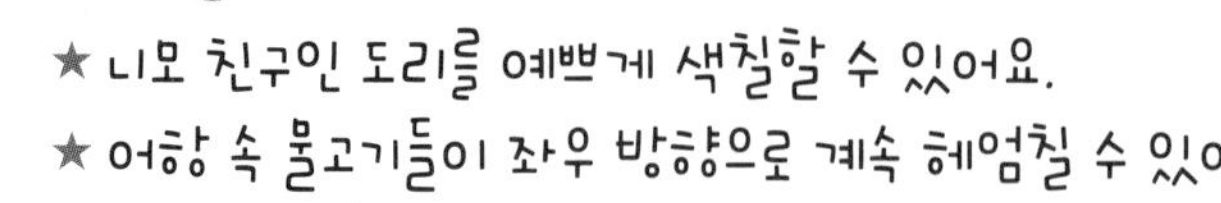

학습목표

★ 니모 친구인 도리를 예쁘게 색칠할 수 있어요.
★ 어항 속 물고기들이 좌우 방향으로 계속 헤엄칠 수 있어요.

실습파일 도리를 찾아서.ent　　**완성파일** 도리를 찾아서(완성).ent

도리 색칠하기

좌우로 물고기 헤엄치기

오브젝트 파헤치기

❶ **도리 :** 어항 속에서 일정한 속도(3)를 유지하면서 좌우로 헤엄쳐요.
❷ **니모 :** 어항 속에서 일정한 속도(2)를 유지하면서 좌우로 헤엄쳐요.
❸ **길 :** 어항 속에서 일정한 속도(4)를 유지하면서 좌우로 헤엄쳐요.

명령 블록 파헤치기

블록 꾸러미	명령 블록	설명
시작	시작하기 버튼을 클릭했을 때	시작하기 버튼을 클릭하면 아래에 연결된 블록들이 실행돼요.
흐름	계속 반복하기	안쪽에 감싸고 있는 블록들을 계속 반복해서 실행해요.
움직임	이동 방향으로 10 만큼 움직이기	이동 방향(오브젝트 방향 화살표)으로 입력한 값만큼 이동해요.
	화면 끝에 닿으면 튕기기	실행화면 끝(벽)에 닿으면 튕겨나와요.

알록달록 오브젝트 꾸미기

01 **도리를 찾아서.ent** 파일을 불러와 **[도리]** 오브젝트를 선택한 후 **[모양]** 탭을 클릭하세요.

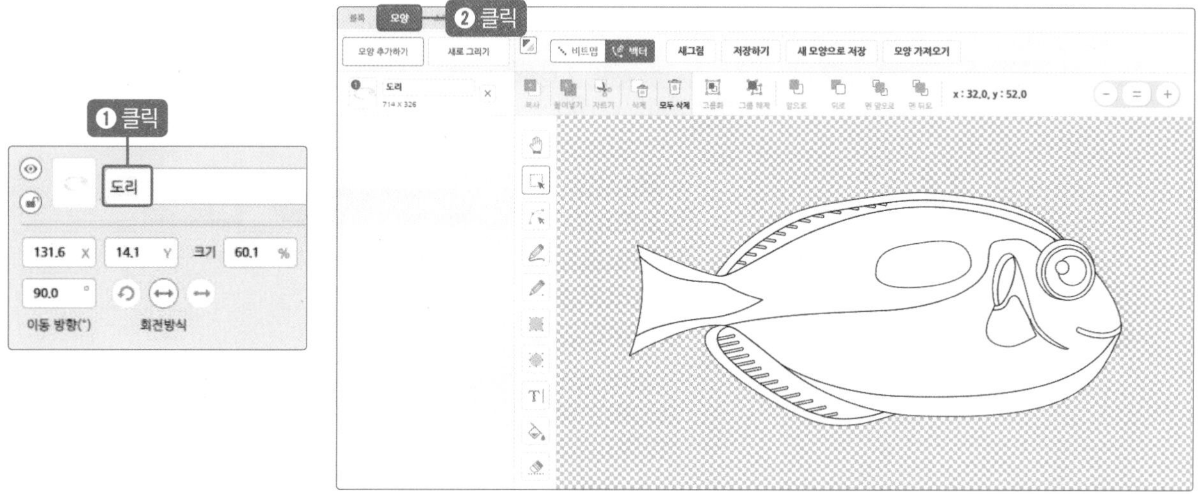

02 **채우기( )**를 이용하여 예쁘게 색칠한 후 **<저장하기>**를 클릭하세요.

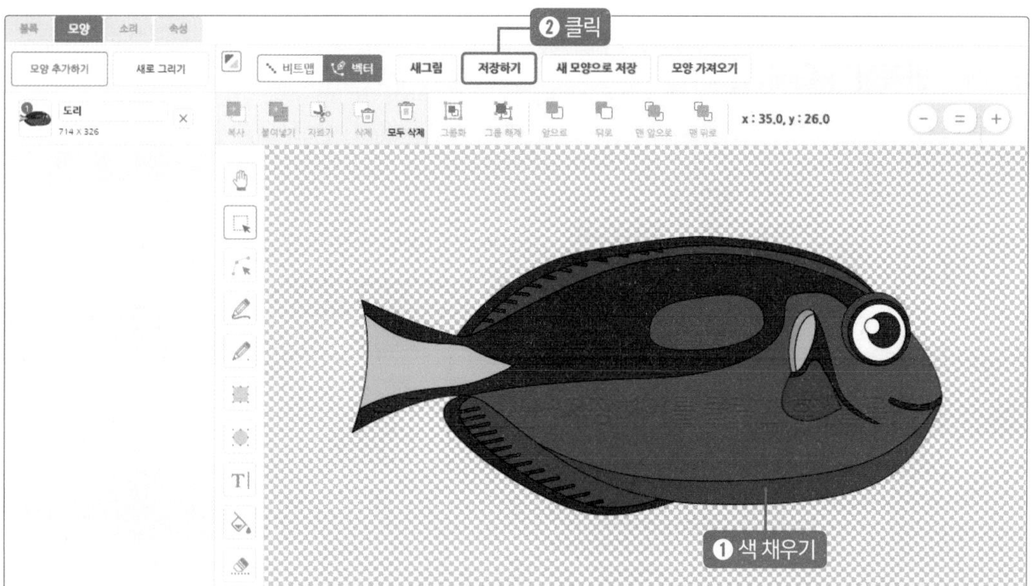

03 엔트리 그림판에서 모든 작업이 완료되면 -**저장하기**를 클릭한 후 **[블록]** 탭을 선택하세요.

뚝딱뚝딱 블록 조립하기

01 **[도리]** 오브젝트가 선택된 상태에서 [시작]을 클릭하여 [시작하기 버튼을 클릭했을 때]를 블록 조립소로 드래그하세요.

02 특정 블록을 계속 반복하기 위해 [흐름]의  를 아래쪽에 연결하세요.

TIP

[계속 반복하기] 명령블록은 코드를 작성할 때 자주 사용해요. [계속 반복하기] 안쪽에 명령블록을 끼워넣으면 실행을 종료하기 전까지 계속 반복해서 실행해요.

03 [도리]가 이동 방향으로 계속 움직일 수 있도록 (움직임)의  를  안쪽에 끼워넣으세요.

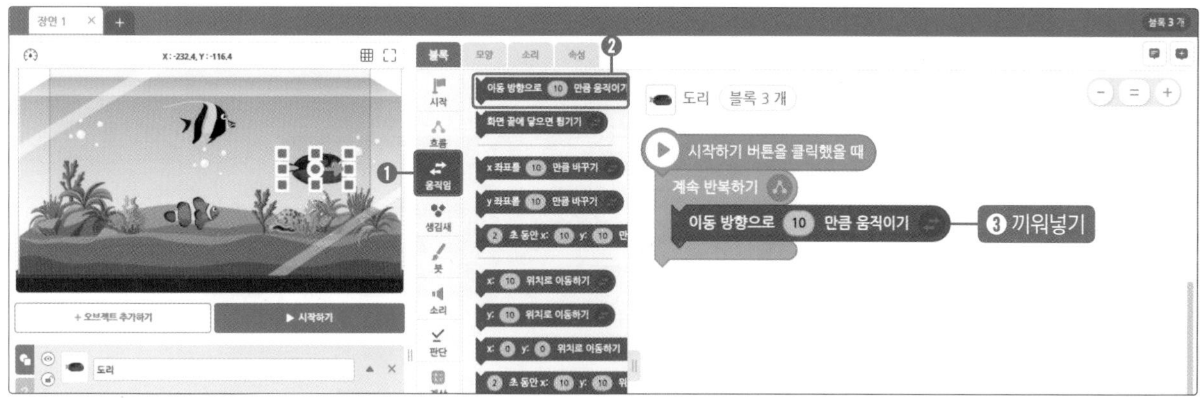

이동 방향이란?

오브젝트를 클릭하면 노란색 화살표(→)가 나오는데 해당 화살표가 가르키는 방향이 이동 방향이에요. 이동 방향을 변경하면 오브젝트는 해당 방향으로 이동해요.

▲ 이동 방향(40도)

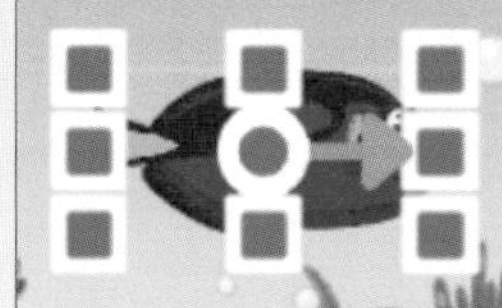
▲ 이동 방향(90도)

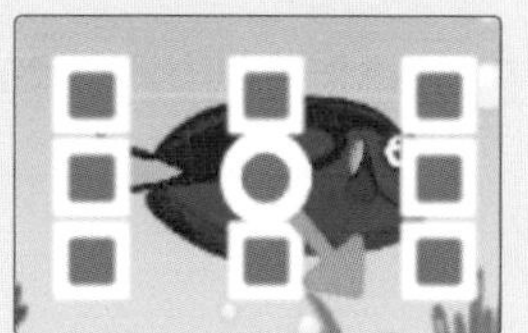
▲ 이동 방향(140도)

04 이동 방향으로 움직이는 **[도리]**의 속도를 변경하기 위해 **10**을 클릭한 후 **3**을 입력하세요.

<시작하기> 버튼을 누르면 도리가 이동 방향으로 3의 속도로 헤엄쳐요. 이동 방향의 값이 크면(10) 헤엄치는 속도가 빨라지고 반대로 값이 작으면(1) 느려져요.

05 **[도리]**가 이동 방향으로 계속 움직이다가 **어항 끝(벽)에 닿으면** 튕길 수 있도록 [움직임]의 [화면 끝에 닿으면 튕기기]를 안쪽에 연결하세요.

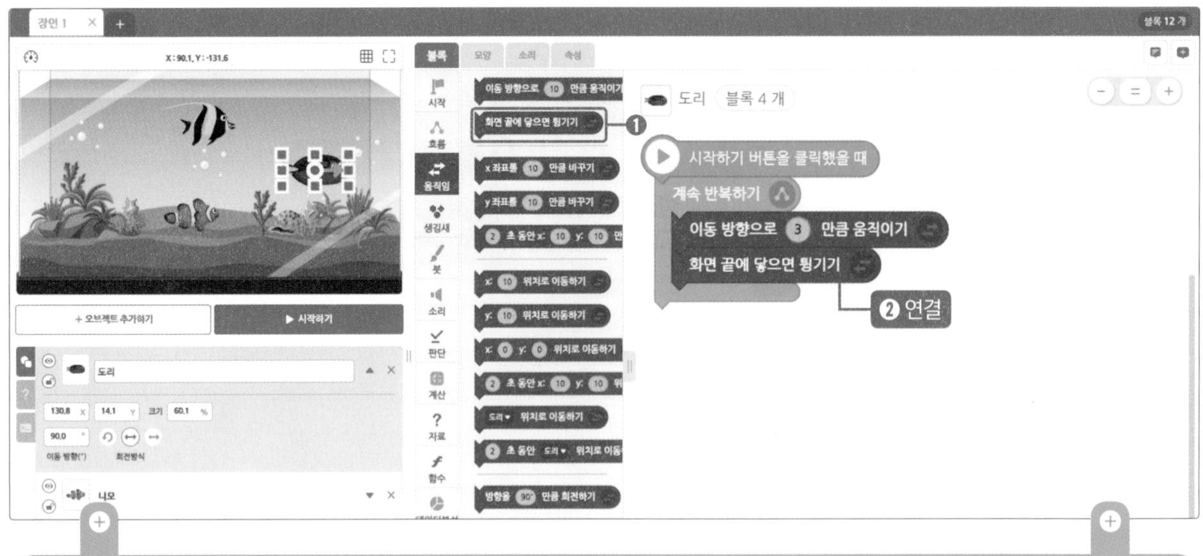

〈시작하기〉 버튼을 누르면 [도리]가 이동 방향으로 3의 속도로 헤엄치다가 어항(화면) 끝에 닿으면 반대 방향으로 헤엄쳐요. 즉, 〈정지하기〉 버튼을 누르기 전까지 어항 속을 좌우로 계속 헤엄쳐요.

06 다른 오브젝트에도 똑같은 코드를 복사하기 위해 [시작하기 버튼을 클릭했을 때] 위에서 마우스 오른쪽 버튼을 눌러 **[코드 복사]**를 클릭하세요.

07 **[니모]**를 선택한 후 마우스 오른쪽 버튼을 눌러 **[붙여넣기]**를 클릭하세요. 코드가 복사되면 3을 클릭한 후 2를 입력하세요.

08 똑같은 방법으로 **[길]**에도 코드를 붙여넣은 후 3을 클릭하여 4를 입력하세요.

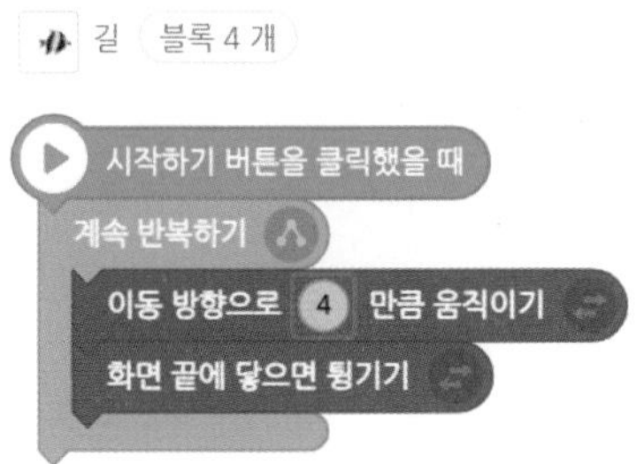

09 <시작하기> 버튼을 눌러 좌우로 움직이는 물고기들을 확인해 보세요.

<시작하기> 버튼을 누르면 [길]은 거꾸로 뒤집혀서 헤엄치고, [니모]는 오른쪽 방향만 보면서 헤엄치는 것을 확인할 수 있어요. [도리]처럼 좌-우 방향으로 헤엄치기 위해서는 회전 방식( )을 좌-우 방향( )으로 변경해야 해요.

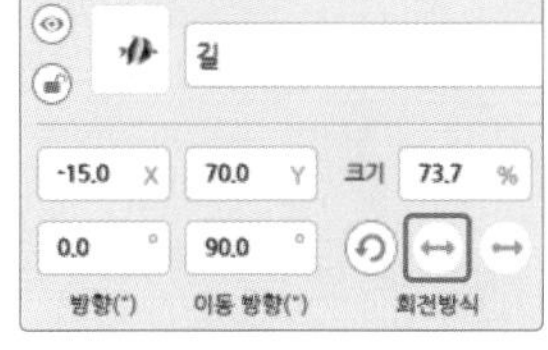

강아지와 산책하기

★ 강아지 모양1과 모양2를 예쁘게 색칠할 수 있어요.
★ 소녀가 강아지 이름을 부르면 소녀를 향해 달려가요.

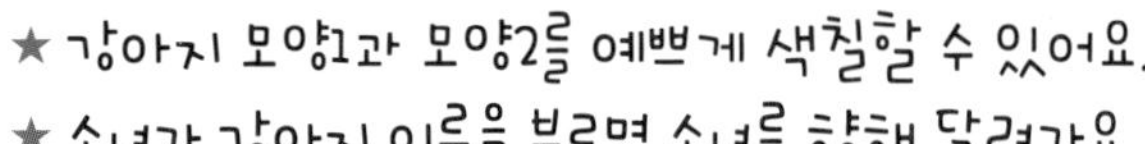

실습파일 강아지와 산책하기.ent **완성파일** 강아지와 산책하기(완성).ent

강아지 색칠하기
소녀를 향해 달려가는 강아지
까꿍아 이리와~

오브젝트 파헤치기

❶ **강아지** : 소녀가 부르면 소녀 방향으로 모양을 바꿔가면서 달려가요.
❷ **소녀** : 강아지 이름을 부른 후 달려오는 강아지에 닿으면 방향을 바꿔서 다시 말을 해요.

명령 블록 파헤치기

블록 꾸러미	명령 블록	설명
시작	시작하기 버튼을 클릭했을 때	시작하기 버튼을 클릭하면 아래에 연결된 블록들이 실행돼요.
흐름	계속 반복하기	안쪽에 감싸고 있는 블록들을 계속 반복해서 실행해요.
	2 초 기다리기	입력한 시간만큼 기다린 후 다음 블록을 실행해요.
움직임	x 좌표를 10 만큼 바꾸기	오브젝트 X좌표의 값을 입력한 값만큼 바꿀 수 있어요.

알록달록 오브젝트 꾸미기

01 **강아지와 산책하기.ent** 파일을 불러와 **[강아지]** 오브젝트를 선택한 후 **[모양]** 탭을 클릭하세요.

02 강아지1 모양과 강아지2 모양을 확인하세요.

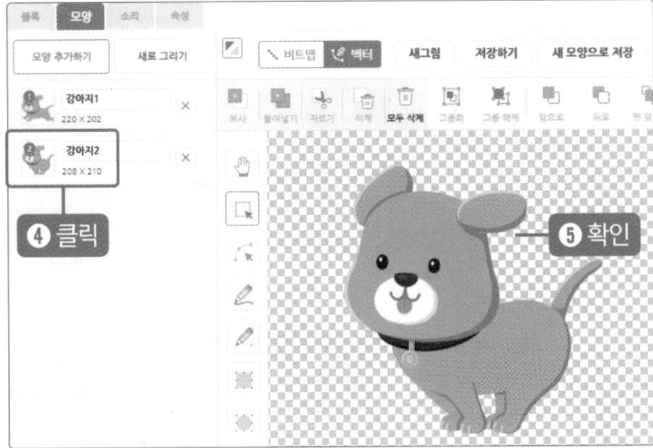

03 **채우기( )**를 이용하여 강아지 모양 2개를 예쁘게 색칠한 후 **<저장하기>**를 클릭하세요.

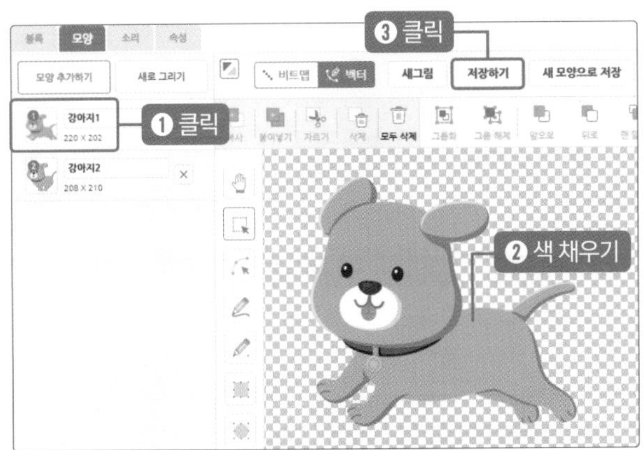

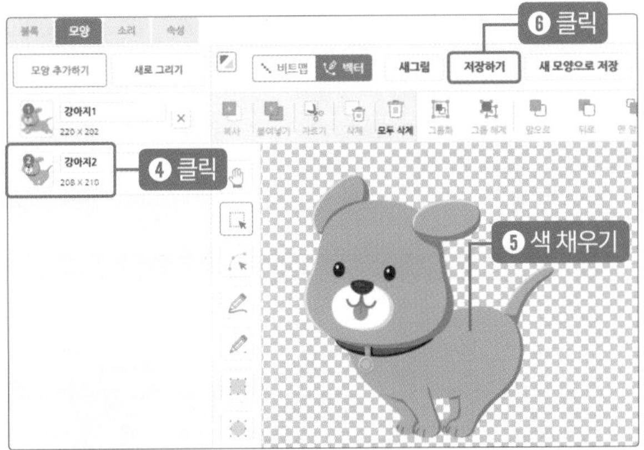

확대 및 축소( )

작은 이미지에 색을 채울 때는 화면을 확대하여 색칠하는 것이 편리해요.

04 엔트리 그림판에서 모든 작업이 완료되면 ( ) – **저장하기**를 클릭한 후 **[블록]** 탭을 선택하세요.

뚝딱뚝딱 블록 조립하기

01 [강아지] 오브젝트가 선택된 상태에서 [시작]을 클릭하여 [시작하기 버튼을 클릭했을 때]를 블록 조립소로 드래그하세요.

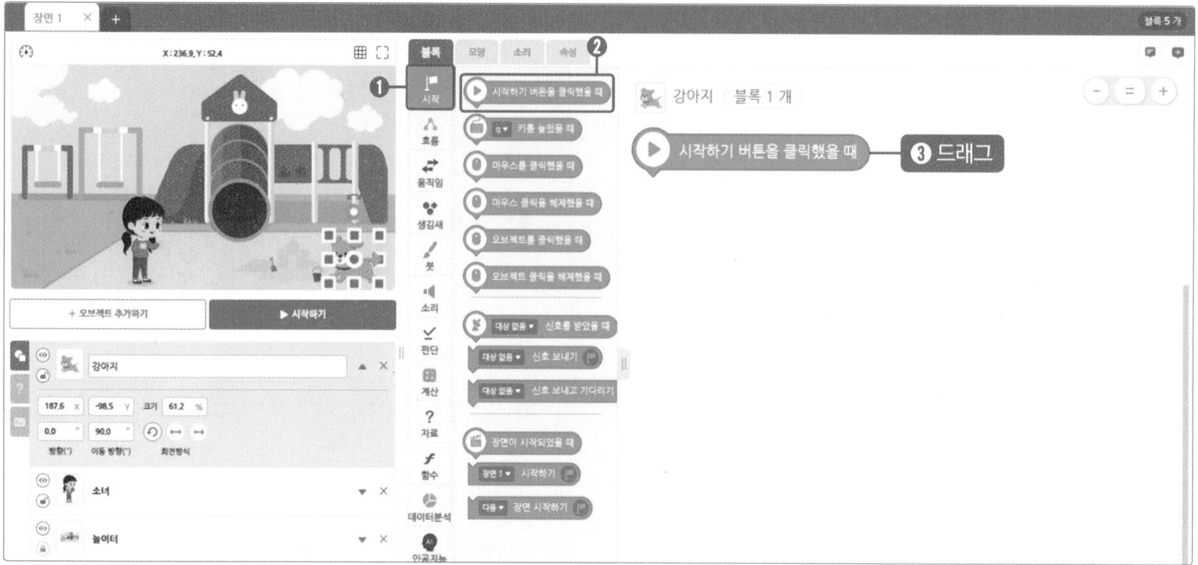

02 특정 블록을 계속 반복하기 위해 [흐름]의 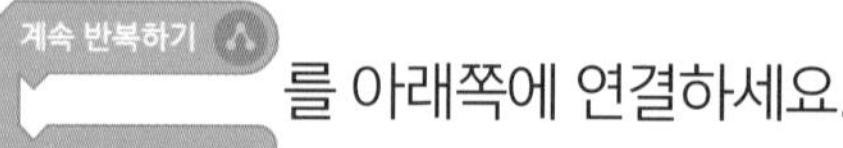

를 아래쪽에 연결하세요.

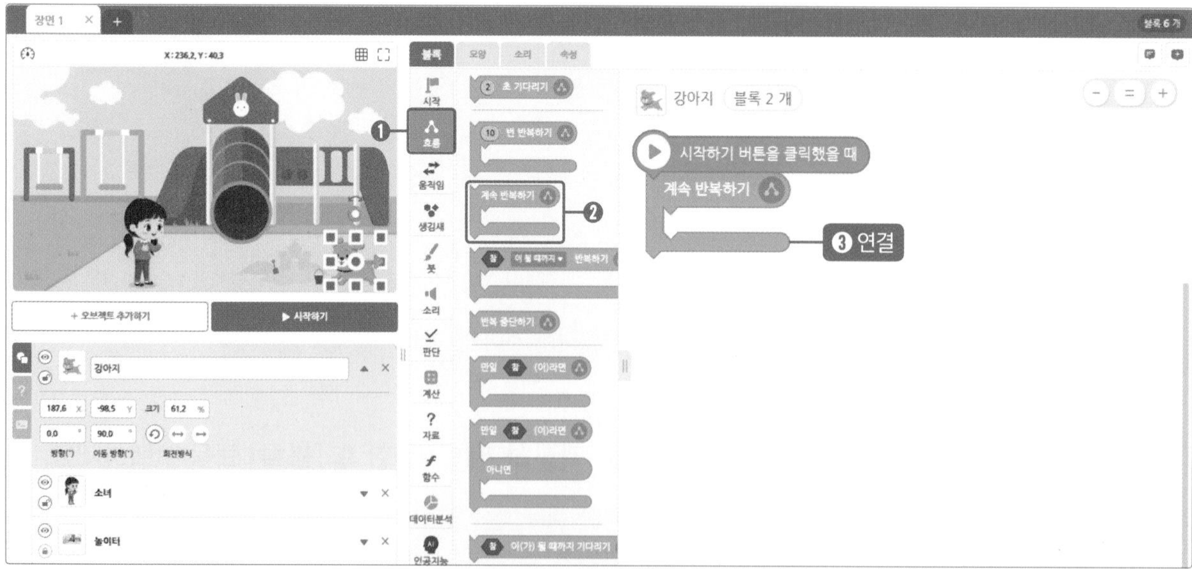

03 **[강아지]**의 X좌표를 바꾸기 위해 [움직임]의 를  안쪽에 끼워넣으세요.

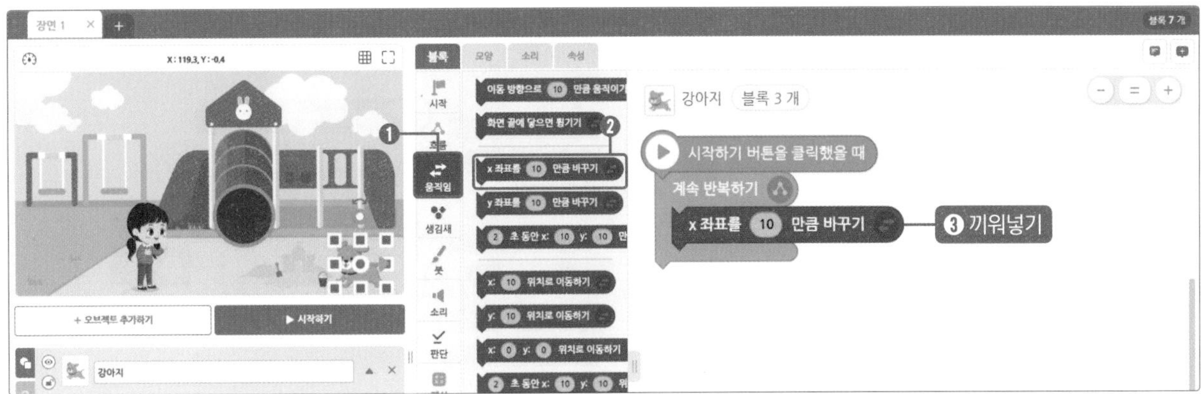

04 **[강아지]**가 소녀 방향으로 움직일 수 있도록 **10**을 클릭한 후 **−5**를 입력하세요.

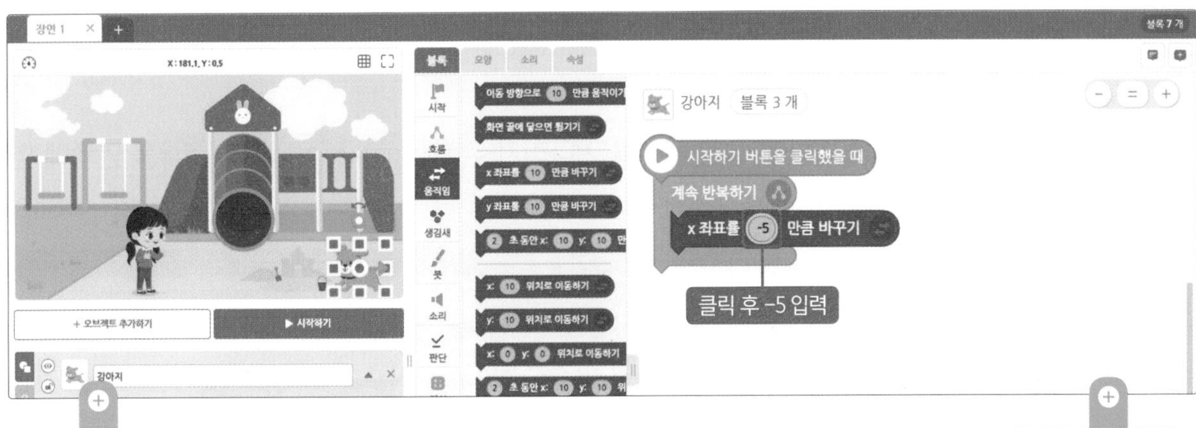

〈시작하기〉 버튼을 누르면 [강아지]가 [소녀] 방향인 왼쪽으로 계속 이동을 해요.

TIP X-Y 좌표

X좌표는 실행화면을 기준으로 가로(좌-우) 방향을 의미하며, Y좌표는 세로(상-하) 방향을 의미해요. 값이 양수(5)이면 X좌표는 오른쪽, Y좌표는 위쪽으로 이동하고, 값이 음수(-5)이면 X좌표는 왼쪽, Y좌표는 아래쪽으로 이동해요. [강아지]의 [x 좌표를 10 만큼 바꾸기] 값을 음수(-5)로 입력한 이유는 [소녀]가 [강아지]를 기준으로 왼쪽에 있기 때문이에요.

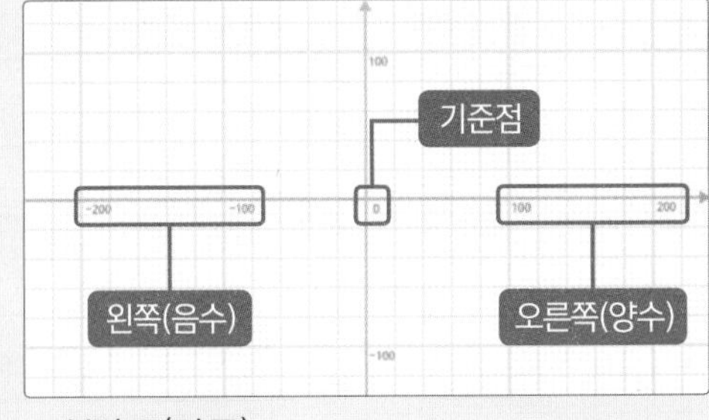

▲ X좌표(가로)

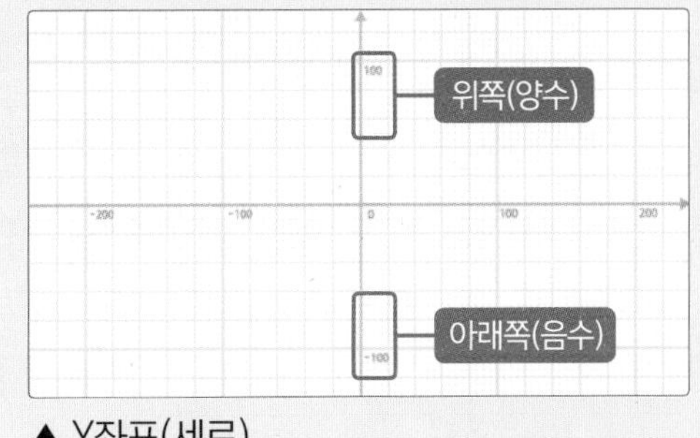

▲ Y좌표(세로)

05 **[강아지]**를 뛰는 모양으로 바꾸기 위해 [생김새]의 [다음 ▾ 모양으로 바꾸기]를 안쪽에 연결하세요.

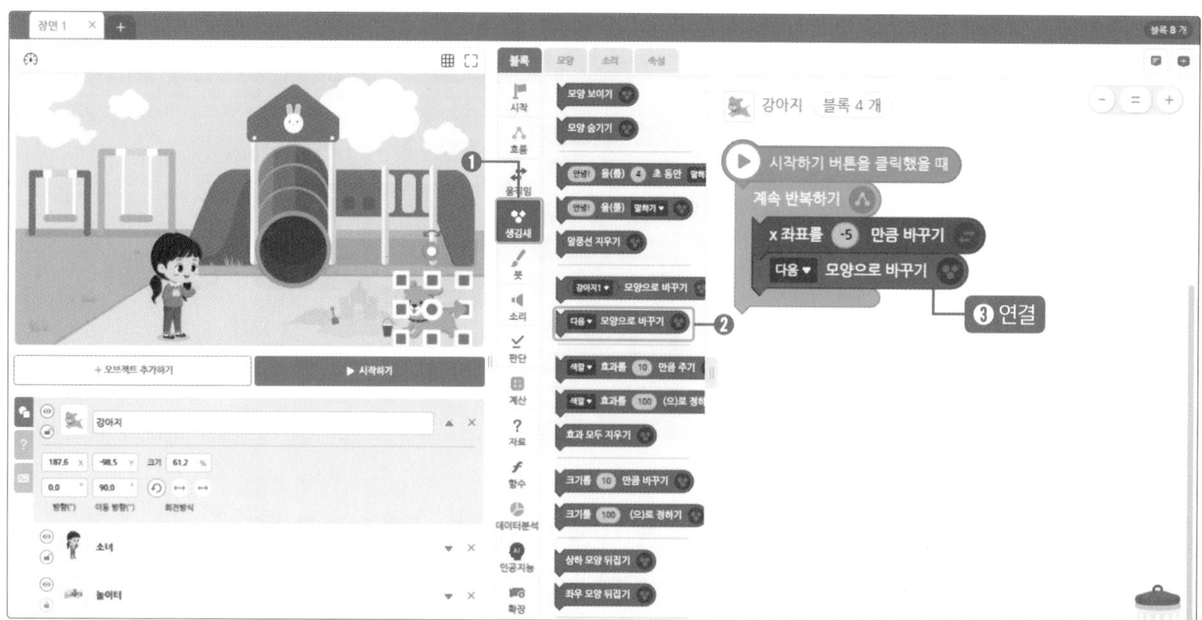

06 **[강아지]** 모양(1, 2)이 변경될 때 일정 시간을 기다리기 위해 [흐름]의 [2 초 기다리기]를 안쪽에 연결한 후 **2**를 클릭하여 **0.1**로 입력하세요.

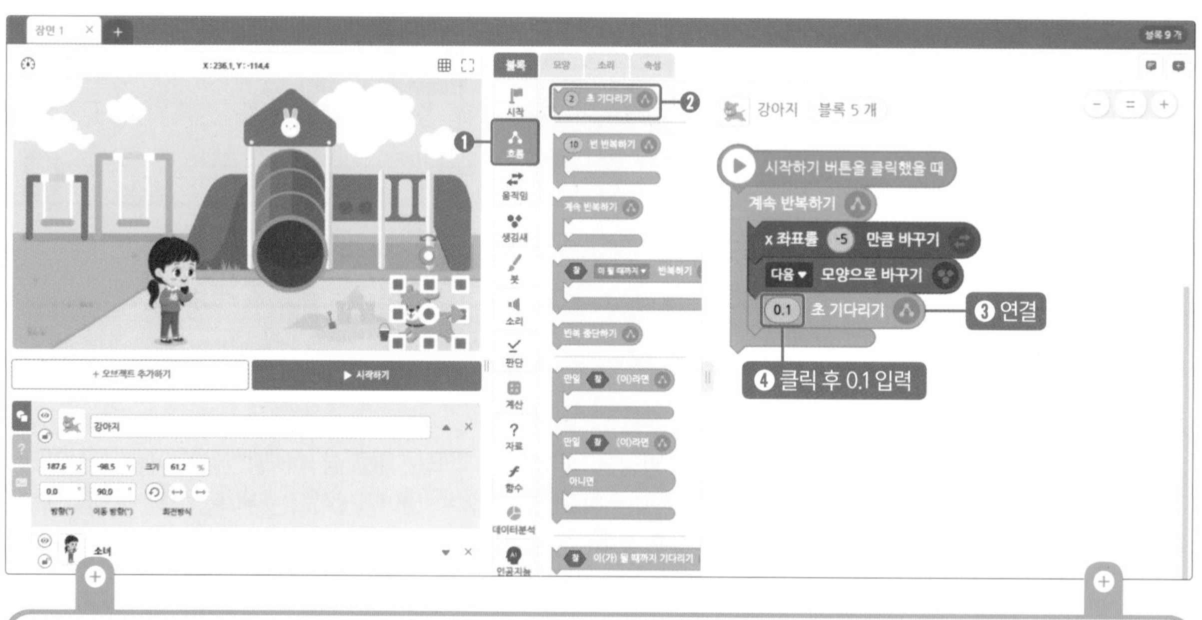

<시작하기> 버튼을 누르면 [강아지]가 소녀 방향으로 모양(강아지1, 강아지2)을 0.1 초 간격으로 바꿔 가며 뛰어가요.

07 <시작하기> 버튼을 눌러 **[소녀]**가 강아지 이름을 부르면 **[강아지]**가 **[소녀]** 쪽으로 달려가는지 확인해 보세요.

코딩 플러스

[강아지]를 마우스로 드래그하여 실행화면 왼쪽 끝으로 이동시킨 후 [x 좌표를 -5 만큼 바꾸기]의 -5를 5로 수정한 후 실행해 보세요. 값을 음수(-5)가 아닌 양수(5)로 입력했기 때문에 자동차가 후진하듯이 강아지가 뒤(오른쪽)로 뛰어가는 것을 확인할 수 있을 거예요. [강아지]가 오른쪽 방향을 바라보면서 뛰어가게 하려면 [좌우 모양 뒤집기]를 위쪽에 추가하면 돼요.

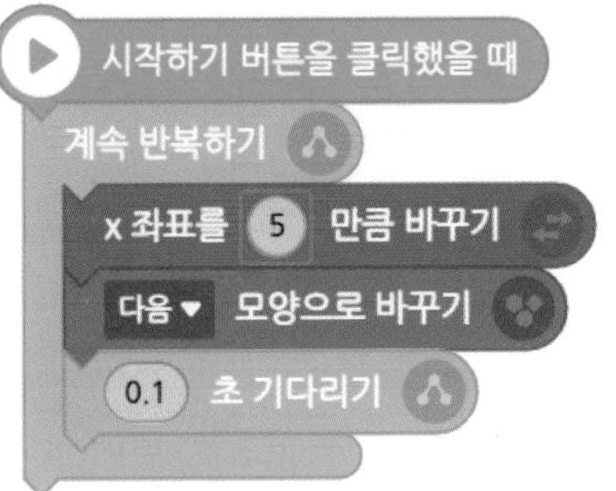

시작하기 버튼을 클릭했을 때
좌우 모양 뒤집기
계속 반복하기
x 좌표를 5 만큼 바꾸기
다음 ▾ 모양으로 바꾸기
0.1 초 기다리기

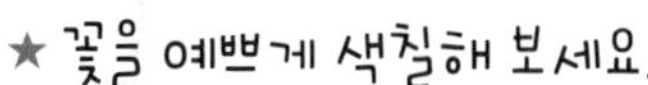

꽃 키우기

학습목표

★ 꽃을 예쁘게 색칠해 보세요.
★ 조리개에서 떨어지는 물방울에 꽃이 닿으면 크기가 점점 커져요.

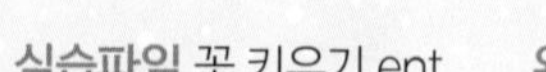

실습파일 꽃 키우기.ent　　완성파일 꽃 키우기(완성).ent

꽃 색칠하기

물방울에 닿으면 꽃이 커짐

오브젝트 파헤치기

❶ **꽃** : 물방울에 닿으면 꽃이 점점 커져요.
❷ **조리개** : 마우스포인터 위치로 이동한 후 마우스를 클릭할 때마다 조리개 입구를 아래쪽 방향으로 변경해요.
❸ **물방울** : 마우스를 클릭할 때마다 조리개 입구에서 물방울이 생성되어 아래쪽 방향으로 계속 떨어져요.

명령 블록 파헤치기

블록 꾸러미	명령 블록	설명
흐름	계속 반복하기	안쪽에 감싸고 있는 블록들을 계속 반복해서 실행해요.
	만일 참 (이)라면	판단이 참이라면 안쪽에 감싸고 있는 블록들을 실행해요.
판단	마우스포인터 ▾ 에 닿았는가?	오브젝트가 선택한 항목(마우스포인터, 물방울, 조리개 등)에 닿은 경우 '참'으로 판단해요.
생김새	크기를 10 만큼 바꾸기	오브젝트의 크기를 입력한 값만큼 바꿀 수 있어요.

알록달록 오브젝트 꾸미기

01 **꽃 키우기.ent** 파일을 불러와 **[꽃]** 오브젝트를 선택한 후 **[모양]** 탭을 클릭하세요.

02 **채우기(** **)**를 이용하여 예쁘게 색칠한 후 **<저장하기>**를 클릭하세요.

TIP 팔레트 모드( )와 슬라이더 모드( )

'팔레트 모드'는 기본적으로 여러 가지 색상이 제공되어 원하는 색을 직접 선택할 수 있으며, '슬라이더 모드'는 색상, 채도, 명도를 조합하여 원하는 색을 만들 수 있어요. 노란색 꽃은 슬라이더 모드에서 색을 조합하여 만든 것이니 아래 그림을 참고해 주세요.

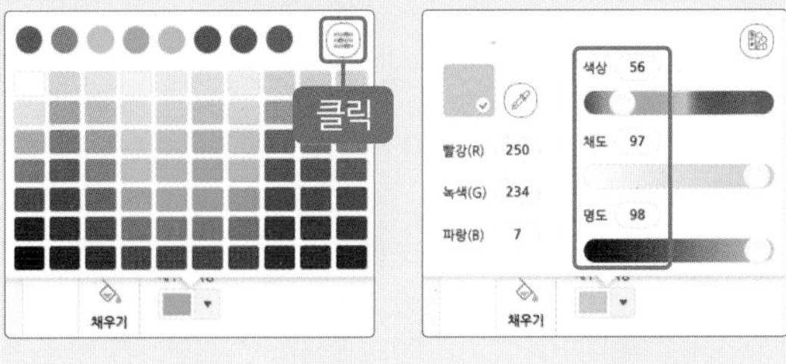

03 엔트리 그림판에서 모든 작업이 완료되면 [아이콘] - **저장하기**를 클릭한 후 **[블록]** 탭을 선택하세요.

01 [꽃] 오브젝트가 선택된 상태에서 [시작]을 클릭한 후 [시작하기 버튼을 클릭했을 때]를 블록 조립소로 드래그하세요.

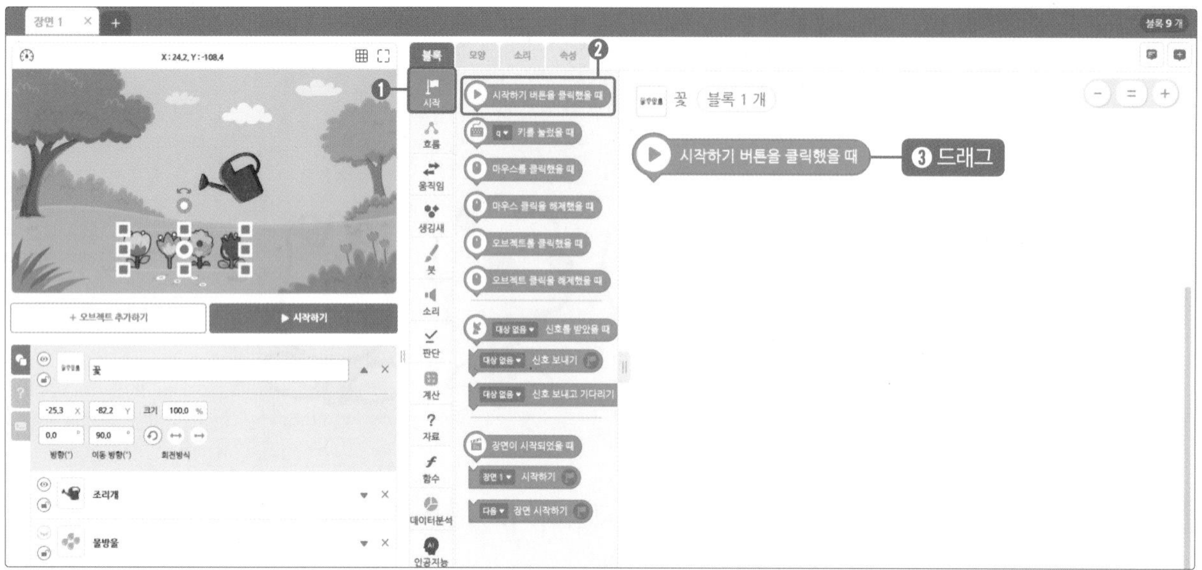

02 특정 블록을 계속 반복하기 위해 [흐름]의 [계속 반복하기]를 아래쪽에 연결하세요.

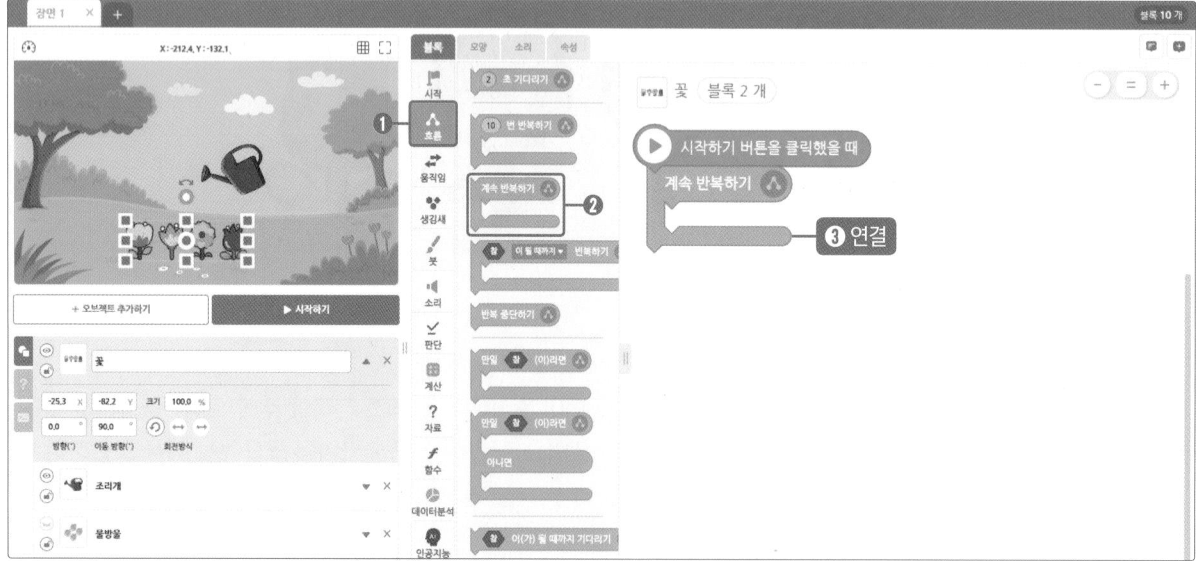

03 특정 조건이 **참**인지 확인하기 위해  을 안쪽에 끼워넣으세요.

TIP

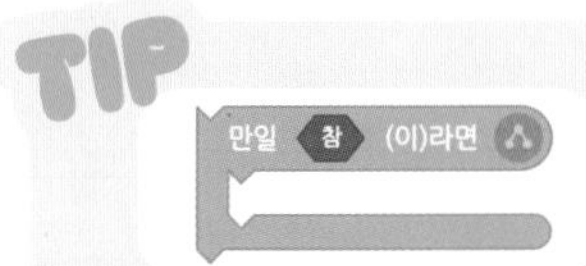

[만일 참 이라면] 명령블록은 코드를 작성할 때 자주 사용하는 명령블록으로 조건에 따라 '참'인지 아니면 '거짓'인지를 판단하여 실행 유무를 결정할 수 있어요. 만약, 조건에 만족하면(참) [만일 참 이라면] 가운데 끼워진 명령블록을 실행하고, 조건에 만족하지 않으면(거짓) [만일 참 이라면] 명령블록 아래쪽에 연결된 명령블록을 실행해요.

04 특정 조건을 확인하기 위해 [판단]의 [마우스포인터 ▾ 에 닿았는가?]를 [참]에 끼워넣은 후 **마우스포인터**를 눌러 **물방울**로 변경하세요.

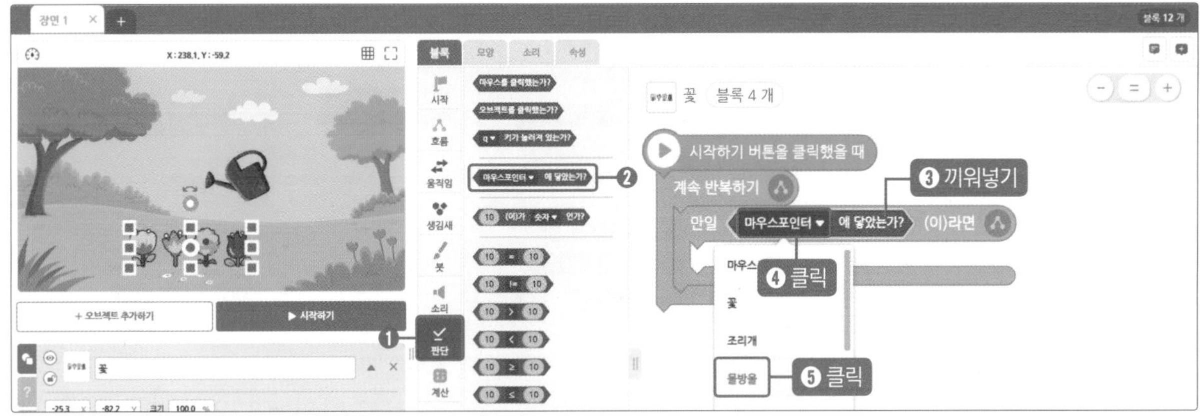

TIP **판단 명령블록 끼워넣기**

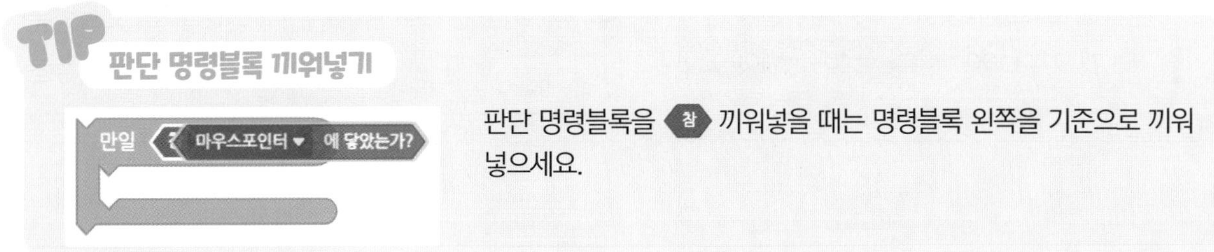

판단 명령블록을 [참] 끼워넣을 때는 명령블록 왼쪽을 기준으로 끼워 넣으세요.

05 **[꽃]**이 **[물방울]**에 닿으면 크기를 변경하기 위해 [생김새]의 [크기를 10 만큼 바꾸기]를 [만일 물방울 에 닿았는가? (이)라면] 안쪽에 끼워넣으세요.

06 **[물방울]**에 닿으면 크기가 조금씩만 커지도록 변경하기 위해 **10**을 클릭한 후 **2**를 입력하세요.

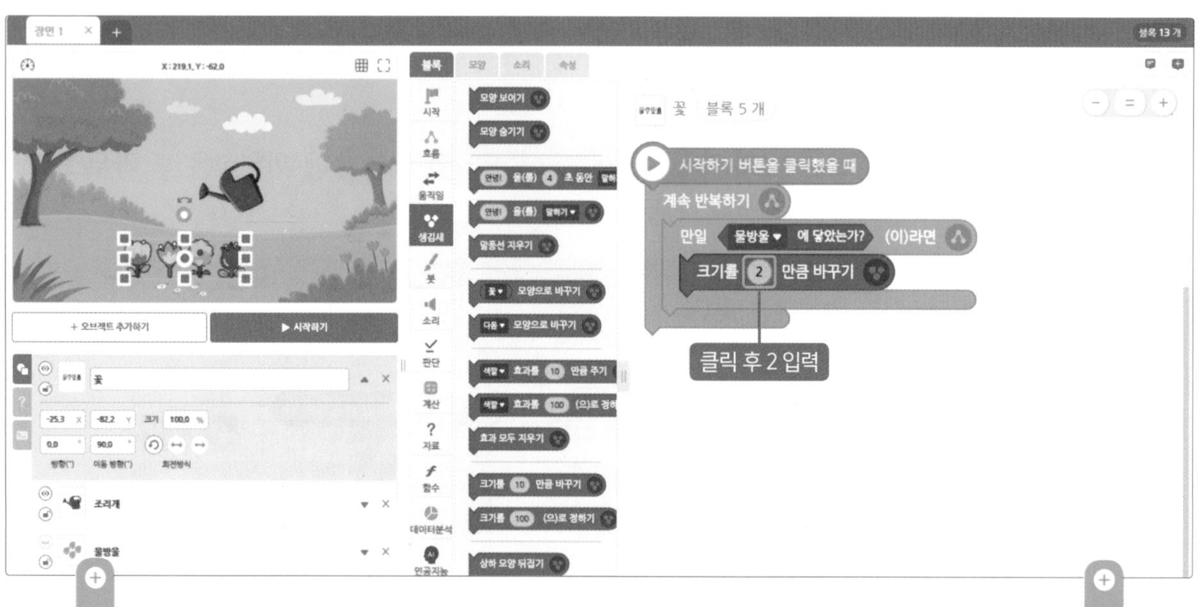

<시작하기> 버튼을 누르면 [꽃]에 [물방울]이 닿았는지 계속 확인할 수 있어요. 만약 [꽃]에 [물방울]이 닿으면(참) [꽃]은 현재 크기(100)를 기준으로 2만큼씩 커져요. 즉, 물을 많이 줄수록 [꽃]은 점점 더 커져요.(100 → 102 → 104 → 106 ...)

07 <시작하기> 버튼을 누른 후 **[꽃]**을 향해 **[물방울]**이 떨어지도록 마우스를 클릭해 보세요. **[물방울]**이 **[꽃]**에 닿으면 꽃이 점점 커지는지 확인해 보세요.

코딩 플러스

[꽃]에 [물방울]이 닿았을 때 꽃을 더 빠르게 자라게 하기 위해서는 크기 값(2)을 변경하면 되고, 반대로 꽃이 작아지게 하려면 크기 값을 마이너스(-2)로 변경하면 돼요. 아래 그림처럼 코드를 수정한 후 직접 결과를 확인해 보세요.

```
시작하기 버튼을 클릭했을 때
계속 반복하기
  만일 물방울 ▾ 에 닿았는가? (이)라면
    크기를 4 만큼 바꾸기
```

```
시작하기 버튼을 클릭했을 때
계속 반복하기
  만일 물방울 ▾ 에 닿았는가? (이)라면
    크기를 -2 만큼 바꾸기
```

숫자 자판 연습

학습목표

★ 키보드를 예쁘게 색칠해 보세요.
★ 키보드 숫자키를 누르면 특정 오브젝트로 신호를 보내서 코드를 실행할 수 있어요.

실습파일 숫자 자판 연습.ent　　완성파일 숫자 자판 연습(완성).ent

오브젝트 파헤치기

❶ **키보드 :** <시작하기> 버튼을 누르면 실행화면에 나타나서 3초간 말을 한 후 다시 사라져요. 또한, 키보드 숫자키 [1]을 누르면 [1] 오브젝트로 신호를 보내요.

❷ **게임오버 :** 게임오버 신호를 받으면 글자가 실행화면에 보이고 모든 코드가 멈춰요.

❸ **1~0 :** <시작하기> 버튼을 누르면 실행화면 아래쪽에서 위쪽으로 이동하다가 위쪽 벽에 닿으면 게임오버 신호를 보내요. 또한, 위쪽으로 이동하는 도중에 특정 신호를 받으면 터진 모양으로 바뀌고 다시 실행화면 아래쪽으로 위치를 이동해요.

❹ **달 표면 :** 키보드 숫자키([2]~[0])를 눌렀을 때 각각의 숫자(2~0) 오브젝트로 신호를 보내요.

명령 블록 파헤치기

블록 꾸러미	명령 블록	설명
시작	0▾ 신호 보내기	선택한 신호를 특정 오브젝트로 보내요. 신호 보내기가 있으면 신호 받기가 반드시 있어야 해요.
생김새	안녕! 을(를) 4 초 동안 말하기▾	오브젝트가 입력한 내용을 입력한 시간만큼 말해줘요.
	모양 보이기	오브젝트를 실행화면에서 보이게 해줘요.
	모양 숨기기	오브젝트를 실행화면에서 보이지 않게 해줘요.

알록달록 오브젝트 꾸미기

01 **숫자 자판 연습**.ent 파일을 불러와 **[키보드]** 오브젝트를 선택한 후 **[모양]** 탭을 클릭하세요.

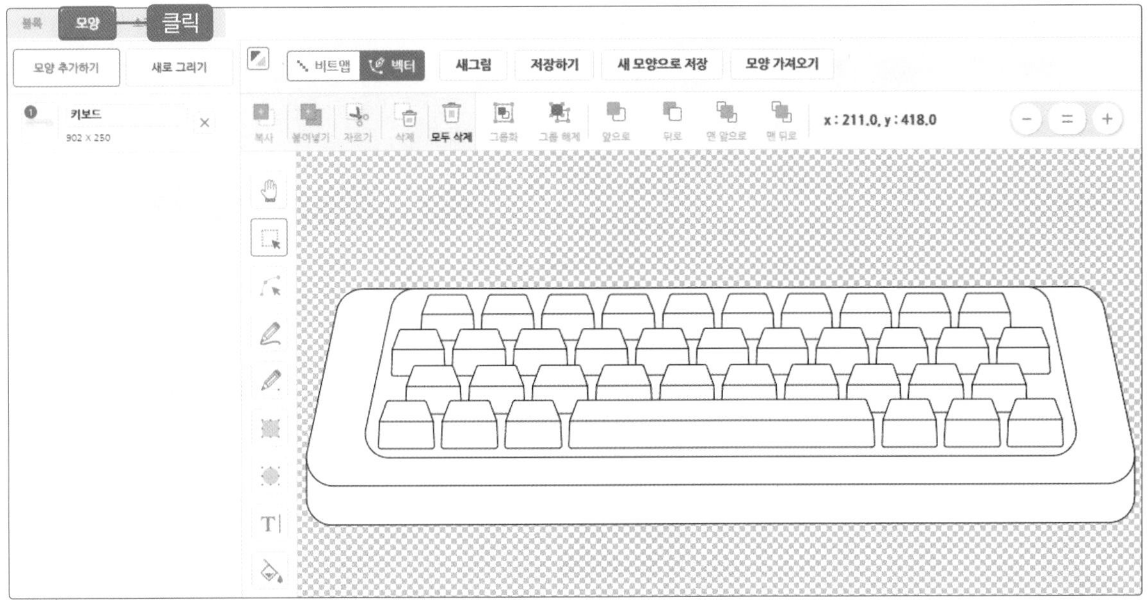

02 **채우기( )**를 이용하여 예쁘게 색칠한 후 **<저장하기>**를 클릭하세요.

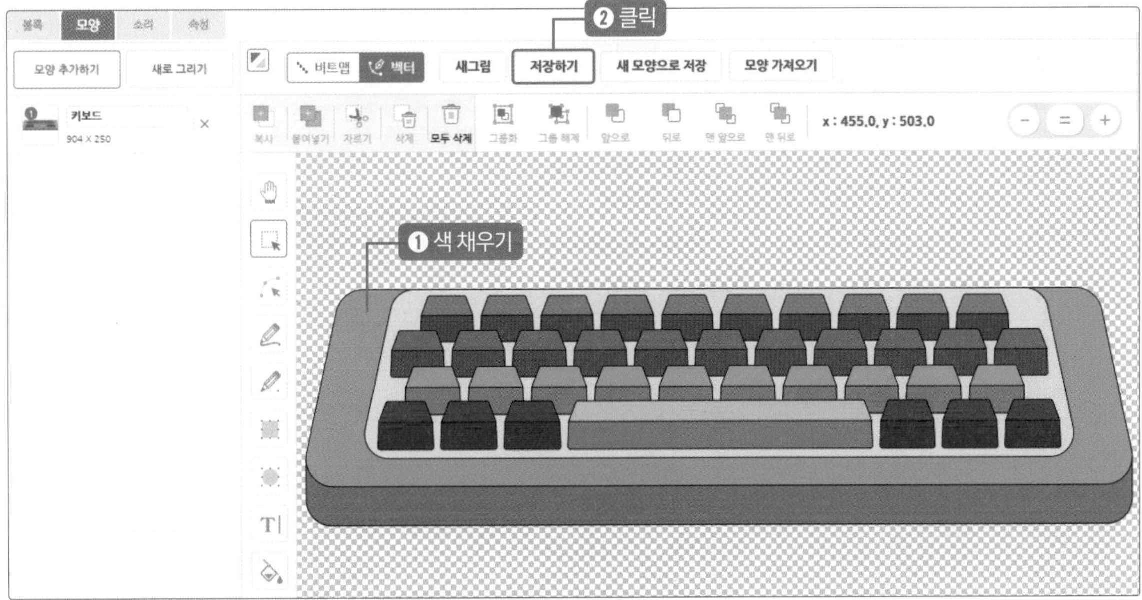

03 엔트리 그림판에서 모든 작업이 완료되면 ( ) - **저장하기**를 클릭한 후 **[블록]** 탭을 선택하세요.

01 **[키보드]** 오브젝트가 선택된 상태에서 [시작]을 클릭하여 (시작하기 버튼을 클릭했을 때)를 블록 조립소로 드래그하세요.

02 <시작하기> 버튼을 눌렀을 때 실행화면에 숨겨져 있던 **[키보드]**를 나타내기 위해 [생김새]의 (모양 보이기)를 아래쪽에 연결하세요.

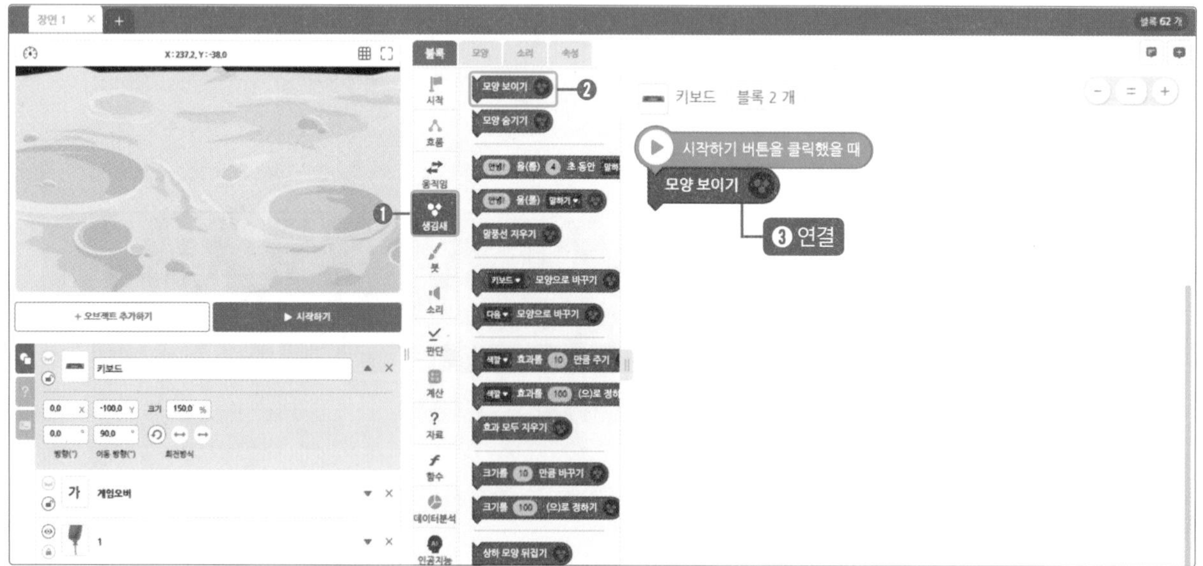

오브젝트 숨기기

[키보드]가 실행화면에서 보이지 않도록 설정하기 위해 오브젝트 목록에서 숨기기( )를 지정하였어요.

03 **[키보드]**가 실행화면에 나타나면 말을 하도록 하기 위해 안녕! 을(를) 4 초 동안 말하기▾ 를 아래쪽에 연결하세요.

04 **안녕**을 클릭하여 **숫자 자판을 연습해 보세요.**를 입력한 후 **4**를 클릭하여 **3**을 입력하세요.

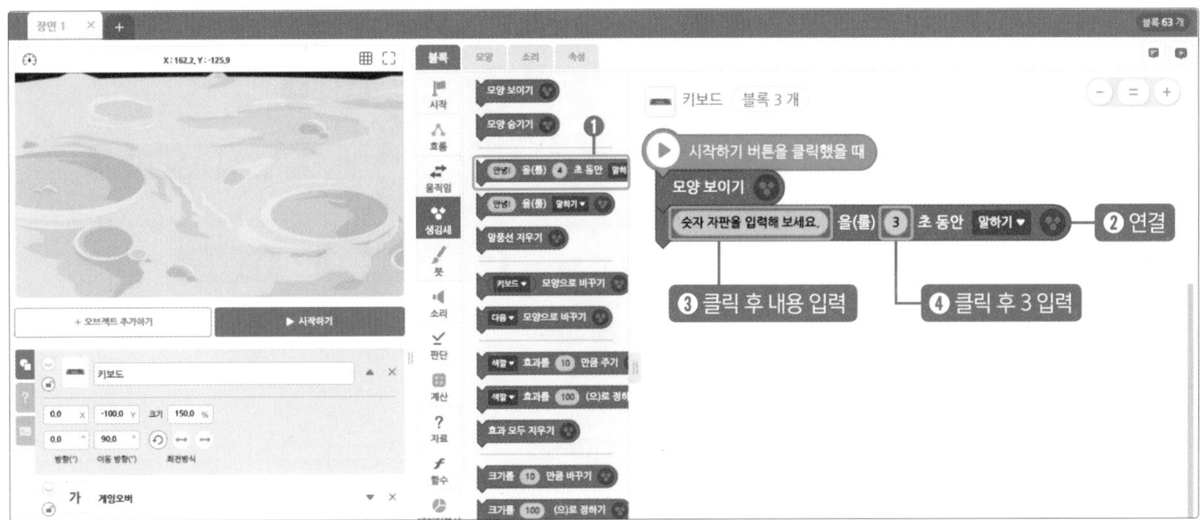

05 3초 동안 말을 한 후 실행화면에서 숨기기 위해 모양 숨기기 를 아래쪽에 연결하세요.

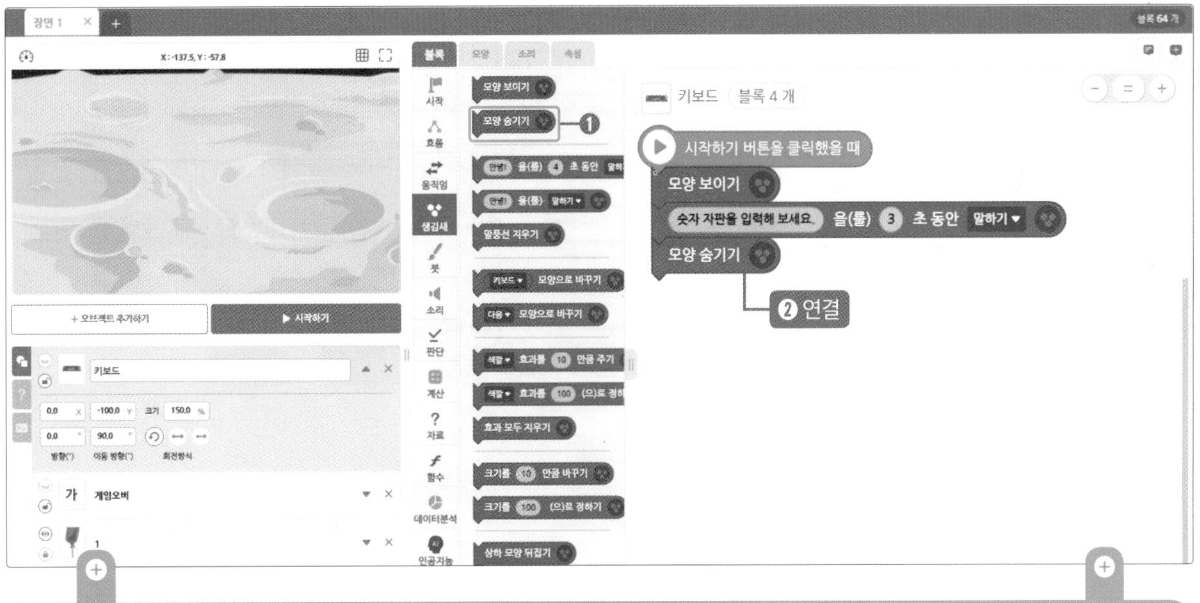

<시작하기> 버튼을 누르면 실행화면에 [키보드]가 나타나 '숫자 자판을 입력해 보세요'를 3초 동안 말을 한 후 모양이 보이지 않도록 사라져요.

06 코드를 추가하기 위해 [시작]의 [q▾ 키를 눌렀을 때]를 블록 조립소로 드래그한 후 **q**를 클릭하여 **1**을 입력하세요.

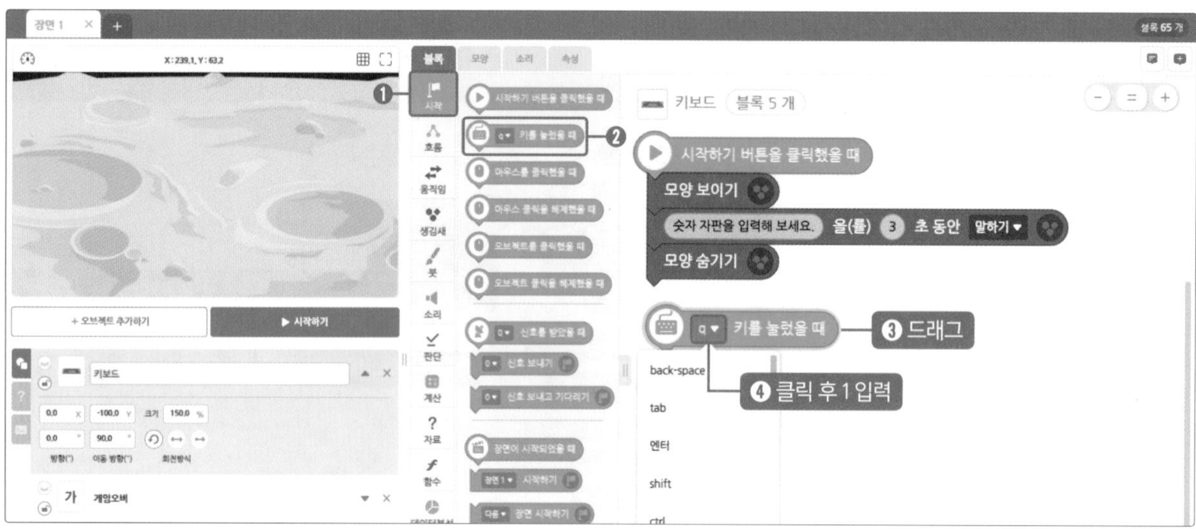

07 숫자키 [1]을 눌러 신호를 보내기 위해 [0▾ 신호 보내기]를 아래쪽에 연결하세요.

08 **0**를 클릭한 후 마우스 가운데 휠을 아래로 굴리거나 스크롤 바를 드래그하여 **1**를 선택하세요.

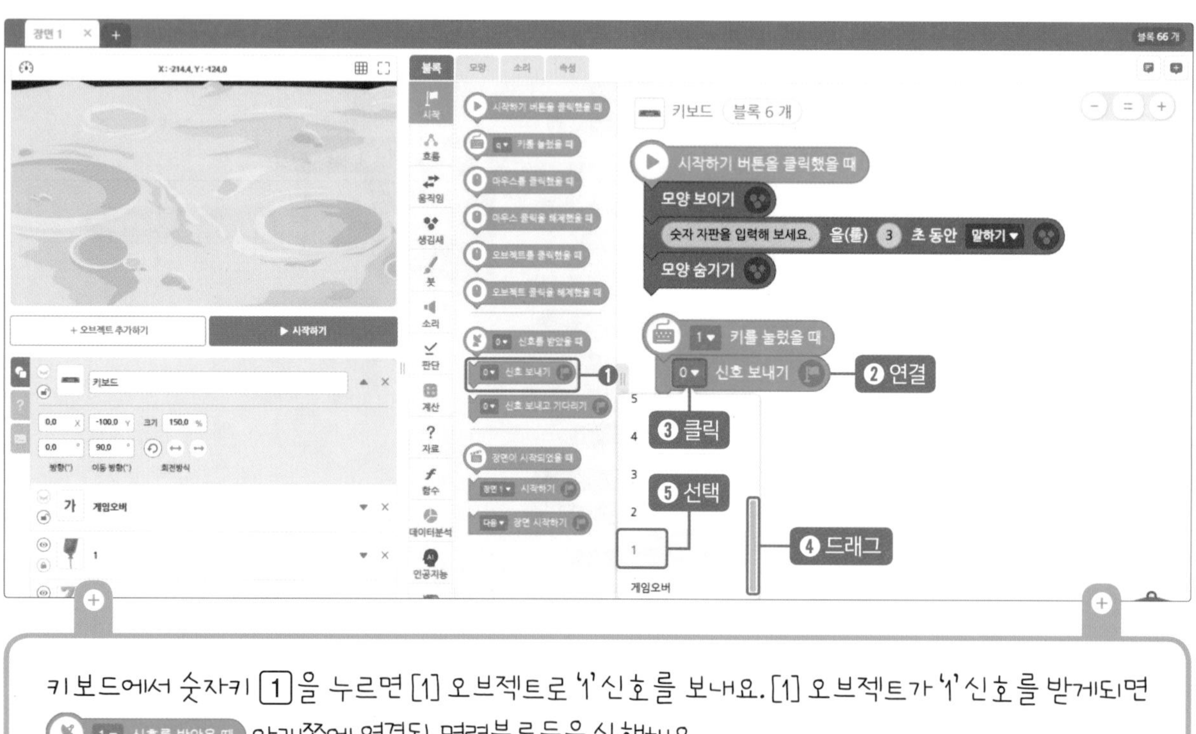

키보드에서 숫자키 [1]을 누르면 [1] 오브젝트로 '1' 신호를 보내요. [1] 오브젝트가 '1' 신호를 받게되면 [1▾ 신호를 받았을 때] 아래쪽에 연결된 명령블록들을 실행해요.

TIP 신호 보내기 & 신호 받기

'신호 보내기'와 '신호 받기'는 항상 한 쌍으로 이루어져 있어요. 신호 보내기는 어떤 것을 시키는 쪽이며, 신호 받기는 시킨 일을 실행하는 쪽이에요. 예를 들어 중국집에서 '짜장면 주세요' 라고 주문(신호 보내기)을 하면, 주인은 손님의 주문을 받아서(신호 받았을 때) 짜장면을 만들어요. 만약 다른 손님이 짬뽕으로 주문(신호 보내기)을 하면, 주인은 짜장면이 아닌 짬뽕 주문(다른 신호)에 맞추어 짬뽕을 만들 거예요.

09 <시작하기> 버튼을 누른 후 실행화면 아래쪽에서 위쪽으로 올라오는 숫자에 맞추어 키보드 숫자키(0~9)를 입력해 보세요. 만약, 숫자를 입력하지 못해서 위쪽 벽에 닿으면 타자 게임이 종료될 거예요.

코딩 플러스

키보드에서 1을 입력하면 [1] 오브젝트는 '1' 신호를 받음과 동시에 아래쪽 연결된 명령블록들을 실행해요. 타자 게임을 해보면 알겠지만 정확하게 숫자키를 입력하면 해당 숫자는 '폭발' 모양으로 변경된 후 실행화면에서 보이지 않게 아래쪽(y : −240)으로 이동해서 다시 원래 모양으로 변경해요.

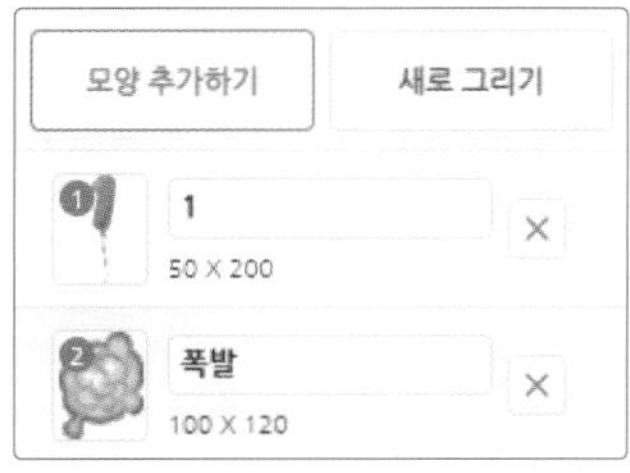

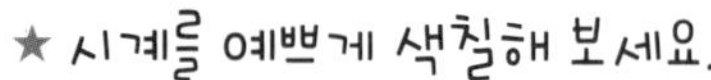

스톱워치

학습목표

★ 시계를 예쁘게 색칠해 보세요.

★ 시작 버튼을 누르면 시계의 분침이 360도 회전하고 정지 버튼을 누르면 회전을 멈춰요.

실습파일 스톱워치.ent　　**완성파일** 스톱워치(완성).ent

오브젝트 파헤치기

❶ **분침** : 시작 신호를 받으면 멈춤 신호를 받기 전까지 계속 360도로 회전을 해요.

❷ **시침** : 분침이 한 바퀴씩 회전할 때마다 조금씩 시계 방향으로 회전해요.

❸ **초기화 버튼** : 버튼을 클릭하면 스톱워치를 처음부터 다시 실행할 수 있도록 리셋해요.

❹ **정지 버튼** : 버튼을 클릭하면 멈춤 신호를 보내요.

❺ **시작 버튼** : 버튼을 클릭하면 시작 신호를 보내요.

명령 블록 파헤치기

블록 꾸러미	명령 블록	설명
시작	분침 ▾ 신호를 받았을 때	선택한 신호를 받으면 아래쪽에 연결된 블록들을 실행해요. 신호를 받기 위해서는 반드시 신호 보내기가 함께 있어야 해요.
움직임	방향을 90° 만큼 회전하기	입력한 각도만큼 시계방향으로 오브젝트가 회전을 해요.
흐름	모든 ▾ 코드 멈추기	현재 실행중인 모든 블록들의 실행을 멈추게 할 수 있어요.

알록달록 오브젝트 꾸미기

01 **스톱워치**.ent 파일을 불러와 **[시계]** 오브젝트를 선택한 후 **[모양]** 탭을 클릭하세요.

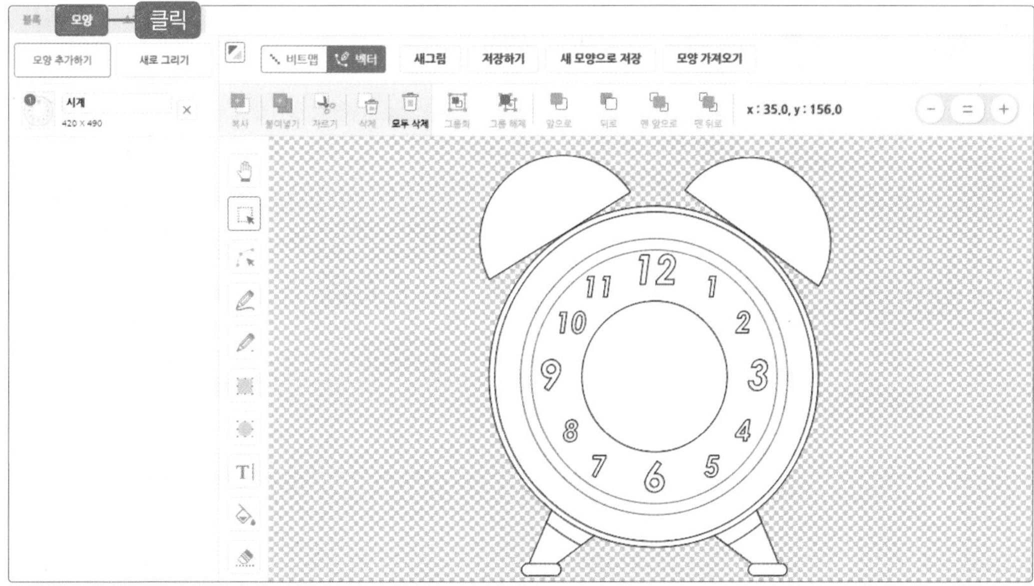

02 **채우기**( )를 이용하여 예쁘게 색칠한 후 **<저장하기>**를 클릭하세요.

03 엔트리 그림판에서 모든 작업이 완료되면 –**저장하기**를 클릭한 후 **[블록]** 탭을 선택하세요.

01 **[분침]** 오브젝트를 선택한 후 [시작]을 클릭하여 [분침▾ 신호를 받았을 때]를 블록 조립소로 드래그하세요.

02 받는 신호를 변경하기 위해 **분침**을 클릭한 후 **시작**을 선택하세요.

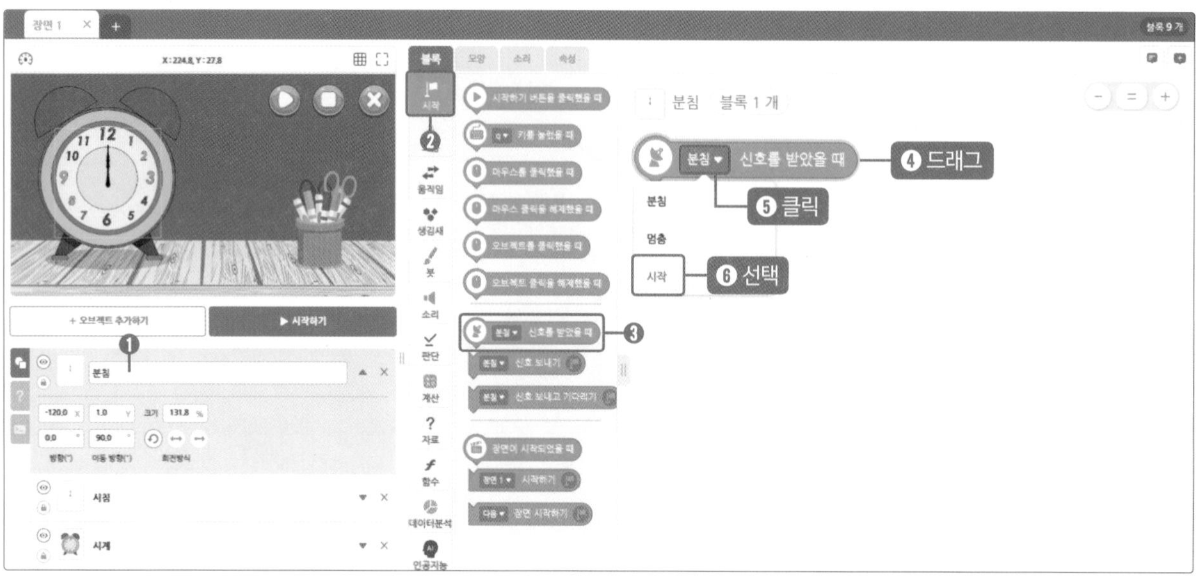

신호는 [속성]-[신호]에서 <신호 추가하기>를 이용하여 원하는 신호를 추가할 수 있어요. 실습파일은 편의상 신호를 미리 만들어 놓았기 때문에 바로 사용할 수 있어요.

03 특정 블록을 계속 반복하기 위해 [흐름]의 [계속 반복하기]를 아래쪽에 연결하세요.

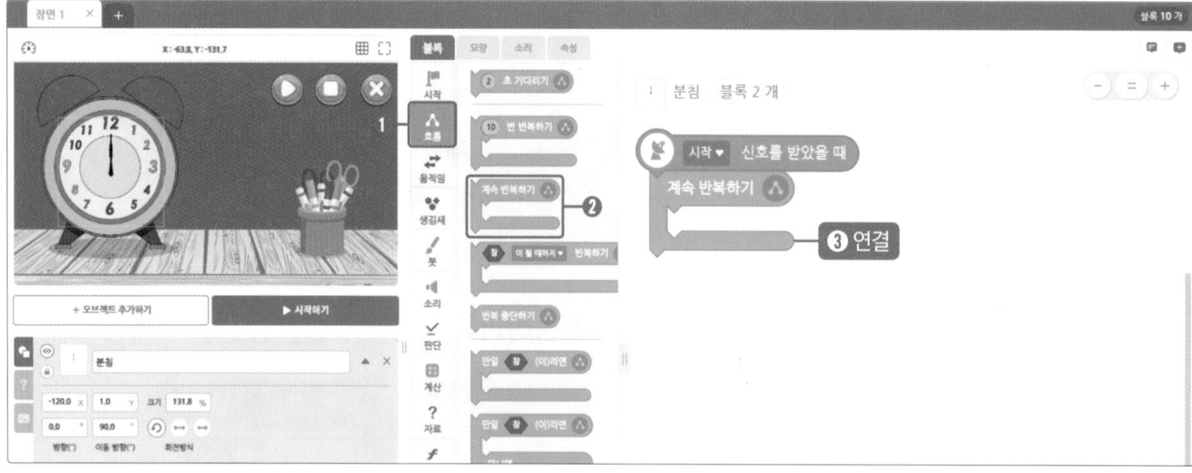

04 **[분침]**이 시계 방향으로 계속 회전할 수 있도록 [움직임]의 [방향을 90° 만큼 회전하기]를 [계속 반복하기] 안쪽에 끼워넣으세요.

05 분침이 회전을 할 때 1도씩 회전시키기 위해 **90**을 클릭한 후 **1**을 입력하세요.

<시작 버튼>을 눌러 '시작' 신호를 보내면 [분침]은 시작 신호를 받은 후 시계 방향으로 1도씩 계속 회전을 해요. 스톱워치 기능을 구현하기 위해서는 계속 돌고 있는 [분침]을 중간에 멈출 수 있도록 코드를 추가해야 해요.

TIP 방향 회전

회전과 관련된 명령블록은 각도가 입력된 곳을 클릭하면 아래 그림과 같이 각도 조절에 관련된 서브 메뉴가 별도 나와요. 숫자로 각도를 입력하면 실제 얼마큼의 각도인지 헷갈리지만 각도 조절 메뉴를 이용하면 눈으로 보면서 각도를 조절할 수 있어서 편리해요.

›››

06 코드를 추가하기 위해 [시작]의 [분침▾ 신호를 받았을 때]를 블록 조립소로 드래그한 후 **분침**을 클릭하여 **멈춤**으로 선택하세요.

07 '멈춤' 신호를 받았을 때 모든 코드를 멈추게 하기 위해 [흐름]의 [모든▾ 코드 멈추기]를 아래쪽에 연결하세요.

<정지 버튼>을 눌러 '멈춤' 신호를 보내면 [분침]은 멈춤 신호를 받은 후 더 이상 회전을 하지 않도록 모든 코드의 실행을 정지시켜요.

08 <시작하기> 버튼을 누른 후 <시작 버튼>을 눌러 **[분침]**을 회전시키세요. **[분침]**이 회전하는 도중에 원하는 위치에서 멈추고 싶을 때는 <정지 버튼>을 누르세요.

코딩 플러스

<초기화 버튼>을 눌렀을 때 [시침]과 [분침]이 모두 초기화되어 다시 스톱워치를 실행할 수 있도록 **[초기화 버튼]** 오브젝트에 코드를 추가해 보세요. 실행을 초기화 시키기 위해서는 처음부터 다시 실행하기 가 필요하기 때문에 해당 명령블록을 이용하여 아래와 같이 코드를 작성하세요.

초기화 버튼 블록 2 개

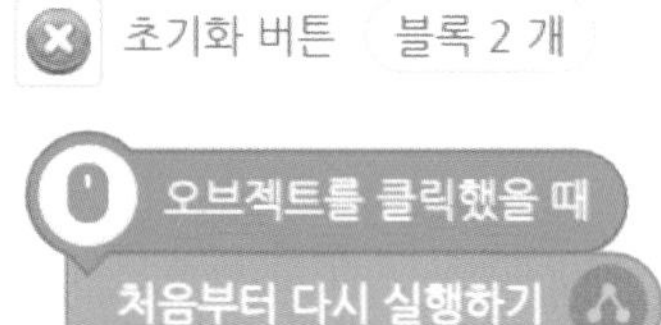

애니메이션

학습목표

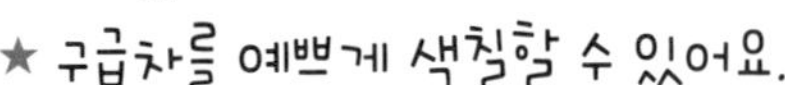

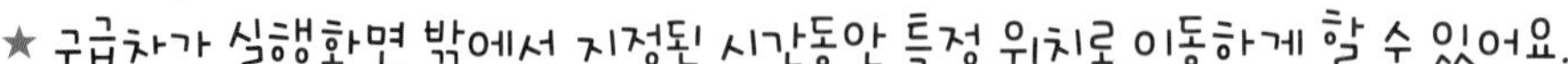

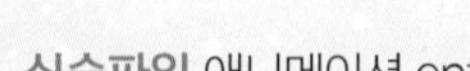

완성파일 애니메이션(완성).ent

구급차 색칠하기	구급차 이동하기

오브젝트 파헤치기

❶ **구급차** : 실행화면 밖에서 기다리다가 일정 시간이 지나면 실행화면 안으로 이동한 후 다시 실행화면 밖으로 이동해요.

❷ **폭발, 울고있는 엔트리봇, 폭발 엔트리봇** : 실행화면 밖에서 기다리다가 일정 시간이 지나면 실행화면 안으로 이동한 후 크기를 변경해요.

❸ **폭탄** : 실행화면 밖에서 기다리다가 일정 시간이 지나면 실행화면 안으로 이동한 후 회전을 해요.

❹ **도형1~도형4** : 실행화면 밖에서 기다리다가 일정 시간이 지나면 실행화면 안으로 이동해요.

명령 블록 파헤치기

블록 꾸러미	명령 블록	설명
움직임	x: 0 y: 0 위치로 이동하기	오브젝트가 입력한 x-y 좌표로 이동을 해요.
	2 초 동안 x: 10 y: 10 위치로 이동하기	오브젝트가 입력한 시간동안 입력한 x-y 좌표로 이동을 해요.

알록달록 오브젝트 꾸미기

01 애니메이션.ent 파일을 불러와 **[구급차]** 오브젝트를 선택한 후 **[모양]** 탭을 클릭하세요.

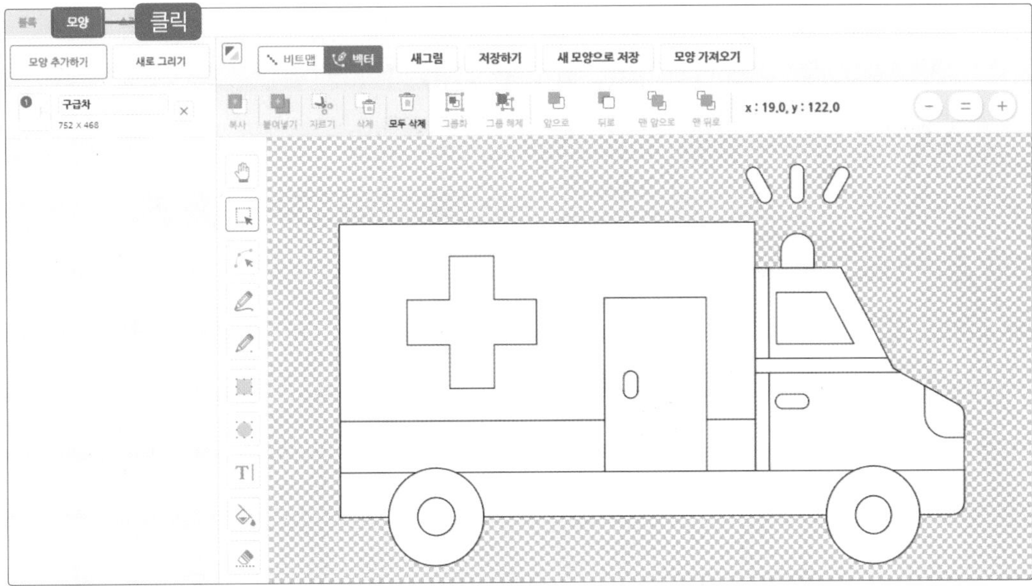

02 채우기(**)**를 이용하여 예쁘게 색칠한 후 **<저장하기>**를 클릭하세요.

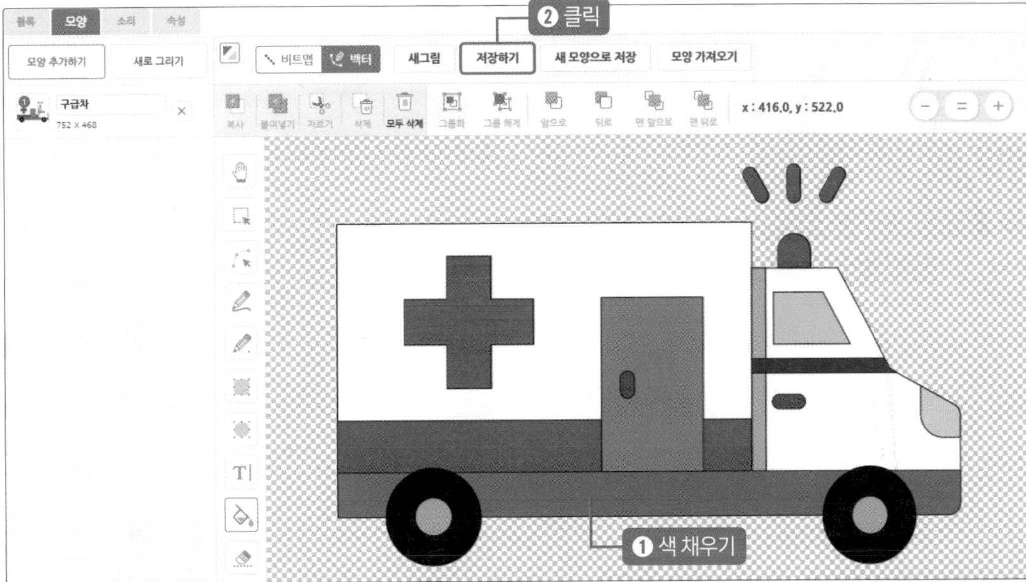

03 엔트리 그림판에서 모든 작업이 완료되면 **-저장하기**를 클릭한 후 **[블록]** 탭을 선택하세요.

뚝딱뚝딱 블록 조립하기

01 [구급차] 오브젝트가 선택된 상태에서 [시작]을 클릭하여 [시작하기 버튼을 클릭했을 때]를 블록 조립소로 드래그하세요.

02 [구급차]를 특정 위치로 이동시키기 위해 [움직임]의 [x: 0 y: 0 위치로 이동하기]를 아래쪽에 연결하세요.

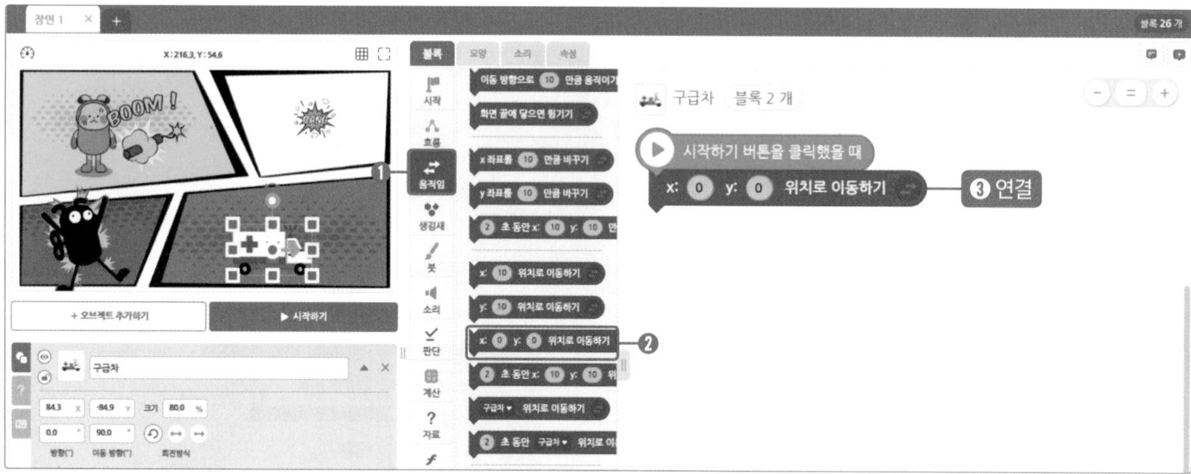

TIP X-Y 좌표

X좌표는 실행화면을 기준으로 가로(좌-우) 방향을 의미하며, Y좌표는 세로(상-하) 방향을 의미해요. X좌표의 최대 범위는 -240(왼쪽) ~ 240(오른쪽)이며, Y좌표의 최대 범위는 -135(아래쪽) ~ 135(위쪽)이예요.

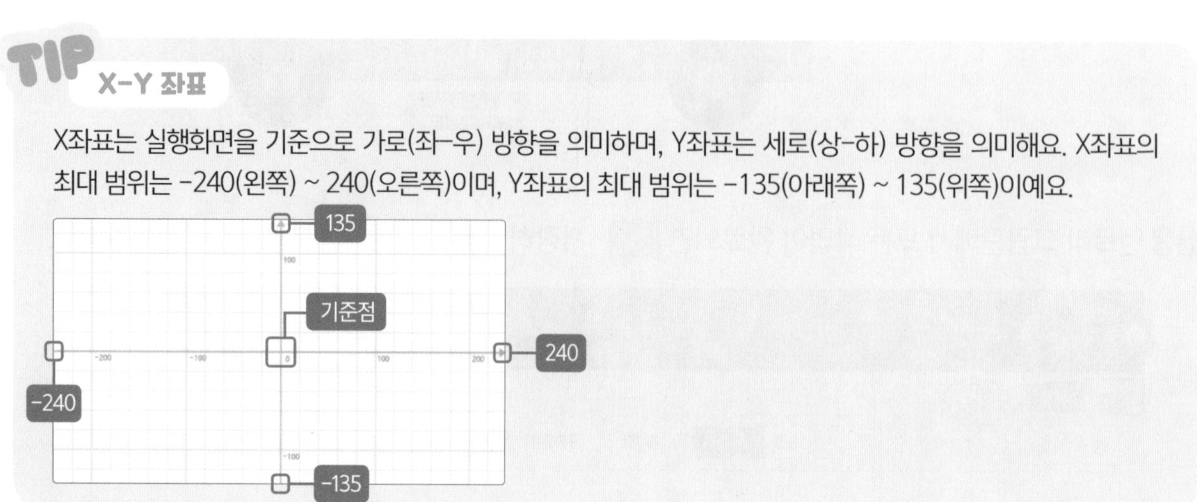

03 <시작하기> 버튼을 누르면 **[구급차]**를 실행화면 밖으로 이동시키기 위해 x-y 좌표값 모두 **-200**을 입력하세요.

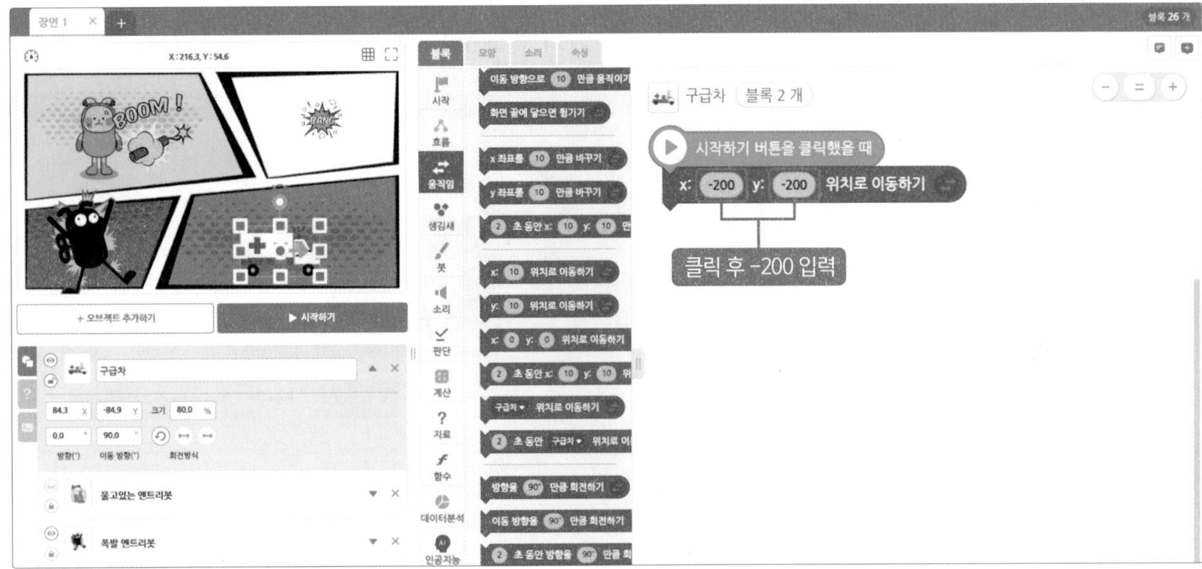

04 다른 오브젝트의 실행 시간을 기다리기 위해 흐름의 2 초 기다리기 를 아래쪽에 연결한 후 **2**를 클릭하여 **12**로 입력하세요.

<시작하기> 버튼을 누르면 [도형1]부터 [울고있는 엔트리봇]까지 총 9개의 오브젝트가 차례대로 실행되기 때문에 맨 마지막에 등장하는 [구급차]는 모든 오브젝트의 실행 시간(12초)을 기다린 후 등장해야 마지막 애니메이션 모션을 만들 수 있어요.

05 **[구급차]**를 실행화면 안쪽으로 이동시키기 위해 움직임의 2 초 동안 x: 10 y: 10 위치로 이동하기 를 아래쪽에 연결하세요.

06 **[구급차]**를 2초 동안 지정된 x-y 위치로 이동시키기 위해 **x : 10, y : -88**을 입력하세요.

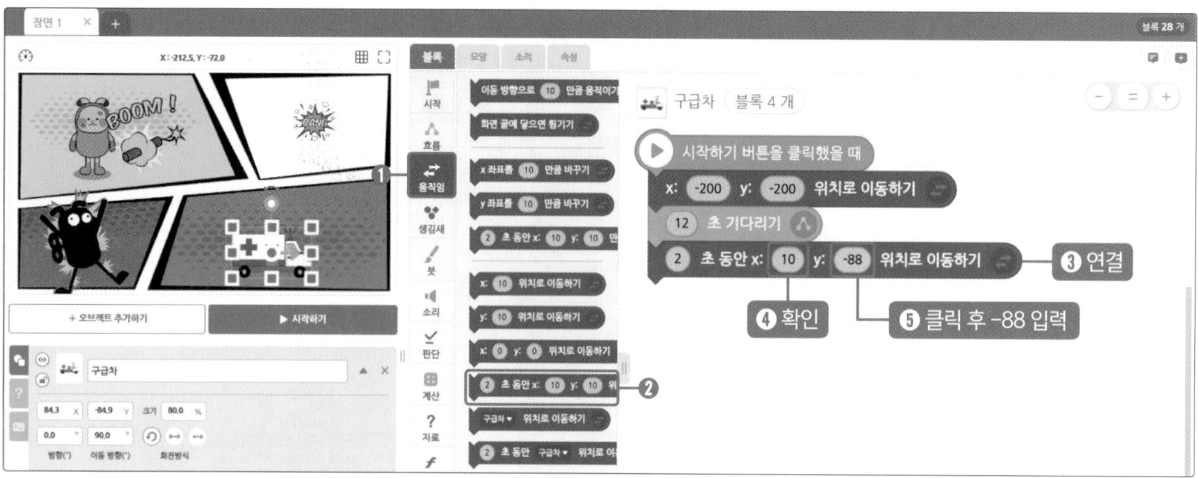

07 다시 **[구급차]**를 실행화면 밖으로 이동시키기 위해 2 초 동안 x: 10 y: 10 위치로 이동하기 를 아래쪽에 연결하세요.

08 **[구급차]**를 1초 동안 지정된 x-y 위치로 이동시키기 위해 **초 : 1, x : 300, y : -88**을 입력하세요.

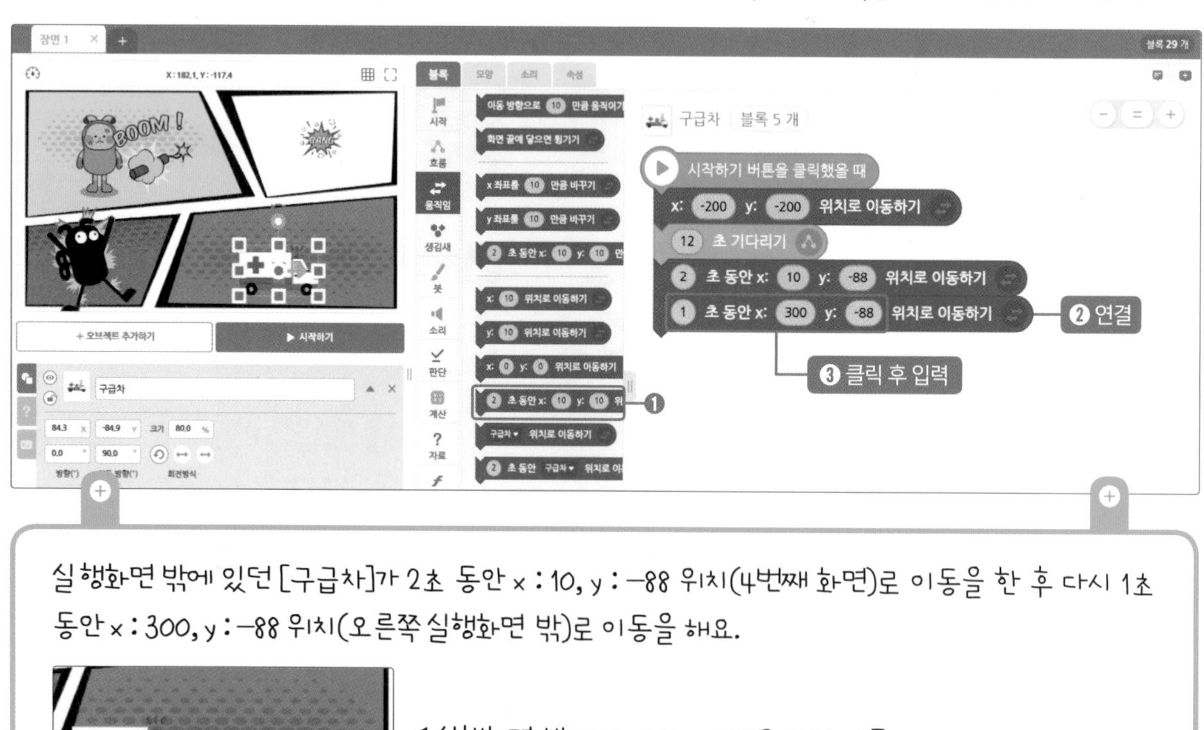

실행화면 밖에 있던 [구급차]가 2초 동안 x : 10, y : -88 위치(4번째 화면)로 이동을 한 후 다시 1초 동안 x : 300, y : -88 위치(오른쪽 실행화면 밖)로 이동을 해요.

◀ 실행화면 밖에서 x : 10, y : 88 위치로 이동

09 <시작하기> 버튼을 눌러 애니메이션이 실행되면 마지막 화면에서 **[구급차]**가 실행화면 밖에서 안쪽으로 이동을 한 후 다시 실행화면 오른쪽 밖으로 이동하는지 확인해 보세요.

코딩 플러스

[구급차]를 실행화면 밖으로 이동시키는 'x-y 위치로 이동하기'의 y좌표값을 200으로 변경하여 실행해 보세요. 그리고 1초 동안 이동하는 x-y 위치도 [구급차]가 후진하여 왼쪽으로 이동할 수 있도록 x좌표값을 -300으로 변경해 보세요.

```
시작하기 버튼을 클릭했을 때
x: -200 y: 200 위치로 이동하기
12 초 기다리기
2 초 동안 x: 10 y: -88 위치로 이동하기
1 초 동안 x: 300 y: -88 위치로 이동하기
```

▲ x-y 위치 이동 y값 변경(200)

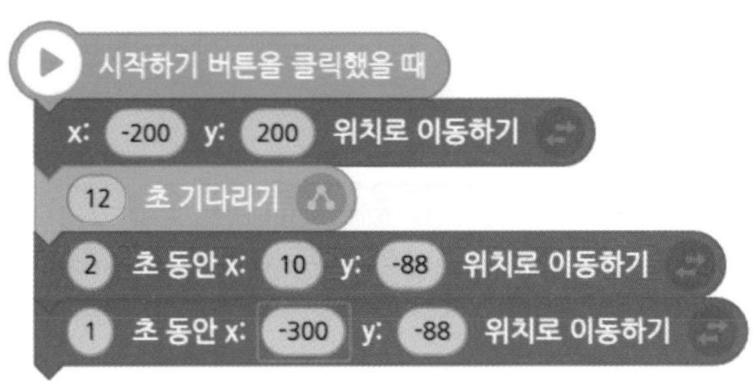

▲ 1초 동안 x-y 위치 이동 x값 변경(-300)

룰렛 돌리기

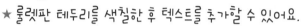

학습목표

★ 룰렛판 테두리를 색칠한 후 텍스트를 추가할 수 있어요.
★ 룰렛판을 클릭하면 빠르게 돌아가다가 천천히 멈춰요.

실습파일 룰렛 돌리기.ent　　완성파일 룰렛 돌리기(완성).ent

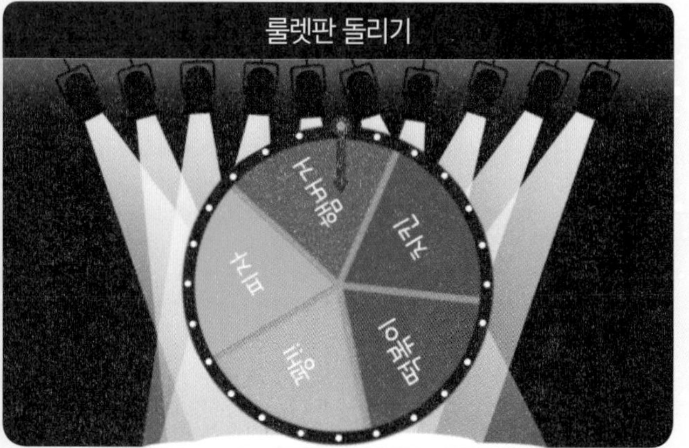

오브젝트 파헤치기

❶ **룰렛판** : 룰렛판을 클릭하면 무작위 수(10~100)만큼 룰렛판이 돌아가다가 천천히 멈춰요.

명령 블록 파헤치기

블록 꾸러미	명령 블록	설명
시작	오브젝트를 클릭했을 때	오브젝트를 클릭했을 때 아래쪽에 연결된 블록들이 실행돼요.
흐름	10 번 반복하기	입력한 값만큼 안쪽에 감싸고 있는 블록들을 반복해서 실행해요.
계산	0 부터 10 사이의 무작위 수	입력한 두 수 사이에서 무작위 수의 값을 추출해요.
움직임	방향을 90° 만큼 회전하기	입력한 각도만큼 시계방향으로 오브젝트가 회전을 해요.

알록달록 오브젝트 꾸미기

01 **룰렛 돌리기.ent** 파일을 불러와 **[룰렛판]** 오브젝트를 선택한 후 **[모양]** 탭을 클릭하세요.

02 **펜( )**을 선택하여 **윤곽선 굵기(10)**와 **채우기 색상(흰색)**을 지정한 후 룰렛판 테두리에 흰색 점을 찍으세요.

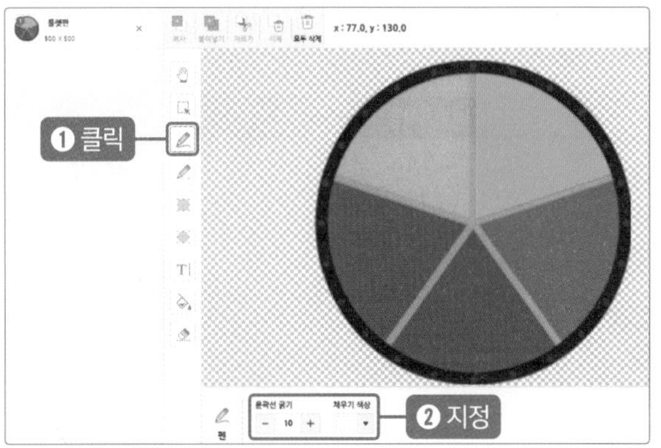

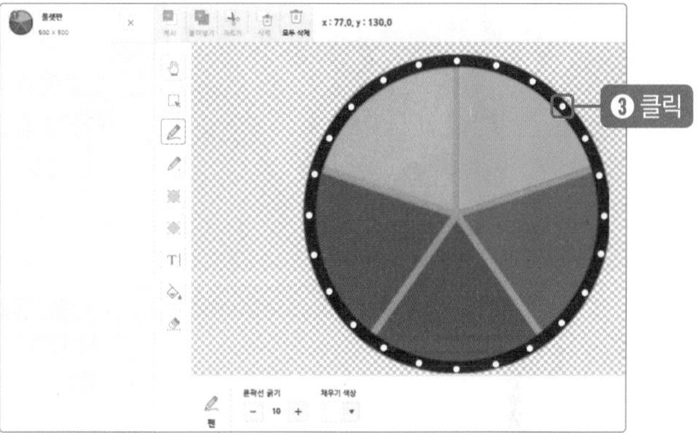

03 **글상자( )**를 선택하여 **글꼴(산돌 초록우산 어린이)**, **채우기 색상(흰색)**, **글꼴 크기(50)**를 지정한 후 비트맵을 백터로 변경하세요.

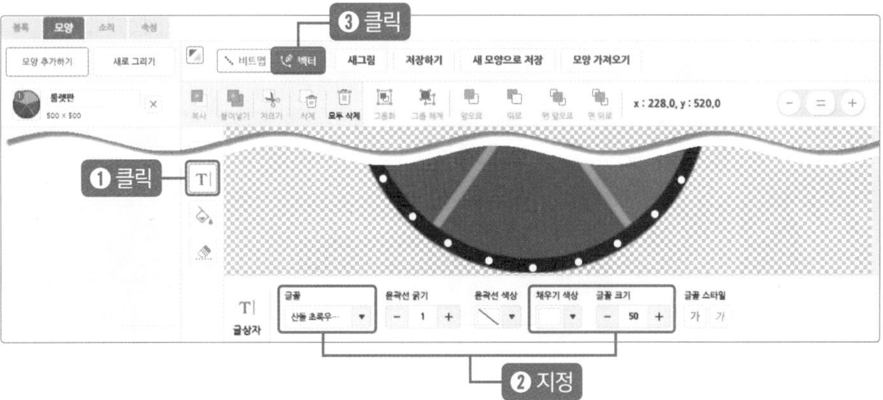

04 원하는 룰렛 칸을 클릭하여 **글자를 입력**한 후 아무것도 없는 **빈 부분을 클릭**하세요. 입력한 글자에 테두리가 나오면 **위치를 이동**시키세요.

05 나머지 룰렛 칸에도 글자를 입력한 후 **<저장하기>**를 클릭하세요.

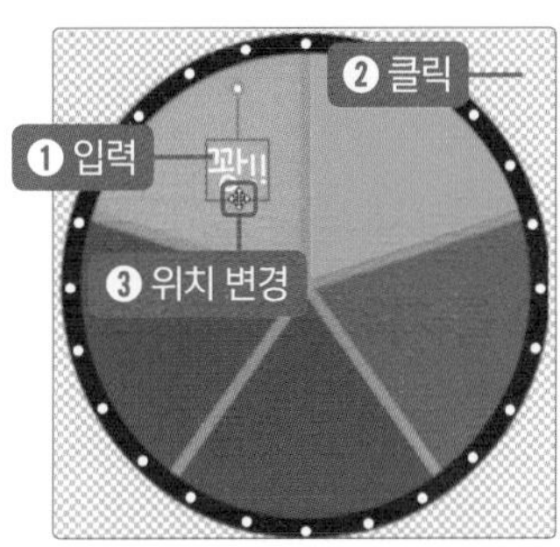

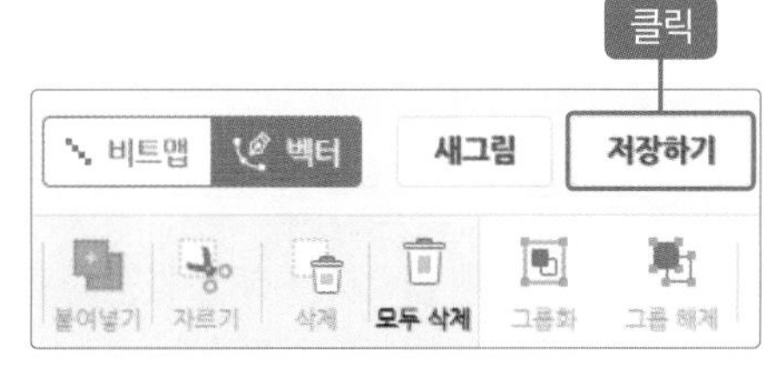

06 엔트리 그림판에서 모든 작업이 완료되면 -**저장하기**를 클릭한 후 **[블록]** 탭을 선택하세요.

뚝딱뚝딱 블록 조립하기

01 **[룰렛판]** 오브젝트가 선택된 상태에서 [시작]을 클릭하여 [오브젝트를 클릭했을 때]를 블록 조립소로 드래그하세요.

02 특정 블록을 입력한 값만큼 반복하기 위해 [흐름]의

를 아래쪽에 연결하세요.

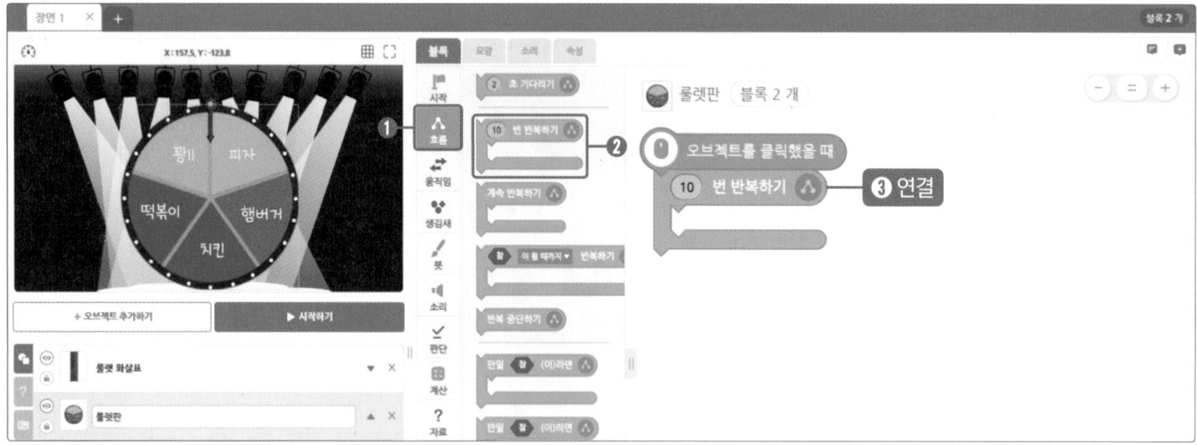

TIP

반복할 횟수를 입력하면 해당 값만큼 [~번 반복하기] 안쪽의 명령블록을 실행해요. 아래 코드는 크기를 1만큼 바꾸기를 10번 반복하기 때문에 결과는 크기가 10만큼 바뀔 거예요.

03 **[룰렛판]**이 돌아가는 횟수를 무작위 수로 지정하기 위해 [계산]의 (0 부터 10 사이의 무작위 수)를 10 안으로 끼워넣으세요.

TIP 숫자 값에 명령블록 끼워넣기

명령블록을 숫자 값에 끼워넣을 때는 명령블록 왼쪽을 기준으로 끼워넣으세요.

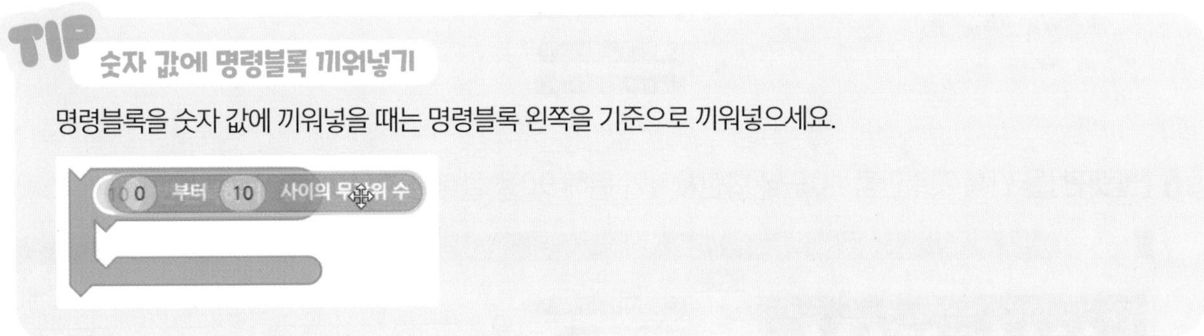

04 반복 횟수를 10부터 100 사이의 무작위 값으로 지정하기 위해 **0**을 **10**으로 **10**을 **100**으로 입력하세요.

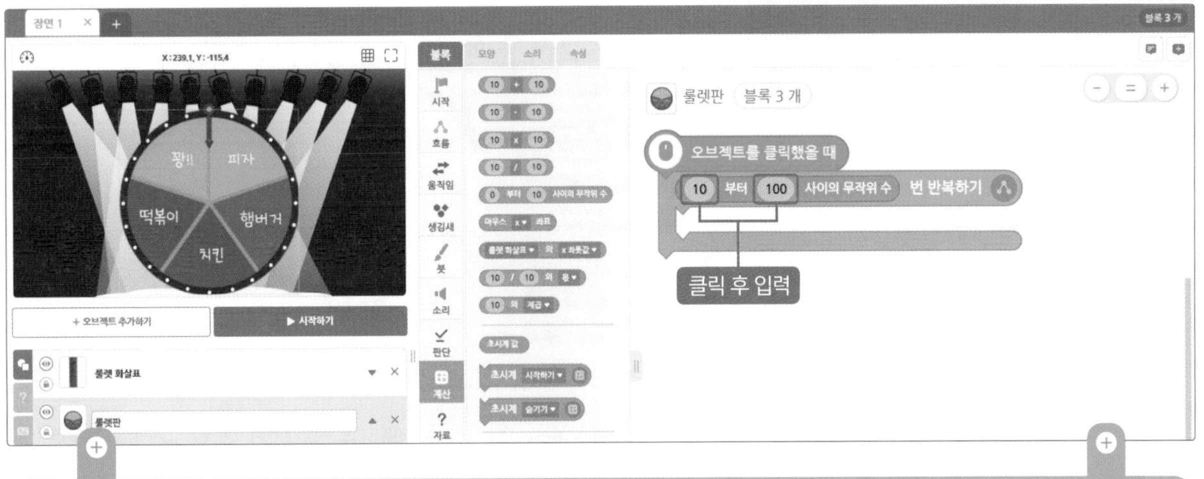

[룰렛판]을 클릭하면 10부터 100 사이의 값 중에서 랜덤으로 특정 값을 추출하여 해당 값만큼 반복하기가 실행돼요. 예를 들어 10부터 100 사이의 값 중에서 21이 나오면 21번 반복하고, 90이 나오면 90번 반복돼요.

05 **[룰렛판]**을 회전시키기 위해 [움직임]의 [방향을 90° 만큼 회전하기]를 [10 번 반복하기] 안쪽에 끼워넣으세요.

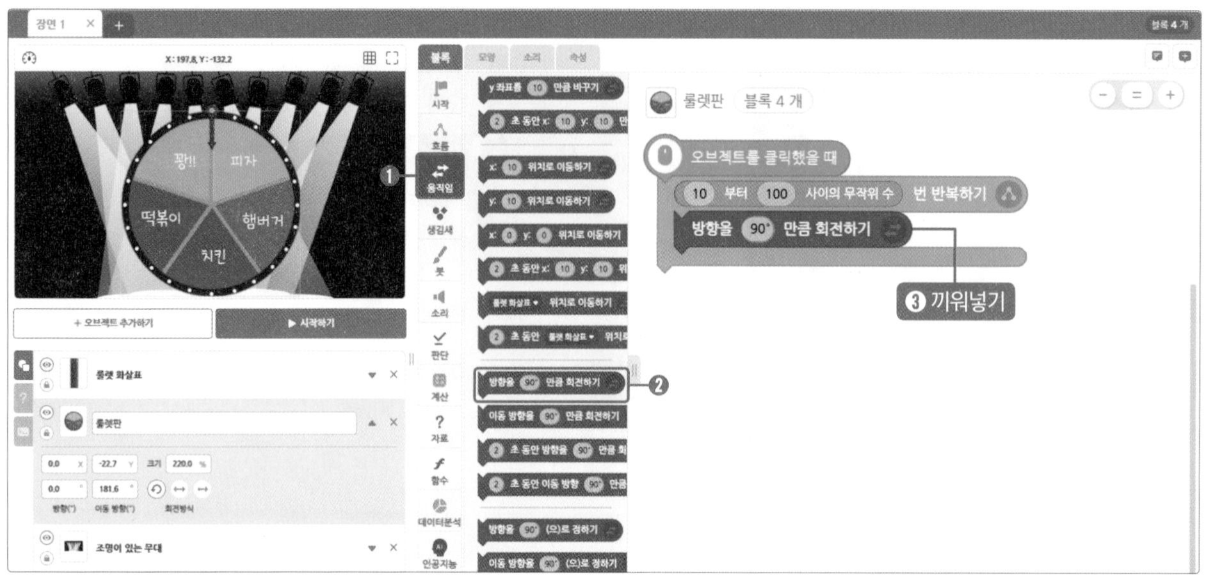

06 **[룰렛판]**을 반복 횟수만큼 40도씩 회전시키기 위해 **90**을 클릭한 후 **40**을 입력하세요.

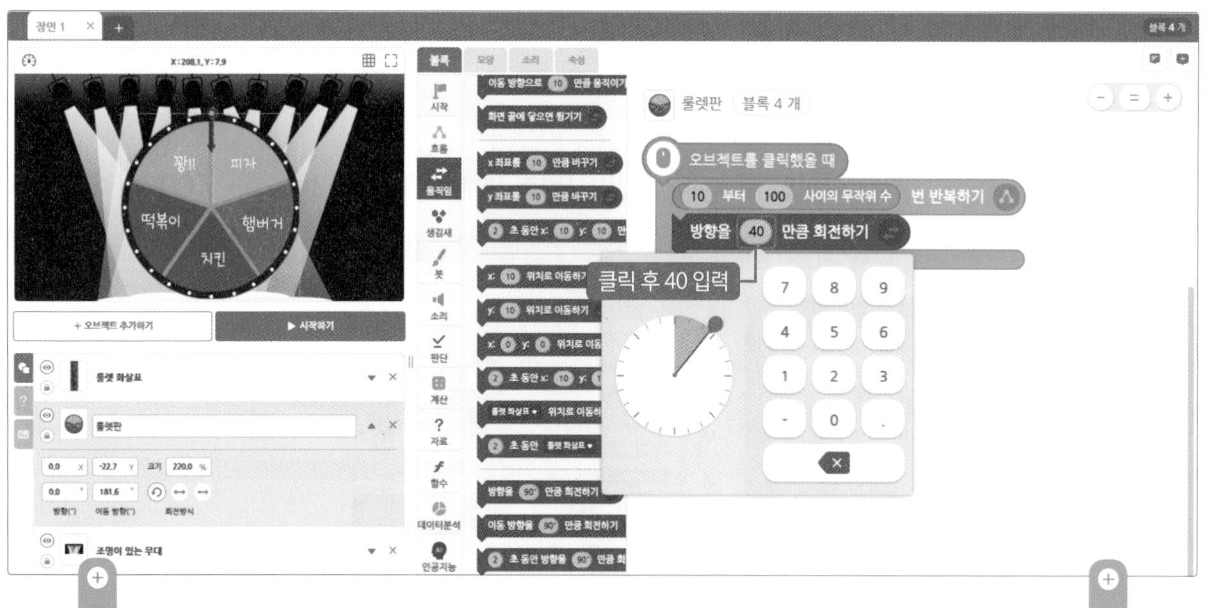

실행화면에서 [룰렛판]을 클릭하여 10부터 100 사이의 값 중에서 특정 값이 추출되면 [룰렛판]은 40도씩 추출된 값만큼 회전을 해요. 예를 들어 랜덤 값으로 25가 나왔다면 40도를 기준으로 25번 [룰렛판]이 회전을 한 후 멈춰요.

07 <시작하기> 버튼을 누른 후 실행화면에서 **[룰렛판]**을 클릭해보세요. 10부터 100 사이의 값이 랜덤으로 추출되기 때문에 **[룰렛판]**을 클릭할 때마다 회전하는 횟수가 다를 거예요.

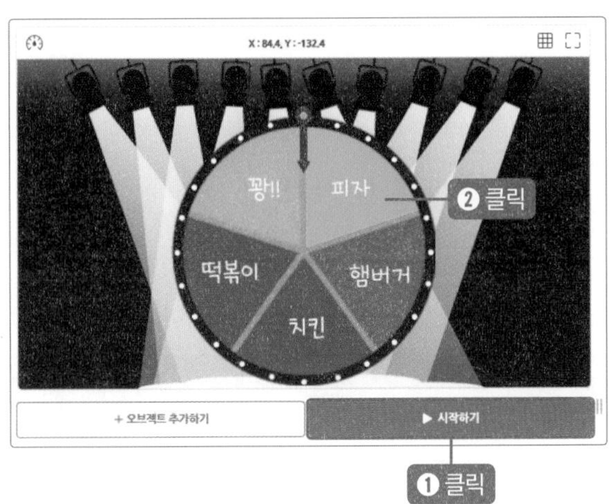

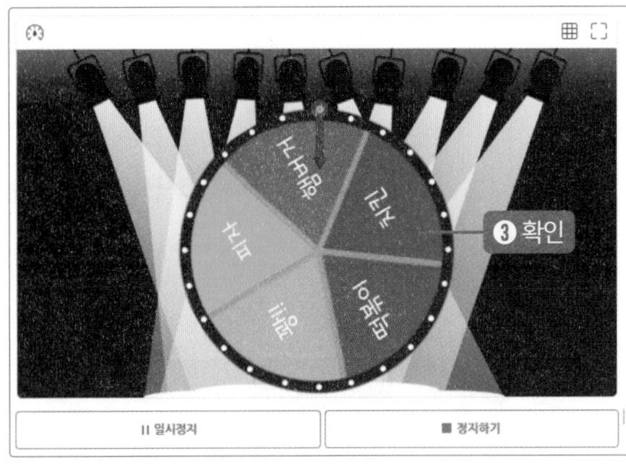

코딩 플러스

[룰렛판]이 마지막에 천천히 돌아가도록 변경하기 위해서는 정해진 반복 횟수에 맞추어 회전 각도를 줄이면 돼요. 아래 코드를 참고하여 코드를 추가한 후 <시작하기> 버튼을 눌러 [룰렛판]이 마지막에 천천히 돌아가는지 확인해 보세요.

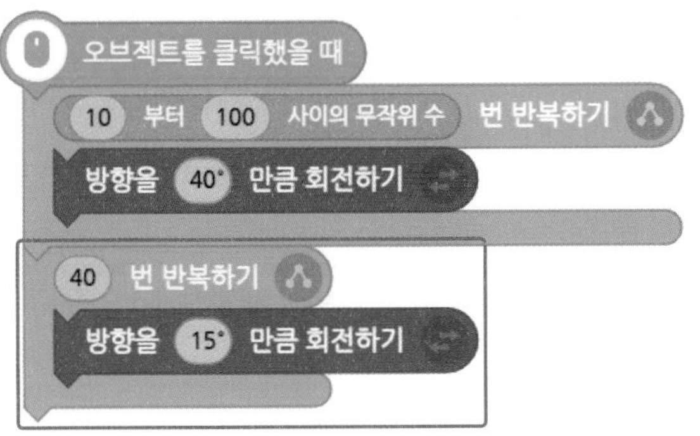

오브젝트를 클릭했을 때
10 부터 100 사이의 무작위 수 번 반복하기
방향을 40° 만큼 회전하기
40 번 반복하기
방향을 10° 만큼 회전하기

바이러스 잡기

학습목표

★ 빗자루의 막대를 그려보세요.
★ 빗자루가 마우스포인터를 따라다니며 클릭시 방향을 회전해요.

실습파일 바이러스 잡기.ent　　완성파일 바이러스 잡기(완성).ent

빗자루 막대 그리기

빗자루로 바이러스 잡기

오브젝트 파헤치기

❶ **빗자루** : 마우스포인터를 계속 따라다니며, 마우스를 클릭하면 위-아래로 회전을 해요.

❷ **바이러스** : 바이러스를 복제하여 모양을 변경한 후 이동 방향으로 움직여요. 이동하는 도중에 [빗자루]를 클릭하여 닿으면 먼지 모양으로 변경되고 점수가 1점 증가해요.

명령 블록 파헤치기

블록 꾸러미	명령 블록	설명
시작	마우스를 클릭했을 때	실행화면을 마우스로 클릭하면 아래쪽에 연결된 블록들이 실행돼요.
움직임	마우스포인터▾ 위치로 이동하기	오브젝트가 마우스포인터 위치로 이동해요.
흐름	계속 반복하기	안쪽에 감싸고 있는 블록들을 계속 반복해서 실행해요.
	2 초 기다리기	입력한 시간만큼 기다린 후 다음 블록을 실행해요.

알록달록 오브젝트 꾸미기

01 **바이러스 잡기.ent** 파일을 불러와 **[빗자루]** 오브젝트를 선택한 후 **[모양]** 탭을 클릭하세요.

02 빗자루 솔을 왼쪽 아래로 이동시킨 후 **펜( )**를 클릭하세요. 아래쪽 펜 메뉴에서 **윤곽선 굵기(70)**와 **채우기 색상**을 변경한 후 **빗자루 막대**를 그리세요

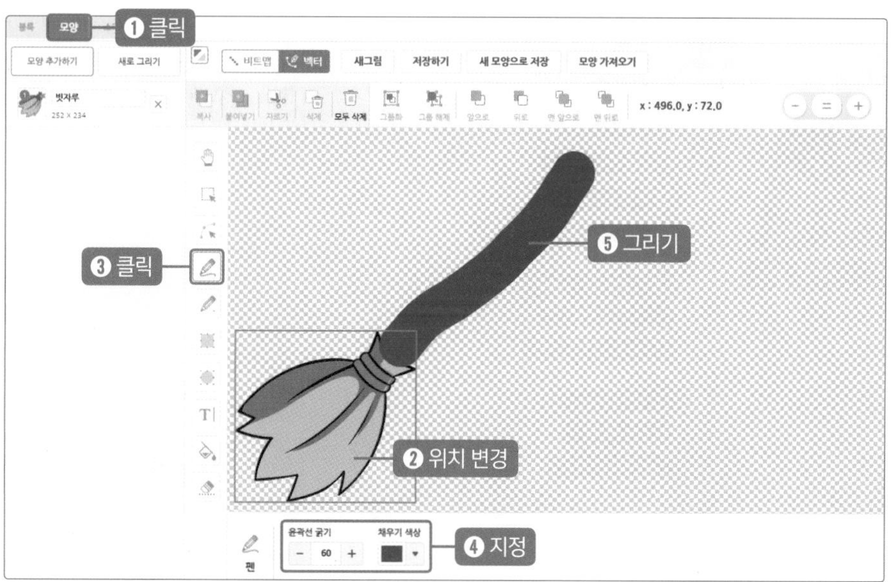

03 윤곽선을 넣기 위해 **선택( )**을 클릭한 후 **빗자루 막대**를 선택하세요. 아래쪽 선택 메뉴에서 **윤곽선 굵기(10)**와 **윤곽선 색상(검정)**을 지정한 후 **맨 뒤로( )**를 클릭하세요.

04 다시 **펜( )**을 클릭한 후 **윤곽선 굵기(15~20)**와 **채우기 색상**을 변경하여 막대 부분을 꾸며준 후 **<저장하기>**를 클릭하세요.

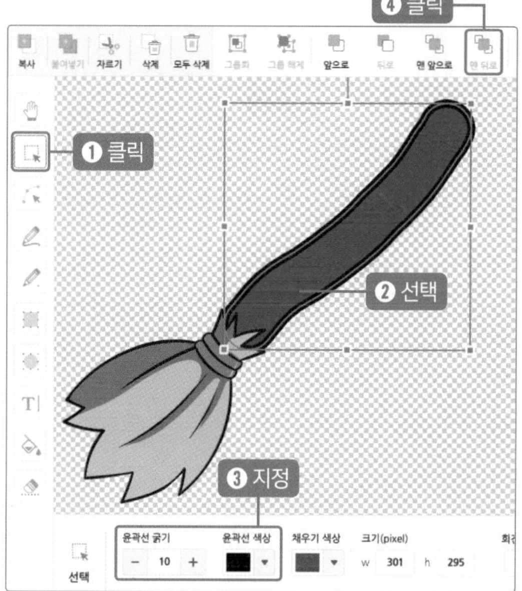

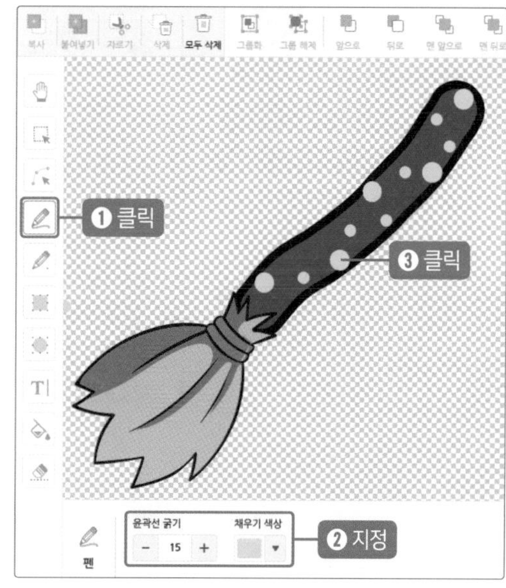

05 엔트리 그림판에서 모든 작업이 완료되면 -**저장하기**를 클릭한 후 **[블록]** 탭을 선택하세요.

>>>

뚝딱뚝딱 블록 조립하기

01 [빗자루] 오브젝트가 선택된 상태에서 [시작]을 클릭하여 (시작하기 버튼을 클릭했을 때)를 블록 조립소로 드래그하세요.

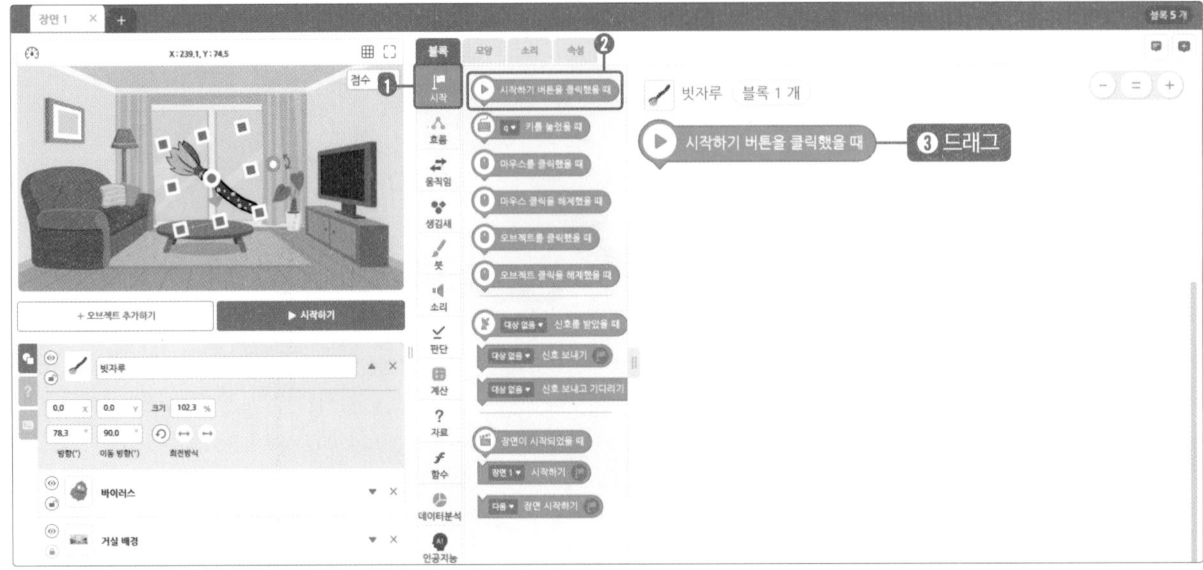

02 특정 블록을 계속 반복하기 위해 [흐름]의  를 아래쪽에 연결하세요.

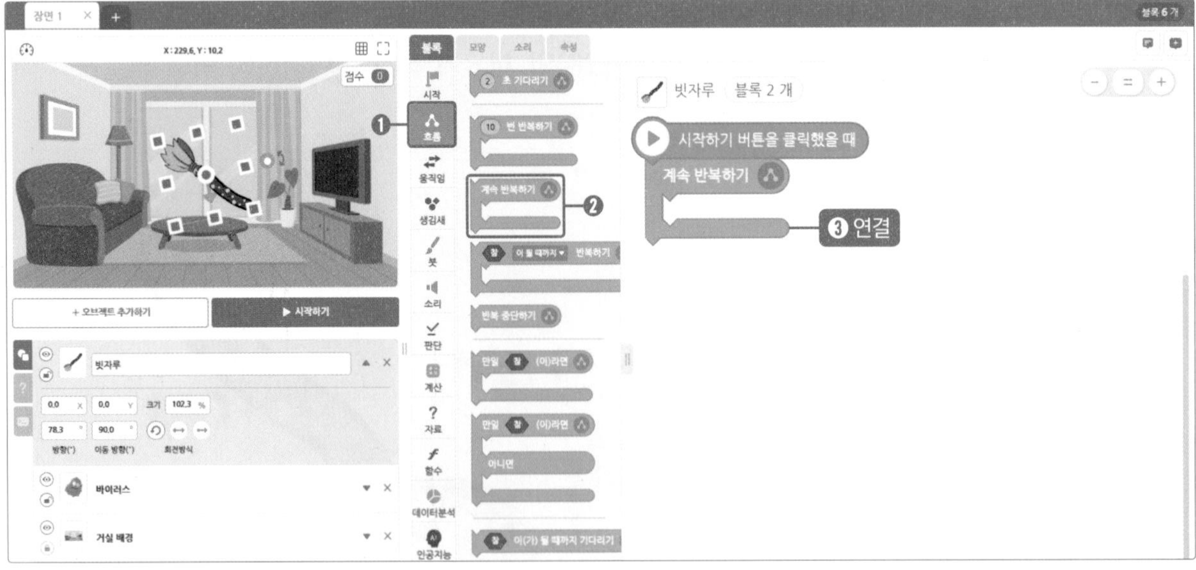

03 **[빗자루]**가 마우스포인터를 계속 따라다니도록 하기 위해 [움직임]의 [빗자루▾ 위치로 이동하기]를 [계속 반복하기] 안쪽에 끼워넣으세요.

04 **빗자루**를 클릭하여 **마우스포인터**를 선택하세요.

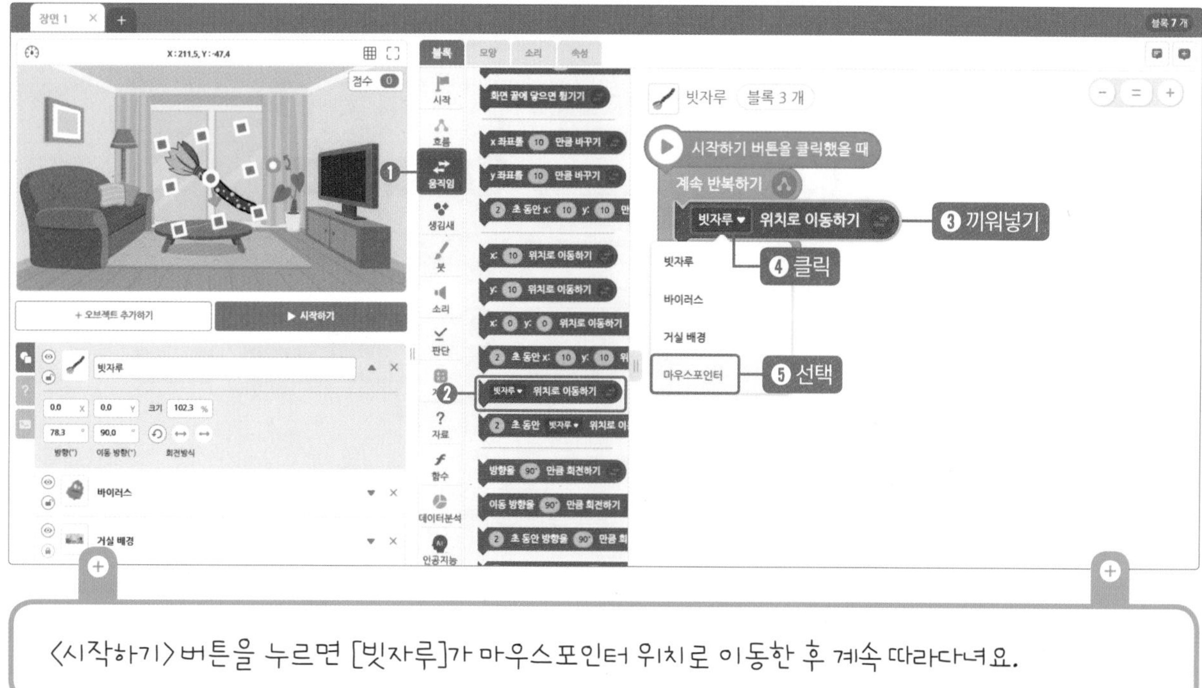

〈시작하기〉 버튼을 누르면 [빗자루]가 마우스포인터 위치로 이동한 후 계속 따라다녀요.

05 코드를 추가하기 위해 [시작]의 [마우스를 클릭했을 때]를 블록 조립소로 드래그하세요.

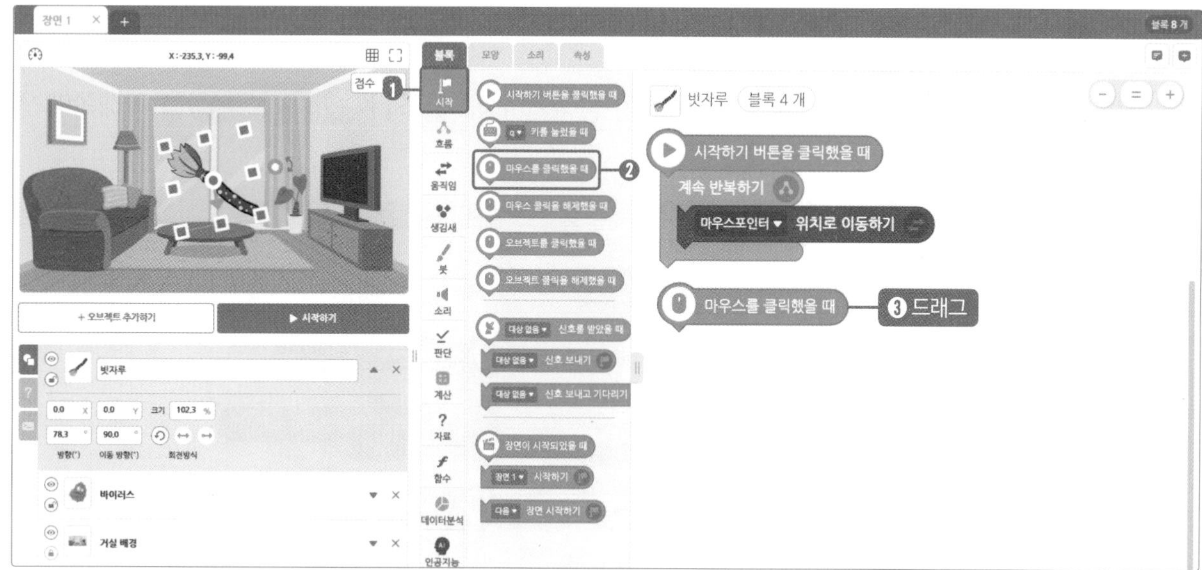

06 마우스를 클릭했을 때 **[빗자루]**가 먼지를 털 듯이 위-아래로 움직이도록 하기 위해 [움직임]의 [방향을 90° 만큼 회전하기]를 아래쪽에 연결하세요.

07 90을 클릭하여 **-50**으로 입력하세요.

TIP 시계 반대 방향 회전

회전 각도 값에 마이너스(-)를 붙이면 시계 반대 방향으로 회전을 해요. 각도에 50을 입력하면 시계 방향으로 50도씩 회전하고, -50을 입력하면 시계 반대 방향으로 50도씩 회전을 해요.

08 **[빗자루]**가 위-아래로 움직일 때 중간에 잠깐 멈추기 위해 [흐름]의 [2 초 기다리기]를 아래쪽에 연결한 후 **2**를 클릭하여 **0.1**로 입력하세요.

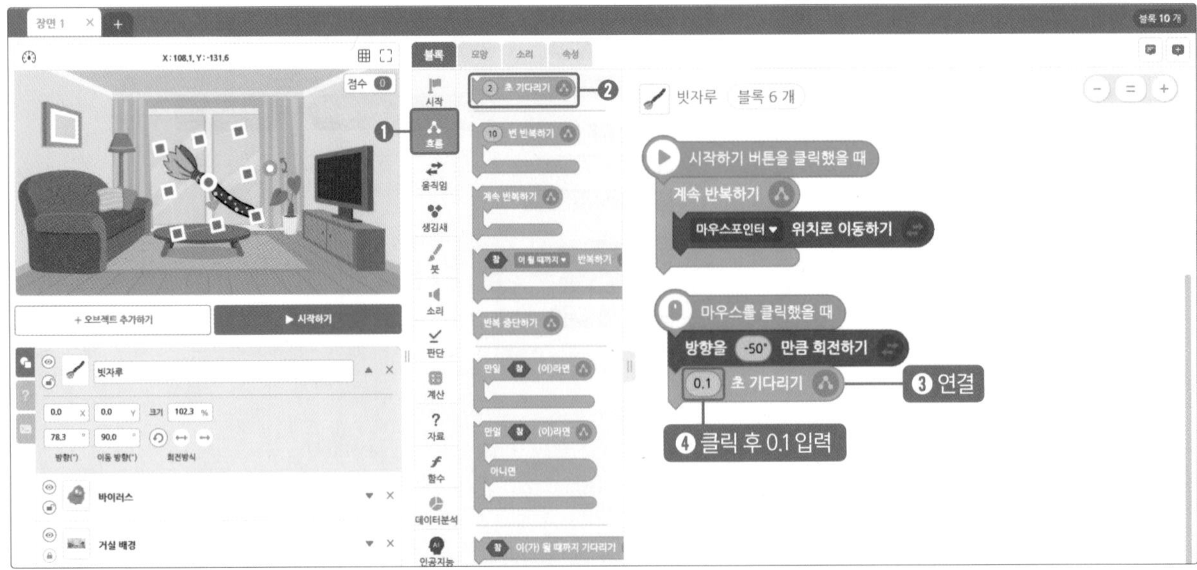

09 회전 방향을 원래 위치로 변경하기 위해 [움직임]의 [방향을 90° 만큼 회전하기]를 아래쪽에 연결한 후 **90**을 클릭하여 **50**으로 입력하세요.

마우스를 클릭하면 빗자루가 -50만큼 살짝 아래쪽으로 회전하였다가 다시 50만큼 위로 회전하여 원래 위치로 되돌아와요.

10 <시작하기> 버튼을 눌러 바이러스가 실행화면에 나타나면 마우스를 클릭하여 **[빗자루]**로 잡아보세요. 바이러스를 잡을 때마다 점수가 1점씩 올라가는 것도 확인해 보세요.

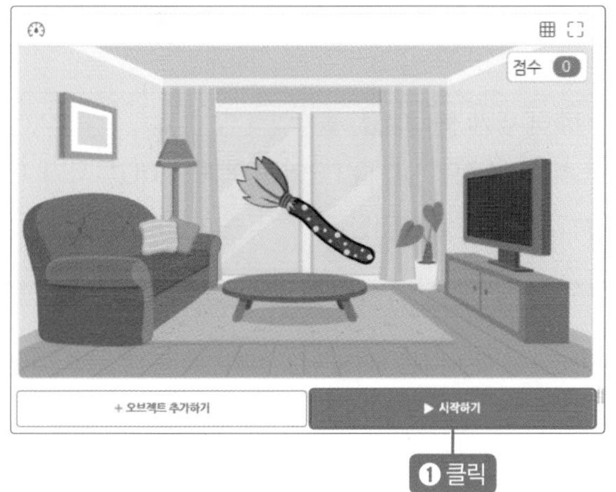

코딩 플러스

바이러스를 잡을 때마다 점수가 1점씩 증가하는 이유는 **변수**라는 마법의 공간을 만들어서 코드를 작성했기 때문이에요. 변수는 특정 조건에 맞으면 값을 증가시킬 수도 있고 반대로 감소시킬 수도 있어요. 바이러스 잡기 게임은 마우스를 클릭하여 [빗자루]에 닿았을 때 점수가 올라가도록 코드가 작성되어 있어요. 아직은 변수에 대한 개념이 조금 어렵겠지만 뭔가를 넣을 수 있는 마법의 공간이라고만 생각해 주세요.

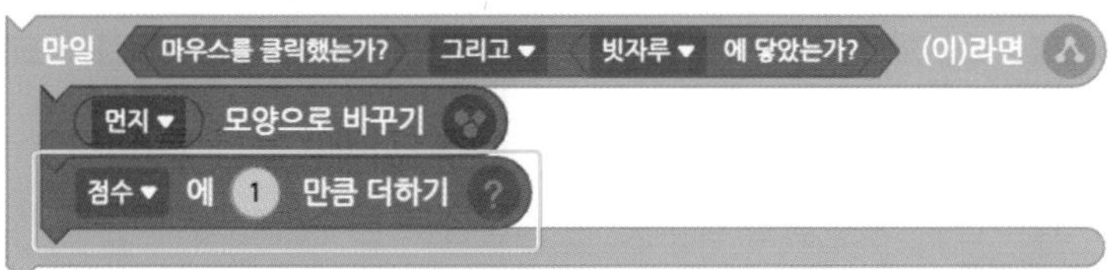

고양이 다마고치

학습목표

★ 다마고치 게임기를 예쁘게 색칠해 보세요.
★ <놀기 버튼>, <잠자기 버튼>, <밥먹기 버튼>을 누르면 신호를 보낼 수 있어요.

실습파일 고양이 다마고치.ent **완성파일** 고양이 다마고치(완성).ent

다마고치 게임기 색칠하기

고양이 다마고치 게임기

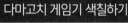

오브젝트 파헤치기

❶ **고양이** : 놀기, 잠자기, 밥먹기 신호를 받으면 각각의 신호에 맞게 움직여요.
❷ **놀기 버튼, 잠자기 버튼, 밥먹기 버튼** : 버튼을 누르면 해당 버튼의 신호를 [고양이]에게 보내고, 자기 자신에게도 '버튼 숨기기' 신호를 보내요.

명령 블록 파헤치기

블록 꾸러미	명령 블록	설명
시작	버튼 숨기기▾ 신호 보내기	선택한 신호를 특정 오브젝트로 보내요.
	버튼 숨기기▾ 신호를 받았을 때	선택한 신호를 받으면 아래쪽에 연결된 블록들을 실행해요.
생김새	모양 보이기	오브젝트를 실행화면에서 보이게 해줘요.
	모양 숨기기	오브젝트를 실행화면에서 보이지 않게 해줘요.

알록달록 오브젝트 꾸미기

01 **고양이 다마고치.ent** 파일을 불러와 **[게임기]** 오브젝트를 선택한 후 **[모양]** 탭을 클릭하세요.

02 **채우기( )**를 이용하여 예쁘게 색칠한 후 **<모양 가져오기>**를 클릭하세요.

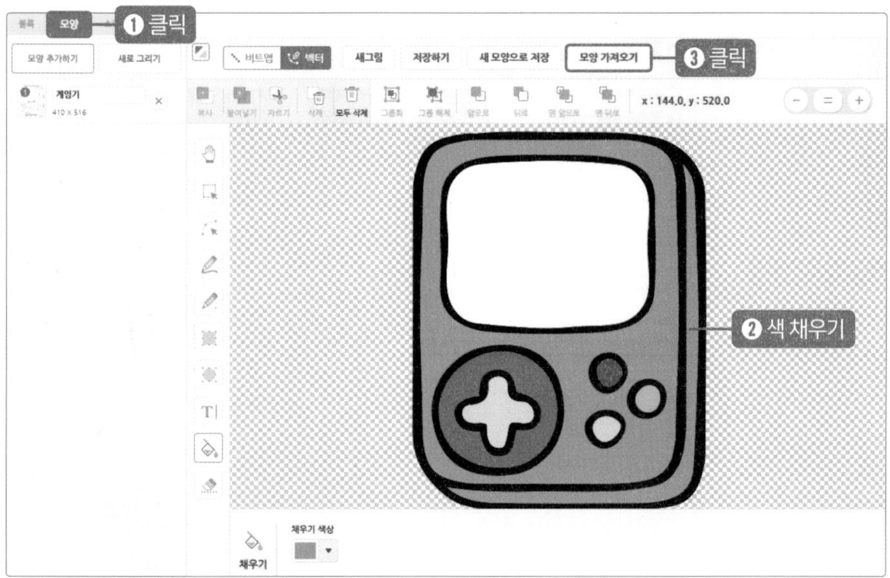

03 **[인터페이스]**에서 **빛나는 효과_1**을 선택한 후 <추가하기>를 클릭하세요.

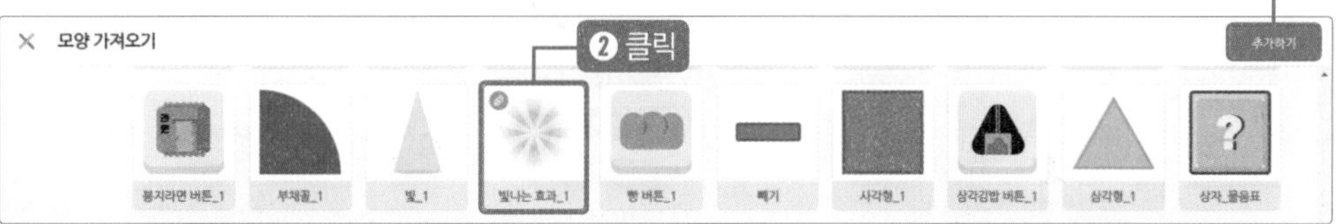

04 모양이 추가되면 왼쪽 Shift를 누른 채 조절점( )으로 크기를 조절하고 위치를 변경하세요. 크기와 위치를 변경하는 도중에 다른 객체가 선택되면 입력 취소( )를 누른 후 다시 선택하여 작업하세요.

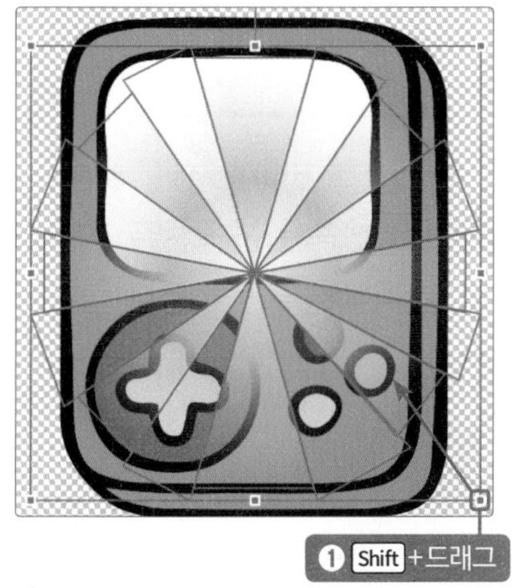

05 모든 작업이 끝나면 **<저장하기>**를 클릭하세요. 이어서, -**저장하기**를 클릭한 후 **[블록]** 탭을 선택하세요.

뚝딱뚝딱 블록 조립하기

01 **[놀기 버튼]** 오브젝트를 선택한 후 [시작]을 클릭하여 [오브젝트를 클릭했을 때]를 블록 조립소로 드래그하세요.

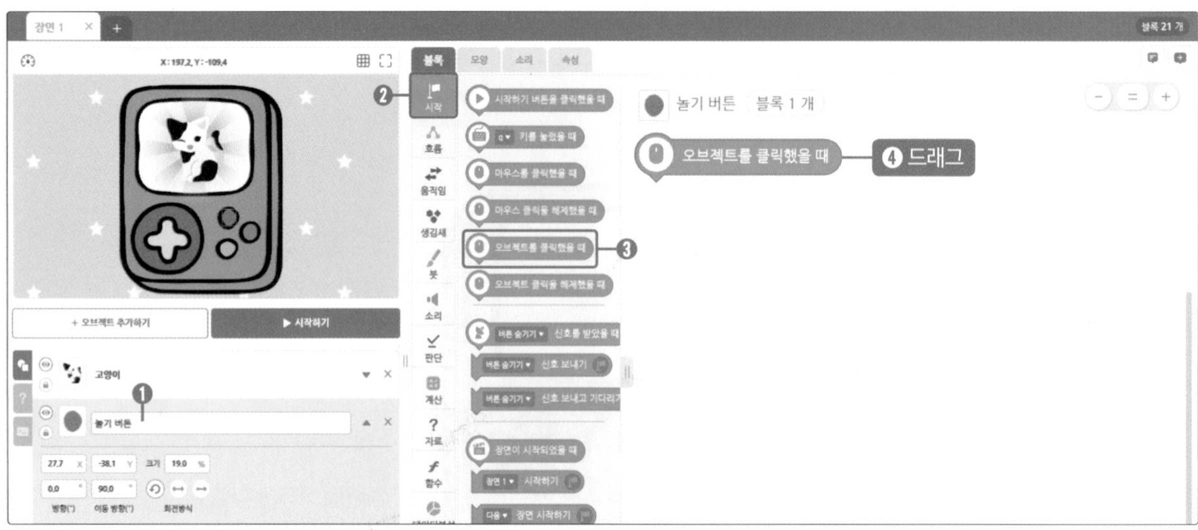

02 오브젝트를 클릭했을 때 특정 오브젝트로 신호를 보내기 위해 [버튼 숨기기▾ 신호 보내기] 2개를 아래쪽에 연결한 후 명령블록 1개는 **버튼 숨기기**를 클릭하여 **놀기**로 변경하세요.

실행화면에서 빨간색 버튼을 클릭하면 '버튼 숨기기'와 '놀기' 신호를 각각 보내요. 신호 보내기와 신호 받기는 항상 한 쌍으로 이루어져 있기 때문에 [고양이]를 확인해 보면 '놀기 신호 받기, 잠자기 신호 받기, 밥먹기 신호 받기'로 코드가 작성되어 있어요.

03 신호를 보낸 후 **[놀기 버튼]**을 숨기기 위해 [버튼 숨기기 ▾ 신호를 받았을 때]를 블록 조립소로 드래그하세요.

04 신호를 받았을 때 **[놀기 버튼]**을 실행화면에서 숨기기 위해 [생김새]의 [모양 숨기기]를 아래쪽에 연결하세요.

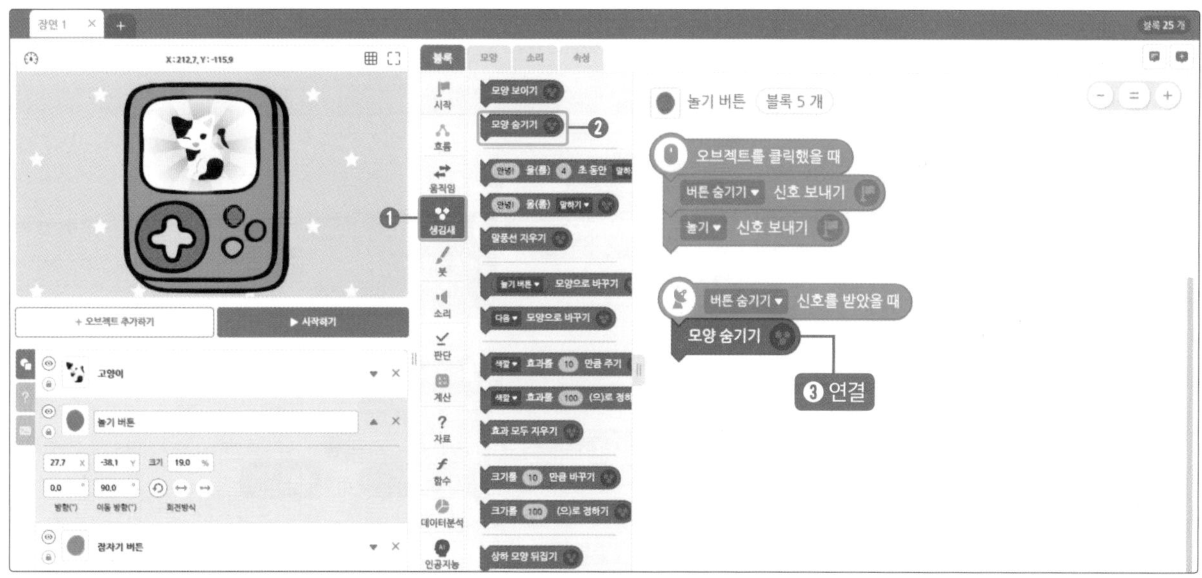

TIP 자기 자신에게 신호를 보내는 이유

자기 자신에게 신호를 보내 버튼을 숨기는 이유는 [고양이]가 신호를 받아서 아래쪽에 연결된 블록들의 실행이 끝날 때까지 버튼을 누르지 못하도록 숨기는 거예요. 신호를 받아서 코드를 실행하는 도중에 해당 버튼을 또 누르면 코드 실행이 중복되어 이상하게 보여요.

05 **[놀기 버튼]**을 일정 시간 동안만 숨기기 위해 [흐름]의 [2 초 기다리기]를 아래쪽에 연결한 후 **2**를 클릭하여 **6**으로 입력하세요.

06 실행화면에서 숨겨진 **[놀기 버튼]**을 6초 뒤에 다시 나타내기 위해 [생김새]의 [모양 보이기]를 아래쪽에 연결하세요.

'버튼 숨기기' 신호를 받으면 6초([고양이]가 신호를 받아서 코드를 실행하는 시간)동안만 실행화면에서 모양을 숨겼다가 다시 나타나요.

07 <시작하기> 버튼을 누른 후 게임기에서 빨간색 버튼을 클릭해 보세요.

코딩 플러스

[놀기 버튼]의 모든 코드를 복사하여 [잠자기 버튼]과 [밥먹기 버튼]에 붙여넣으세요. 코드 복사는 맨 위쪽 명령블록에서 마우스 오른쪽 버튼을 눌러 **[코드 복사]**를 선택한 후 [잠자기 버튼]과 [밥 먹기 버튼]에서 마우스 오른쪽 버튼을 눌러 **[붙여넣기]**를 클릭하세요. 코드가 복사되면 '놀기' 신호를 '잠자기'와 '밥먹기'로 변경한 후 <시작하기> 버튼을 눌러 3개의 버튼을 모두 클릭해 보세요.

▲ 코드 복사

▲ [잠자기 버튼]과 [밥먹기 버튼]에 코드 붙여넣고 수정하기

달에서 춤추기

학습목표

★ 우주 배경을 예쁘게 색칠해 보세요.
★ 방향키와 마우스를 이용하여 팔과 다리가 각각 따로 움직이게 할 수 있어요.

실습파일 달에서 춤추기.ent **완성파일** 달에서 춤추기(완성).ent

우주배경 색칠하기	키보드와 마우스로 춤추기

오브젝트 파헤치기

❶ **왼팔** : 키보드 왼쪽 방향키를 누른 채 마우스를 움직이면 왼팔만 움직일 수 있어요.
❷ **오른팔** : 키보드 오른쪽 방향키를 누른 채 마우스를 움직이면 오른팔만 움직일 수 있어요.
❸ **왼발** : 키보드 위쪽 방향키를 누른 채 마우스를 움직이면 왼발만 움직일 수 있어요.
❹ **오른발** : 키보드 아래쪽 방향키를 누른 채 마우스를 움직이면 오른발만 움직일 수 있어요.

명령 블록 파헤치기

블록 꾸러미	명령 블록	설명
흐름	계속 반복하기	안쪽에 감싸고 있는 블록들을 계속 반복해서 실행해요.
	만일 참 (이)라면	판단이 참이라면 안쪽에 감싸고 있는 블록들을 실행해요.
판단	q ▾ 키가 눌러져 있는가?	선택한 키가 눌러져 있는 경우 '참'으로 판단해요.
움직임	마우스포인터 ▾ 쪽 바라보기	오브젝트의 방향을 회전하여 마우스포인터 쪽을 바라봐요.

알록달록 오브젝트 꾸미기

01 **달에서 춤추기**.ent 파일을 불러와 **[우주배경]** 오브젝트를 선택한 후 **[모양]** 탭을 클릭하세요.

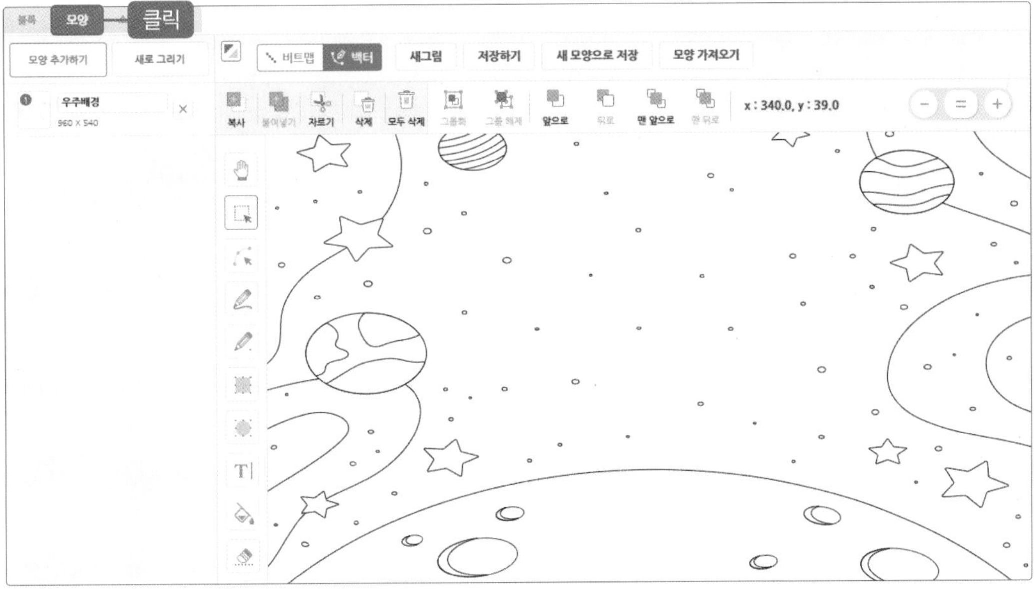

02 **채우기**( )를 이용하여 예쁘게 색칠한 후 **<저장하기>**를 클릭하세요.

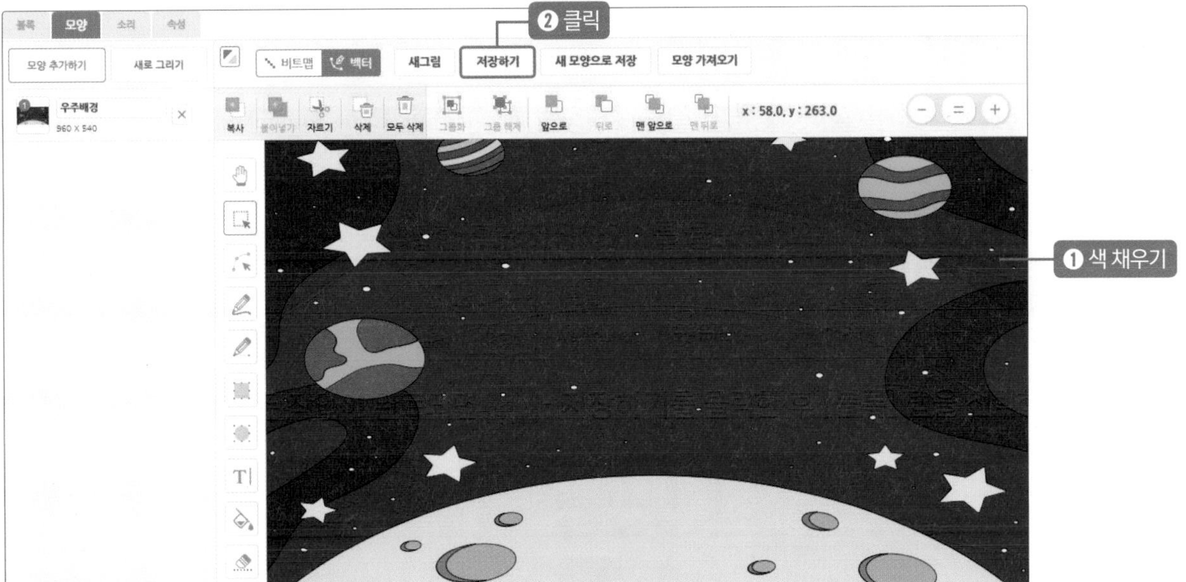

03 엔트리 그림판에서 모든 작업이 완료되면 ( )-**저장하기**를 클릭한 후 **[블록]** 탭을 선택하세요.

01 **[왼팔]** 오브젝트를 선택한 후 [시작]을 클릭하여 [시작하기 버튼을 클릭했을 때]를 블록 조립소로 드래그하세요.

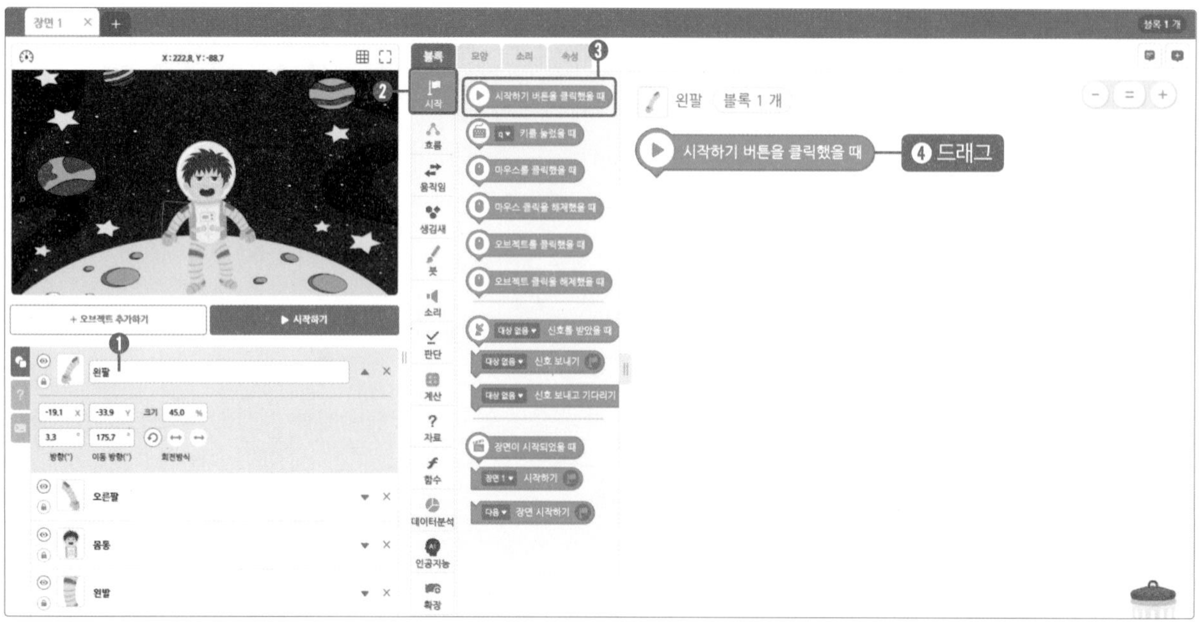

02 특정 블록을 계속 반복하기 위해 [흐름]의 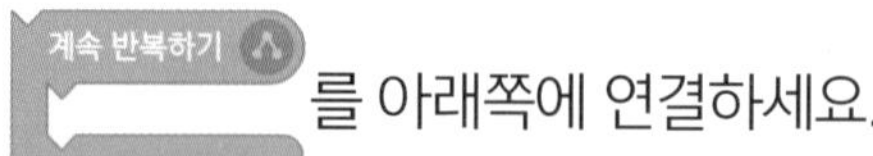를 아래쪽에 연결하세요.

03 특정 조건이 참인지 확인하기 위해  을 안쪽에 끼워넣으세요.

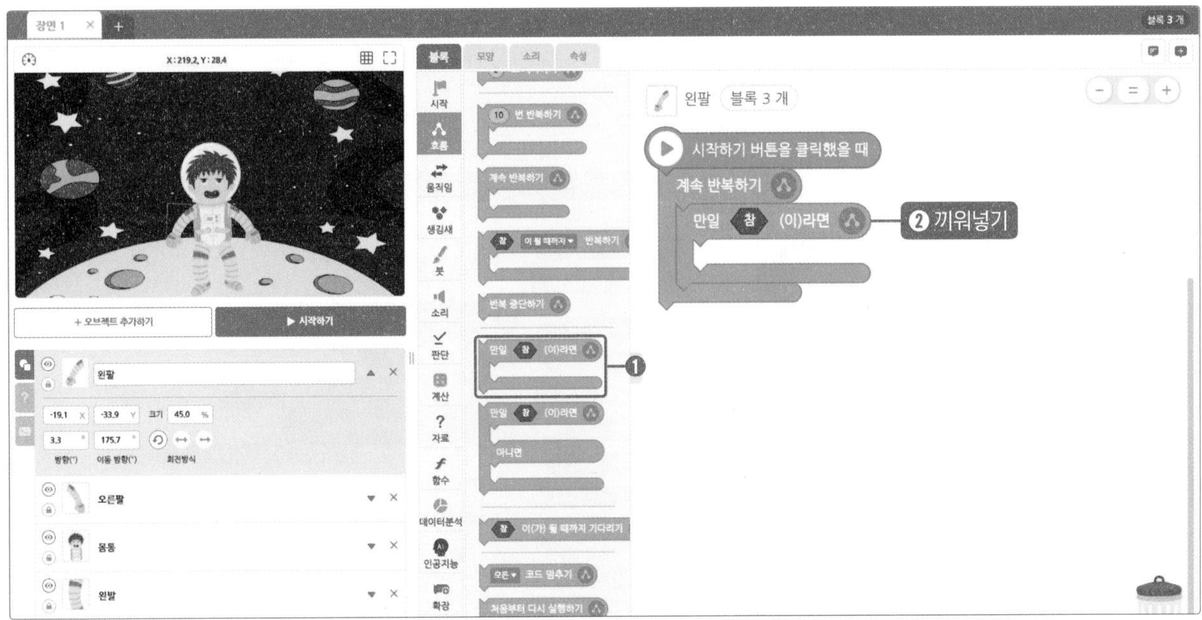

04 특정 조건을 확인하기 위해 판단 의 q▾ 키가 눌려져 있는가? 를 참 에 끼워넣은 후 q를 눌러 **왼쪽 화살표**로 변경하세요.

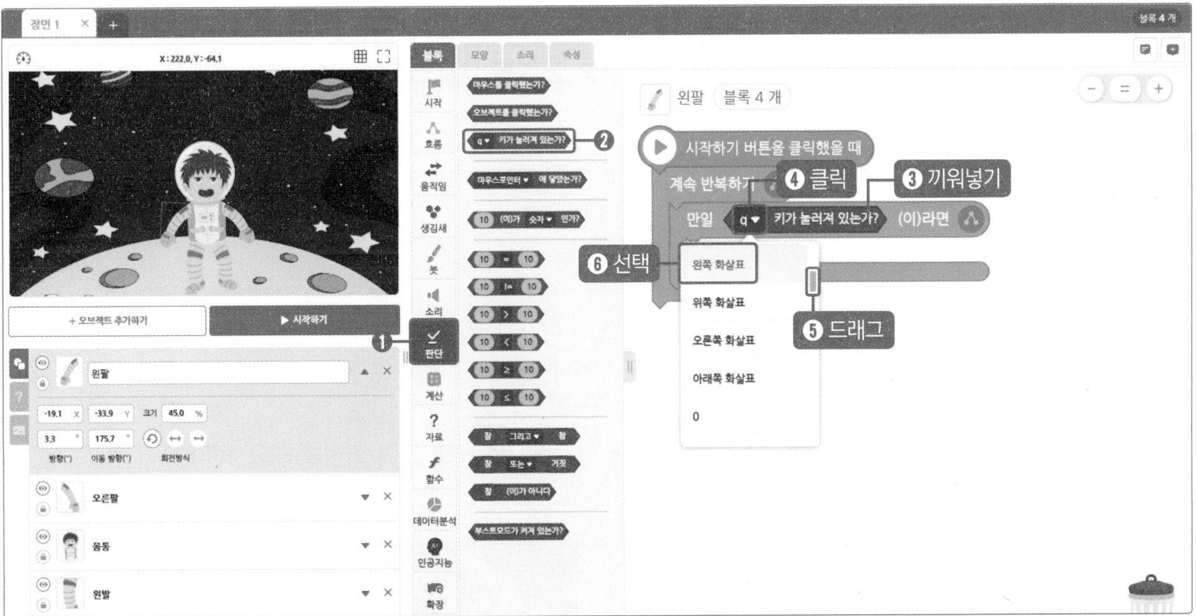

05 왼쪽 방향키(←)를 누르면 **[왼팔]**을 마우스포인터 쪽으로 회전시키기 위해 움직임의 왼팔 ▾ 쪽 바라보기 를 만일 참 (이)라면 안쪽에 끼워넣으세요.

06 **왼팔**을 클릭한 후 **마우스포인터**로 변경하세요.

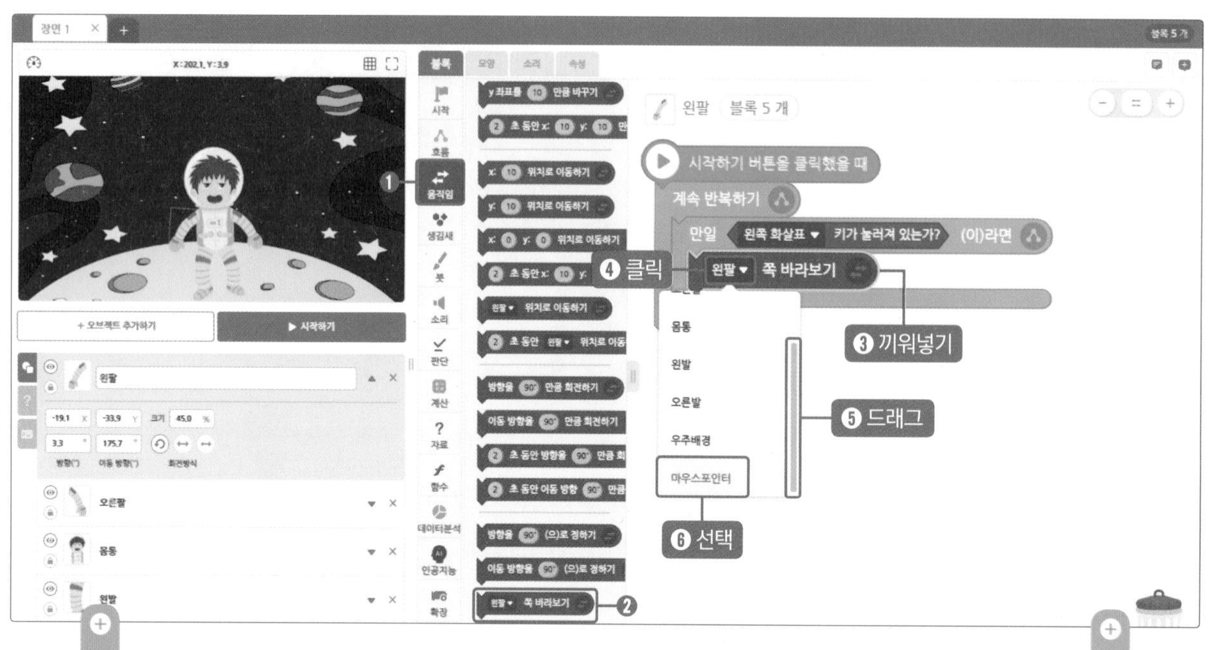

키보드 왼쪽 방향키(←)를 누른 채 마우스를 움직이면 [왼팔]이 마우스포인터 방향으로 회전을 해요.

TIP 중심점(●)

모든 오브젝트는 중심점을 기준으로 해당 오브젝트의 좌표가 표시되며, 방향을 회전할 때도 중심점을 기준으로 회전을 해요. 중심점(●)은 오브젝트의 가운데 부분에 위치하고 있으며 필요에 따라서 마우스로 드래그하여 위치를 변경할 수도 있어요.
[왼팔]은 중심점이 어깨 부분에 있기 때문에 어깨 위치를 기준으로 팔이 회전을 해요. 만약 중심점을 가운데로 변경하면 [왼팔]은 팔 가운데를 기준으로 회전을 해요.

▲ 어깨 위치에 중심점을 지정함

▲ 팔 가운데에 중심점을 지정함

07 **[왼팔]**의 코드를 복사하기 위해 (시작하기 버튼을 클릭했을 때) 위에서 마우스 오른쪽 버튼을 눌러 **[코드 복사]**를 클릭하세요.

08 **[오른팔]**에서 마우스 오른쪽 버튼을 눌러 **[붙여넣기]**를 클릭한 후 **왼쪽 화살표**를 **오른쪽 화살표**로 변경하세요.

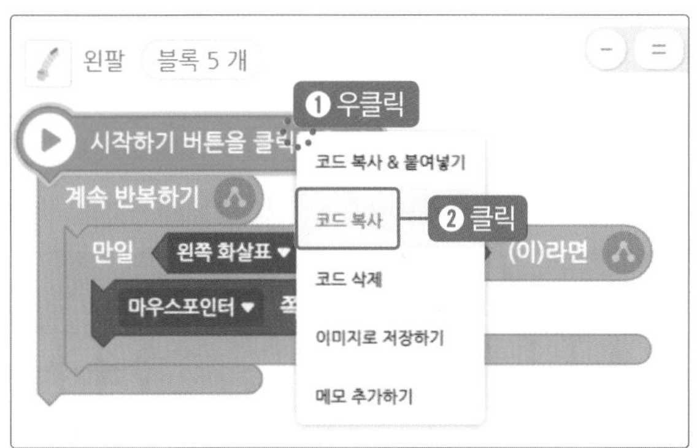

▲ [왼팔] 코드 복사

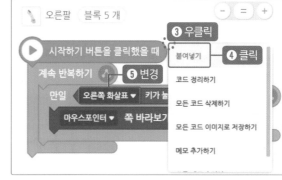

▲ [오른팔]에 코드 붙여넣고 키 수정

09 <시작하기> 버튼을 누르세요. 코드가 실행되면 키보드 왼쪽 방향키(←) 또는 오른쪽 방향키(→)를 누른 채 마우스를 움직이면 마우스포인터 방향으로 양팔이 자유롭게 움직이는 것을 확인할 수 있어요.

코딩 플러스

[왼발]과 [오른발]에도 복사한 코드를 붙여넣은 후 **왼쪽 화살표**를 **위쪽 화살표**와 **아래쪽 화살표**로 변경하여 실행해 보세요. 키보드 위쪽 방향키(↑) 또는 아래쪽 방향키(↓)를 누른 채 마우스를 움직이면 마우스포인터 방향으로 양다리가 자유롭게 움직이는 것을 확인할 수 있어요.

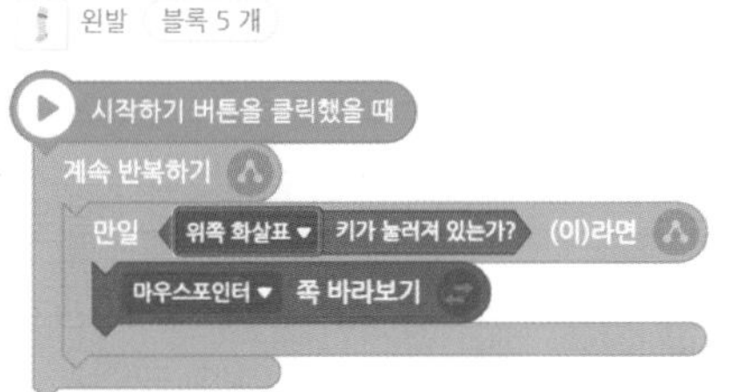

▲ [왼발] 코드 붙여넣고 수정하기

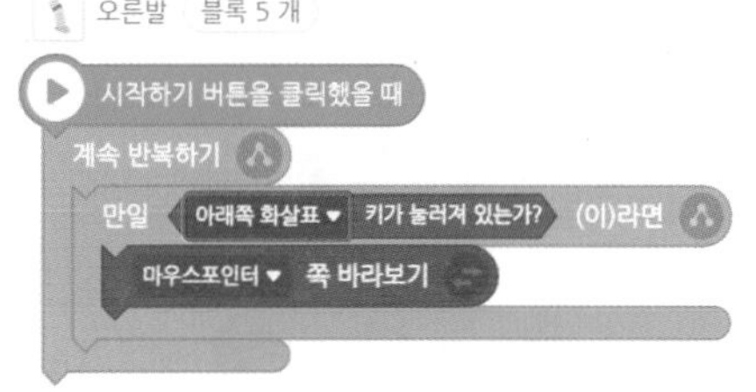

▲ [오른발] 코드 붙여넣고 수정하기

야구 게임

학습목표

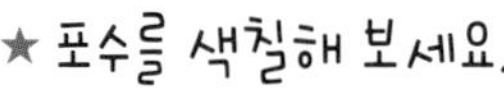

★ 포수를 색칠해 보세요.

★ 투수가 야구공을 던지면 포수 글러브를 향해 날아가요.

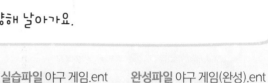

실습파일 야구 게임.ent　　**완성파일** 야구 게임(완성).ent

포수 색칠하기

포수를 향해 공 던지기

오브젝트 파헤치기

① **야구공** : 투수 위치에서 포수를 향해 랜덤 속도로 날아가요.

② **포수** : 투수가 던진 야구공을 받으면 크기가 변경되면서 스트라이크라고 말을 해요.

③ **투수** : [Space Bar]를 누르면 공 던지는 모양으로 변경돼요.

명령 블록 파헤치기

블록 꾸러미	명령 블록	설명
시작	직구▾ 신호를 받았을 때	선택한 신호를 받으면 아래쪽에 연결된 블록들을 실행해요.
생김새	모양 보이기	오브젝트를 실행화면에서 보이게 해줘요.
	모양 숨기기	오브젝트를 실행화면에서 보이지 않게 해줘요.
움직임	야구공▾ 위치로 이동하기	오브젝트가 선택한 오브젝트 위치로 이동해요.
	2 초 동안 야구공▾ 위치로 이동하기	오브젝트가 입력한 시간 동안 선택한 오브젝트 위치로 이동해요.

알록달록 오브젝트 꾸미기

01 **야구 게임**.ent 파일을 불러와 **[포수]** 오브젝트를 선택한 후 **[모양]** 탭을 클릭하세요.

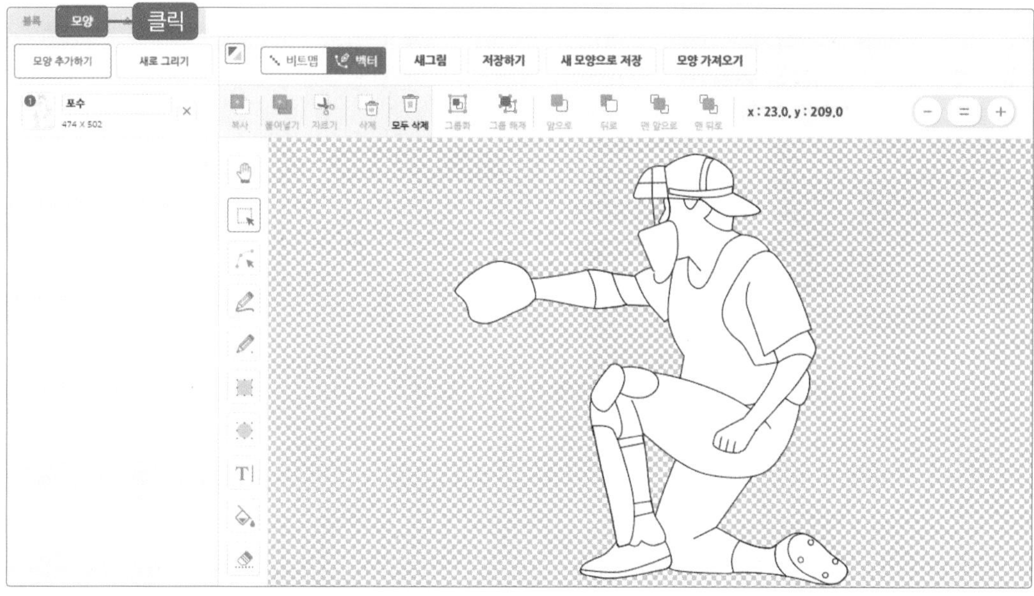

02 **채우기**( )를 이용하여 투수와 같은편 느낌이 나도록 색칠을 한 후 **<저장하기>**를 클릭하세요.

03 엔트리 그림판에서 모든 작업이 완료되면 - **저장하기**를 클릭한 후 **[블록]** 탭을 선택하세요.

뚝딱뚝딱 블록 조립하기

01 **[야구공]** 오브젝트를 선택한 후 [시작]을 클릭하여 [직구▾ 신호를 받았을 때]를 블록 조립소로 드래그하세요.

TIP 직구 신호 보내기

직구 신호는 [Space Bar]를 눌렀을 때 [투수]가 [야구공]으로 신호를 보내요.

02 '직구' 신호를 받으면 실행화면에 숨겨져 있던 **[야구공]**을 나타내기 위해 [생김새]의 [모양 보이기]를 아래쪽에 연결하세요.

TIP [야구공] 숨기기

[야구공]은 실행화면에서 보이지 않도록 오브젝트 목록에서 숨겨진 상태( )예요.

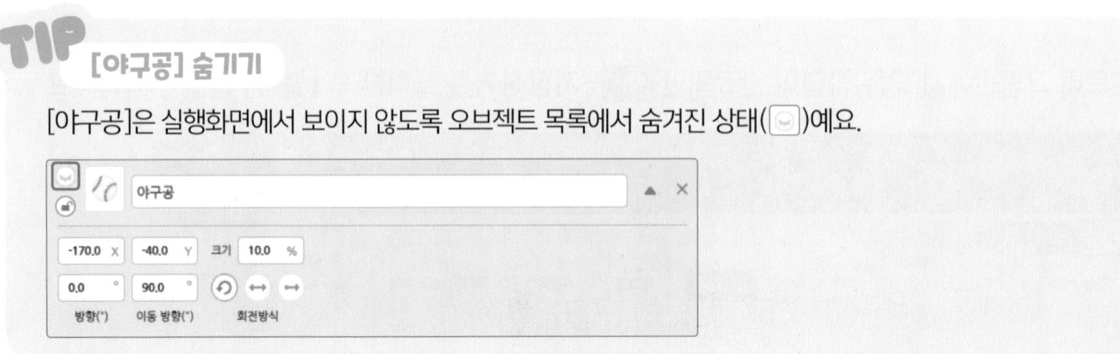

03 **[야구공]**이 일정한 시간동안 포수쪽으로 날아가기 위해 [움직임]의 [2 초 동안 야구공▾ 위치로 이동하기]를 아래쪽에 연결한 후 **야구공**을 클릭하여 **포수**로 변경하세요.

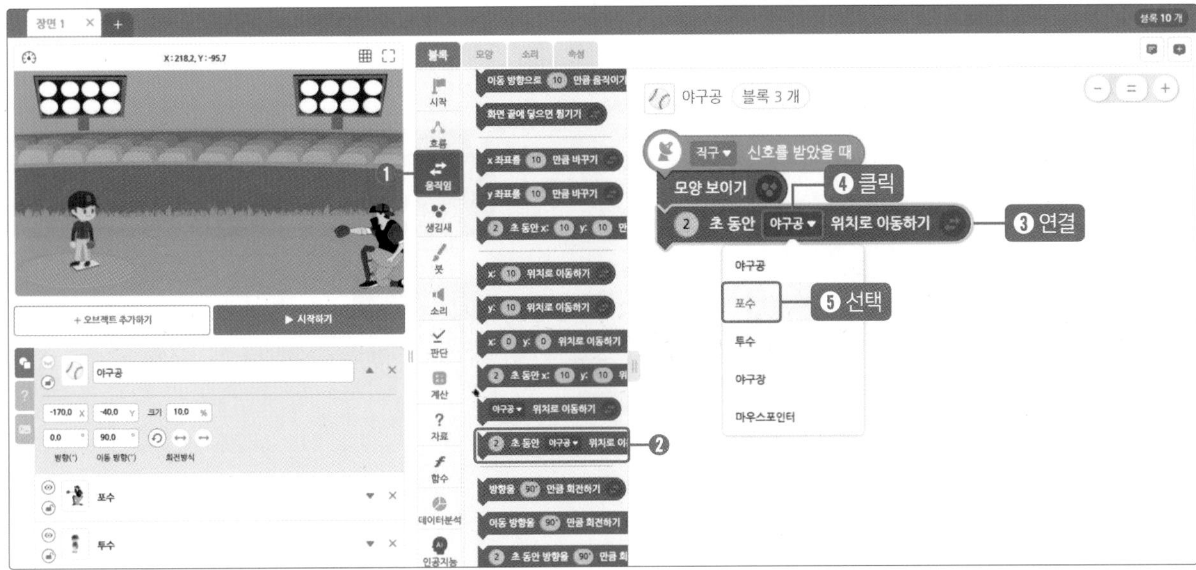

04 **[야구공]** 날아가는 속도를 무작위 수로 지정하기 위해 [계산]의 [0 부터 10 사이의 무작위 수]를 2 안으로 끼워넣으세요

05 **[야구공]**이 **[포수]**에게 날아가는 속도를 0.1부터 1사이의 무작위 값으로 지정하기 위해 **0**을 **0.1**로 **10**을 **1**로 입력하세요.

06 **[포수]**가 공을 받으면 **[야구공]**을 숨기기 위해 생김새의 모양 숨기기를 아래쪽에 연결하세요.

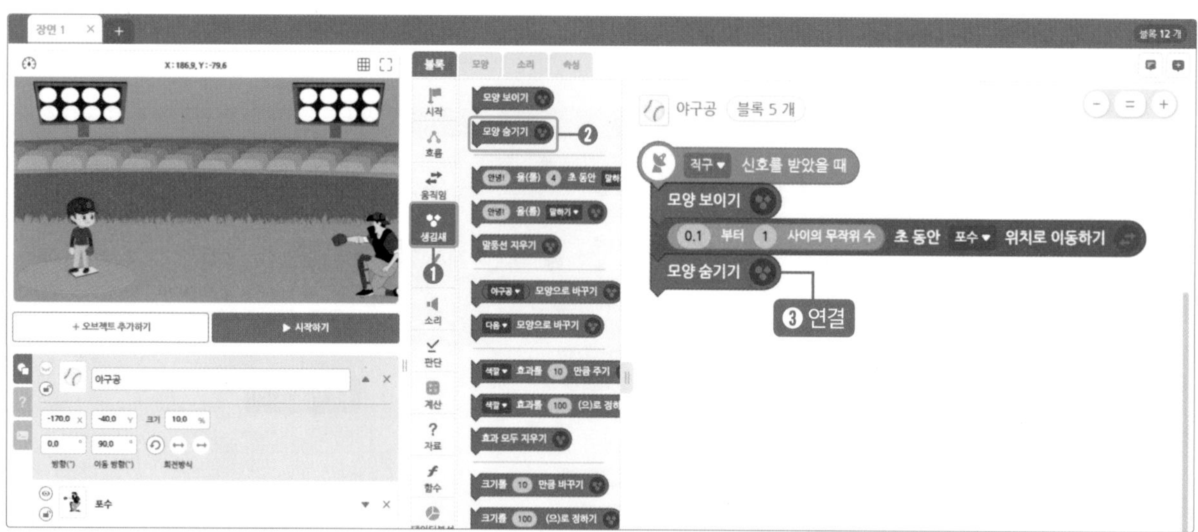

[야구공]이 직구 신호를 받으면 투수 위치에서 나타나 [포수] 쪽으로 날아간 후 다시 보이지 않도록 숨겨요. 공이 날아가는 속도는 무작위 수에 따라 다른데 0.1은 아주 빠른 속도로 날아가고, 1은 느린 속도로 날아가요.

07 **[포수]** 쪽으로 날아간 **[야구공]**을 다시 **[투수]** 쪽으로 이동시키기 위해 [움직임]의 [야구공▾ 위치로 이동하기]를 아래쪽에 연결한 후 **야구공**을 클릭하여 **투수**로 변경하세요.

08 <시작하기> 버튼을 누른 후 [Space Bar]를 눌러 공을 던져보세요.

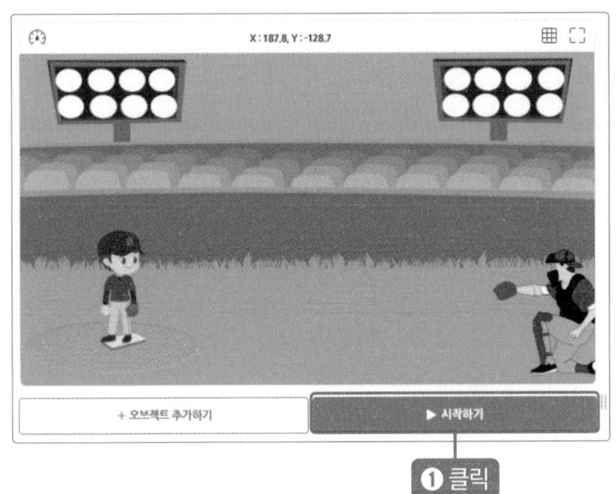

코딩 플러스

[야구공]이 [포수]에게 날아가는 동안 공이 회전을 한다면 더 현실감이 있을 것 같아요. 그러기 위해서는 직구 신호를 받았을 때 일정한 각도로 회전을 시키야 해요. 아래 코드를 참고하여 직접 작성한 후 <시작하기> 버튼을 눌러 확인해 보세요.

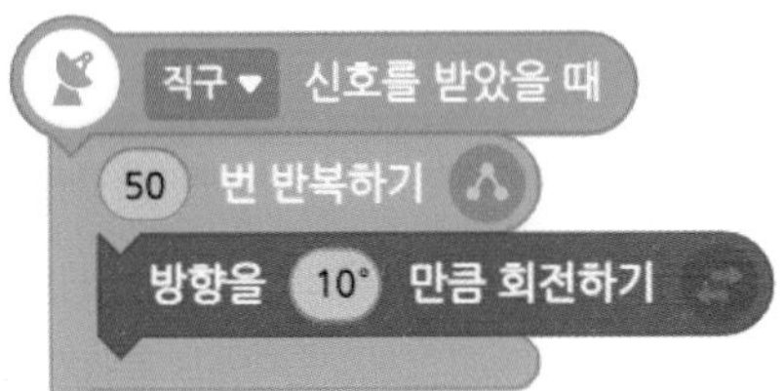

미로찾기

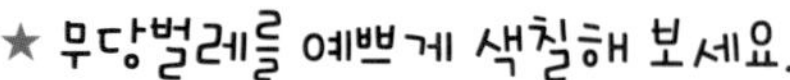

학습목표

★ 무당벌레를 예쁘게 색칠해 보세요.
★ 키보드 방향키(↑, ↓, ←, →)를 눌러 무당벌레를 조종할 수 있어요.

실습파일 미로찾기.ent　**완성파일** 미로찾기(완성).ent

무당벌레 색칠하기　　방향키로 무당벌레 조종하기

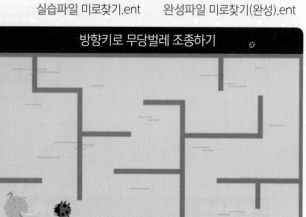

오브젝트 파헤치기

❶ **무당벌레** : 위쪽, 아래쪽, 왼쪽, 오른쪽 방향키를 누르면 해당 방향으로 [무당벌레]를 이동시킬 수 있어요.
❷ **먹이** : [무당벌레]에 닿으면 모양을 변경한 후 무작위 위치로 이동해요.
❸ **미로** : [무당벌레]가 미로에 닿으면 게임이 처음부터 다시 시작돼요.

명령 블록 파헤치기

블록 꾸러미	명령 블록	설명
시작	q▼ 키를 눌렀을 때	선택한 키를 누르면 아래쪽에 연결된 블록들이 실행돼요.
움직임	x 좌표를 10 만큼 바꾸기	오브젝트의 x좌표를 입력한 값만큼 바꿔요.
	y 좌표를 10 만큼 바꾸기	오브젝트의 y좌표를 입력한 값만큼 바꿔요.
	방향을 90° (으)로 정하기	오브젝트의 방향을 입력한 각도로 정해요.

알록달록 오브젝트 꾸미기

01 **미로찾기**.ent 파일을 불러와 **[무당벌레]** 오브젝트를 선택한 후 **[모양]** 탭을 클릭하세요.

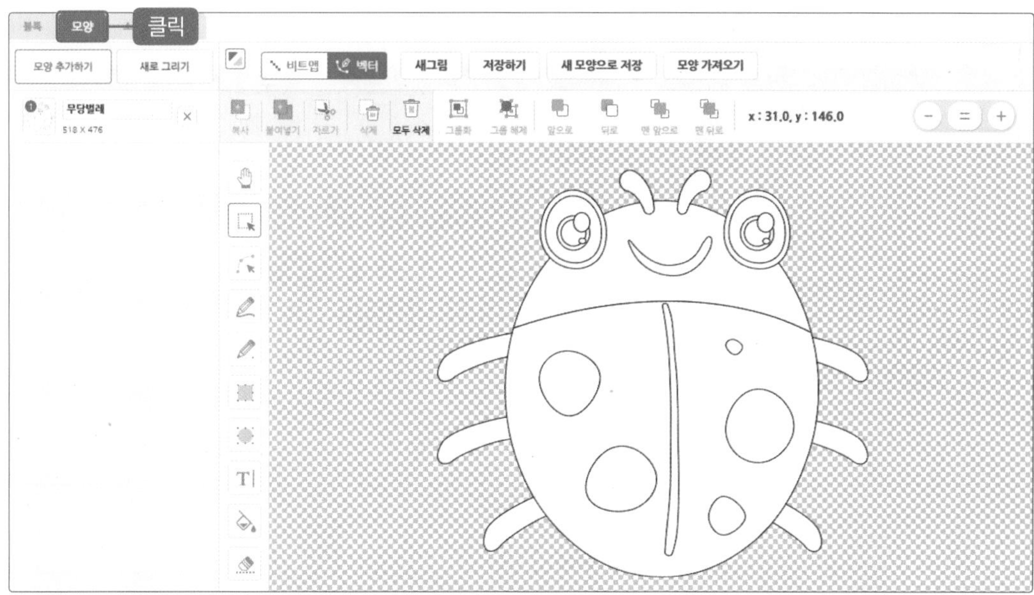

02 **채우기**( )를 이용하여 예쁘게 색칠한 후 **<저장하기>**를 클릭하세요.

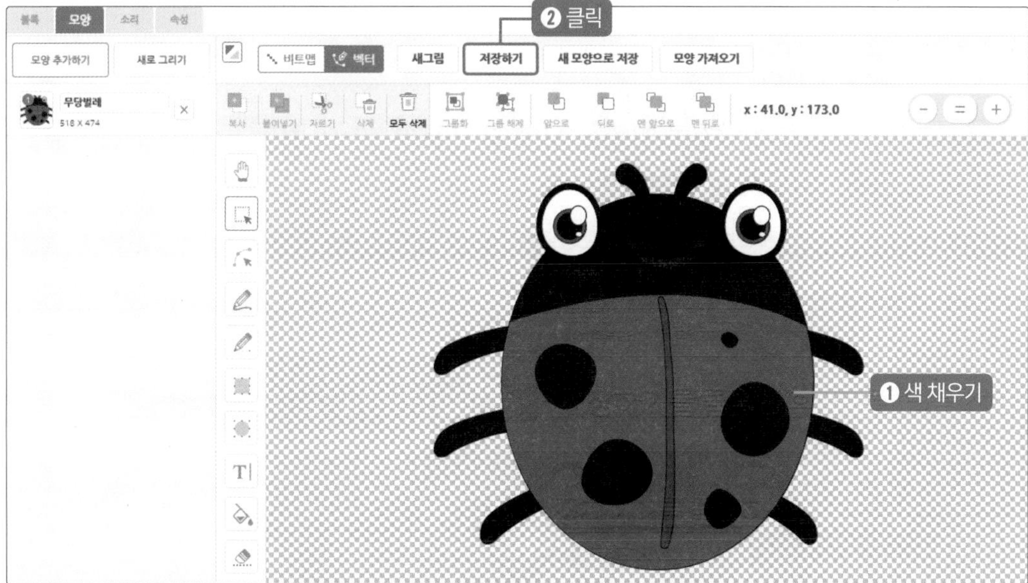

03 엔트리 그림판에서 모든 작업이 완료되면 -**저장하기**를 클릭한 후 **[블록]** 탭을 선택하세요.

01 **[무당벌레]** 오브젝트가 선택된 상태에서 [시작]을 클릭하여 [q▾ 키를 눌렀을 때]를 블록 조립소로 드래그한 후 q를 클릭하여 **왼쪽 화살표**를 선택하세요.

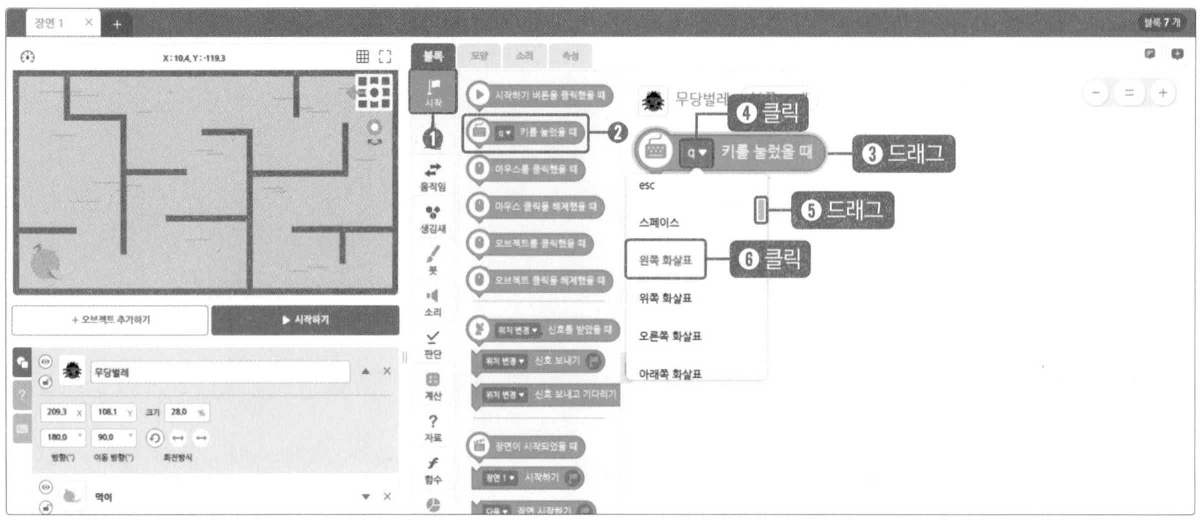

TIP

q를 클릭한 후 키보드에서 원하는 키(1, Space Bar, → 등)를 직접 입력하면 빠르게 키를 세팅할 수 있어요.

02 **[무당벌레]**가 왼쪽 방향키(←)에 맞추어 방향을 정할 수 있도록 [움직임]의 [방향을 90° (으)로 정하기]를 아래쪽에 연결한 후 **90**을 클릭하여 **270**을 입력하세요.

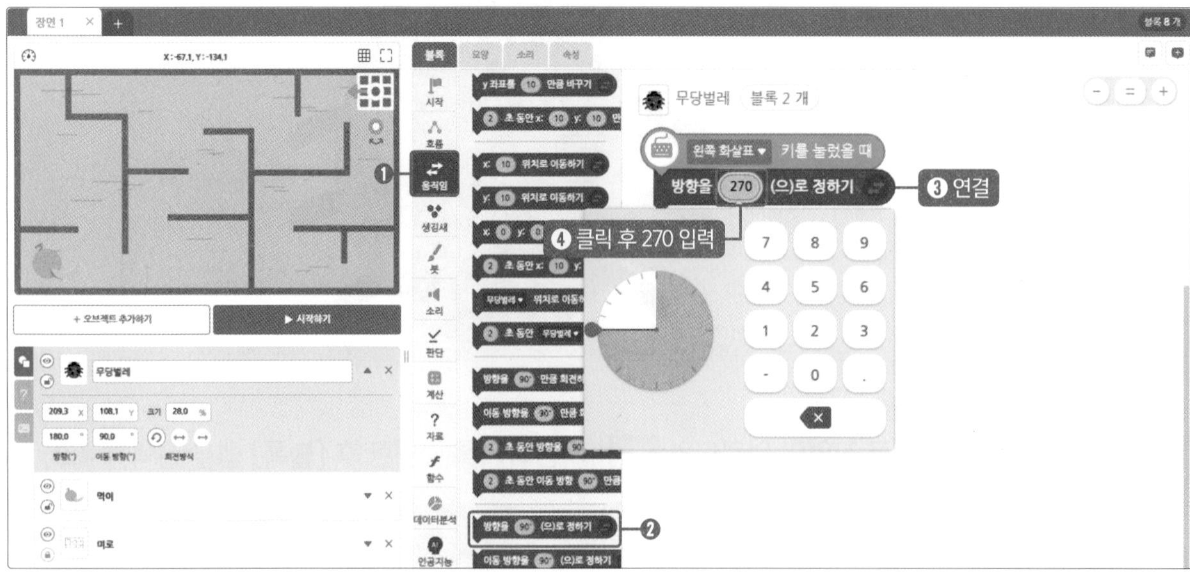

03 왼쪽 방향키(←)를 눌렀을 때 **[무당벌레]**가 왼쪽으로 움직일 수 있도록 x 좌표를 10 만큼 바꾸기 를 아래쪽에 연결한 후 **10**을 클릭하여 **-3**을 입력하세요.

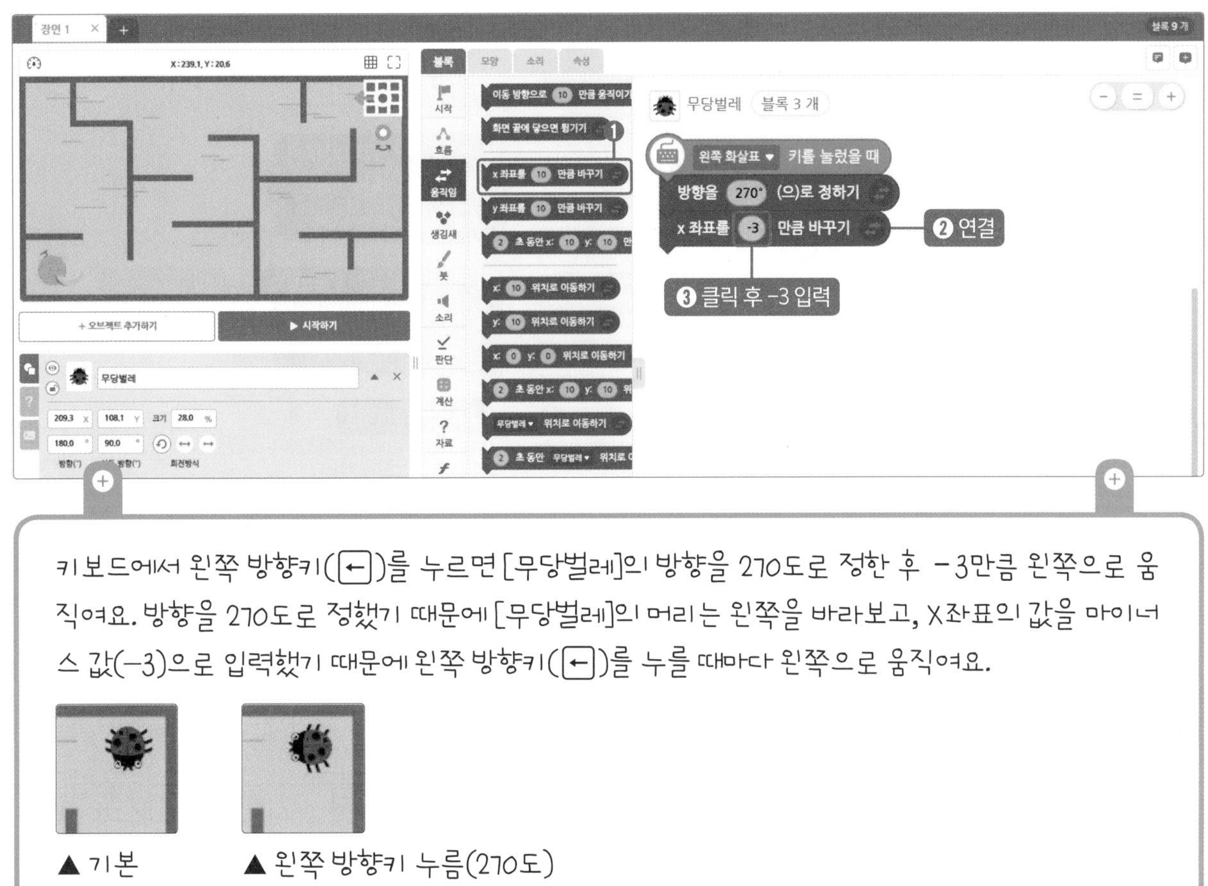

키보드에서 왼쪽 방향키(←)를 누르면 [무당벌레]의 방향을 270도로 정한 후 -3만큼 왼쪽으로 움직여요. 방향을 270도로 정했기 때문에 [무당벌레]의 머리는 왼쪽을 바라보고, X좌표의 값을 마이너스 값(-3)으로 입력했기 때문에 왼쪽 방향키(←)를 누를 때마다 왼쪽으로 움직여요.

▲ 기본 ▲ 왼쪽 방향키 누름(270도)

04 코드를 복사하여 오른쪽 화살표 코드를 작성하기 위해 왼쪽 화살표 ▾ 키를 눌렀을 때 위에서 마우스 오른쪽 버튼을 눌러 **[코드 복사 & 붙여넣기]**를 클릭하세요.

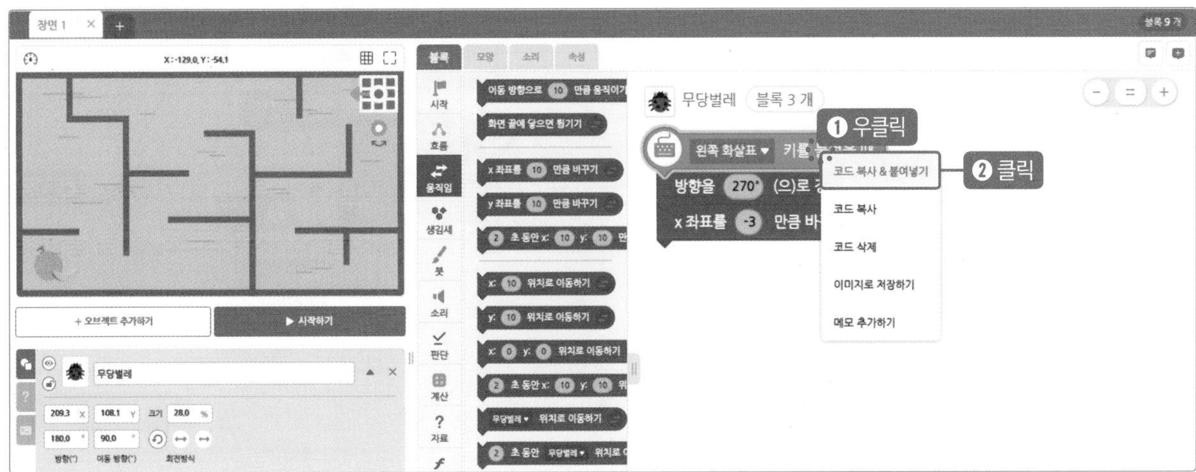

05 코드가 복사되면 위치를 이동시킨 후 **키(오른쪽 화살표), 방향(90도), x좌표 값(3)**을 수정하세요.

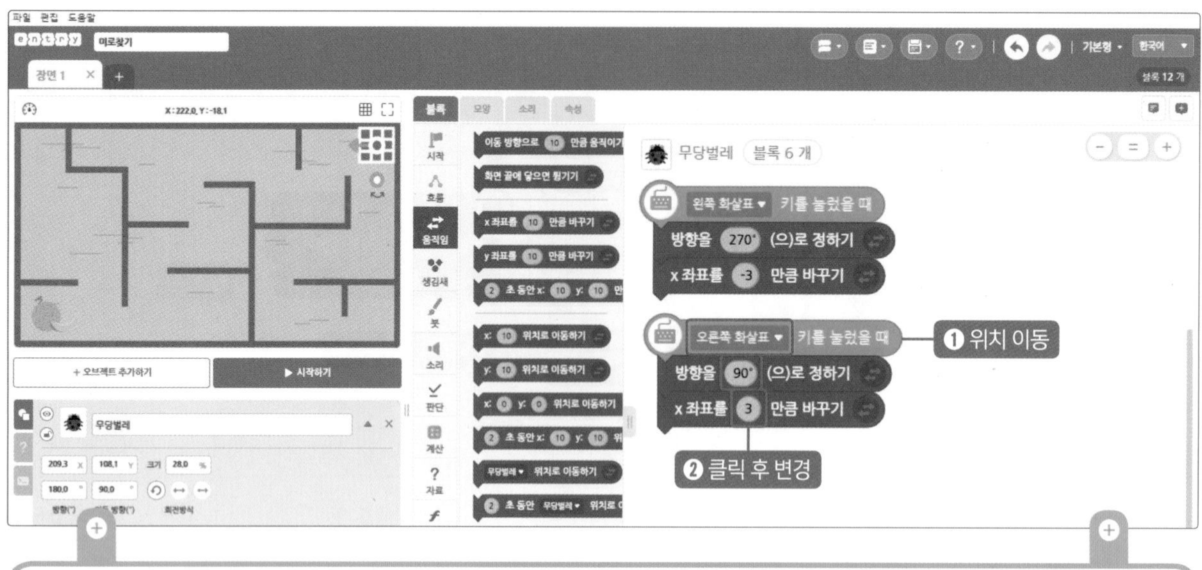

키보드에서 오른쪽 방향키(→)를 누르면 [무당벌레]의 방향을 90도로 정한 후 3만큼 오른쪽으로 움직여요. 방향을 90도로 정했기 때문에 [무당벌레]의 머리는 오른쪽을 바라보고, X좌표의 값을 양수 값(3)으로 입력했기 때문에 오른쪽 방향키(→)를 누를 때마다 오른쪽으로 움직여요.

06 똑같은 방법으로 코드를 복사하여 붙여넣은 후 [x 좌표를 3 만큼 바꾸기]를 휴지통으로 드래그하여 삭제하세요.

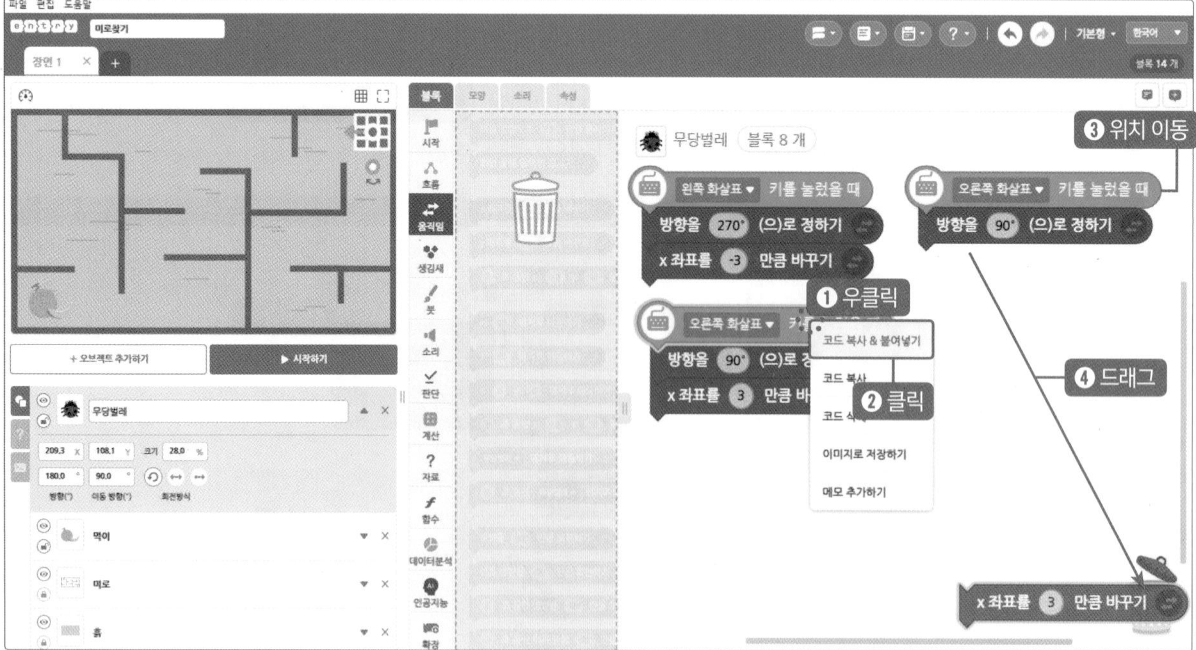

07 위쪽 방향키(↑)를 눌렀을 때 **[무당벌레]**가 위쪽으로 움직일 수 있도록 y 좌표를 10 만큼 바꾸기 를 아래쪽에 연결한 후 **키(위쪽 화살표), 방향(0도), y좌표 값(3)**을 수정하세요.

08 위쪽 화살표 코드를 복사하여 **키(아래쪽 화살표), 방향(180도), y좌표 값(-3)**을 수정하세요.

위쪽 방향키(↑)를 누르면 [무당벌레]의 방향을 0도로 정한 후 3만큼 위쪽으로 움직이며, 아래쪽 방향키(↓)를 누르면 [무당벌레]의 방향을 180도 정한 후 -3만큼 아래쪽으로 움직여요.

09 <시작하기> 버튼을 누른 후 방향키(↓, ↑, →, ←)로 **[무당벌레]**를 조종해 보세요. **[무당벌레]**가 먹이에 닿으면 **[먹이]**의 모양과 위치가 바뀌는 것도 함께 확인해 보세요.

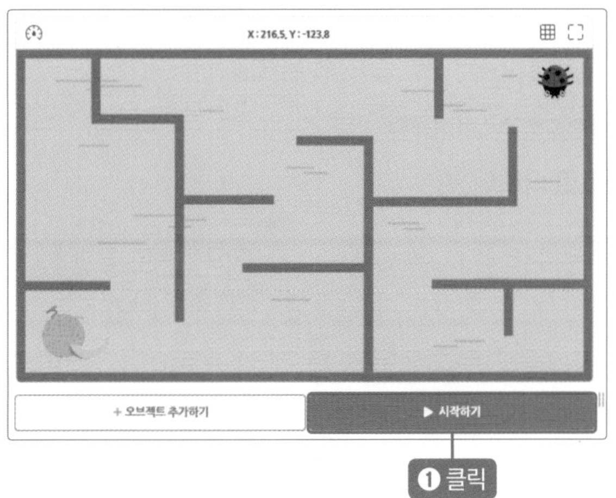

코딩 플러스

[무당벌레]가 [미로]에 닿으면 처음 위치로 되돌아가 다시 게임이 시작돼요. 그 이유는 [미로]에 [무당벌레]가 닿으면 게임을 처음부터 다시 실행하는 코드가 작성되어 있기 때문이에요.

```
시작하기 버튼을 클릭했을 때
계속 반복하기
  만일 무당벌레 에 닿았는가? (이)라면
    처음부터 다시 실행하기
```

핸드폰 로딩화면

학습목표

★ 핸드폰 화면 앱들을 예쁘게 색칠해 보세요.
★ 핸드폰 로딩 화면을 텍스트로 만들 수 있어요.

실습파일 핸드폰 로딩화면.ent **완성파일** 핸드폰 로딩화면(완성).ent

핸드폰 앱 색칠하기	핸드폰 로딩화면
10:15	Galaxy S24 SAMSUNG

오브젝트 파헤치기

❶ **핸드폰 화면** : 로딩화면이 끝나면 핸드폰 메인 화면이 나타나요.
❷ **메인 타이틀** : 핸드폰 메인 로딩 화면(핸드폰 기종)이 텍스트로 나타나요.
❸ **서브 타이틀** : 핸드폰 서브 로딩 화면(제조사)이 텍스트로 나타나요.

명령 블록 파헤치기

블록 꾸러미	명령 블록	설명
시작	시작하기 버튼을 클릭했을 때	시작하기 버튼을 클릭하면 아래에 연결된 블록들이 실행돼요.
생김새	모양 보이기	오브젝트를 실행화면에서 보이게 해줘요.
가 글상자	엔트리 라고 글쓰기	글상자의 내용을 입력한 내용으로 변경해줘요.
	엔트리 라고 뒤에 이어쓰기	글상자 내용 뒤에 입력한 내용을 추가해줘요.

알록달록 오브젝트 꾸미기

01 **핸드폰 로딩화면**.ent 파일을 불러와 **[핸드폰 화면]** 오브젝트를 선택한 후 **[모양]** 탭을 클릭하세요.

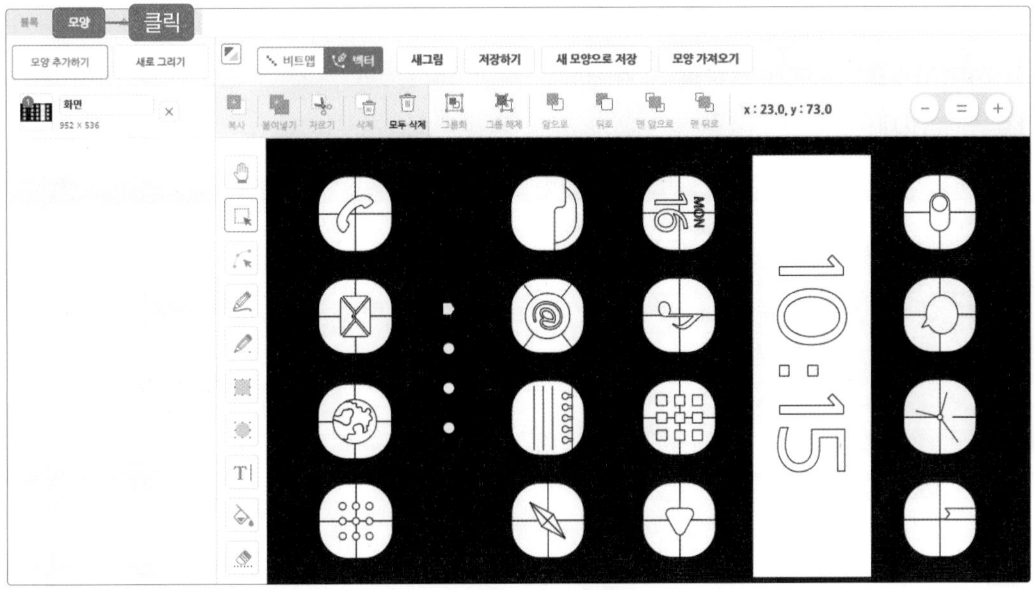

02 **채우기**( )를 이용하여 예쁘게 색칠한 후 **<저장하기>**를 클릭하세요.

03 엔트리 그림판에서 모든 작업이 완료되면 -**저장하기**를 클릭한 후 **[블록]** 탭을 선택하세요.

뚝딱뚝딱 블록 조립하기

01 [메인 타이틀] 오브젝트를 선택한 후 [시작]을 클릭하여 [시작하기 버튼을 클릭했을 때]를 블록 조립소로 드래그하세요.

02 핸드폰 로딩 화면이 바로 나오지 않도록 하기 위해 [흐름]의 [2 초 기다리기]를 아래쪽에 연결한 후 **2**를 클릭하여 **1**로 입력하세요.

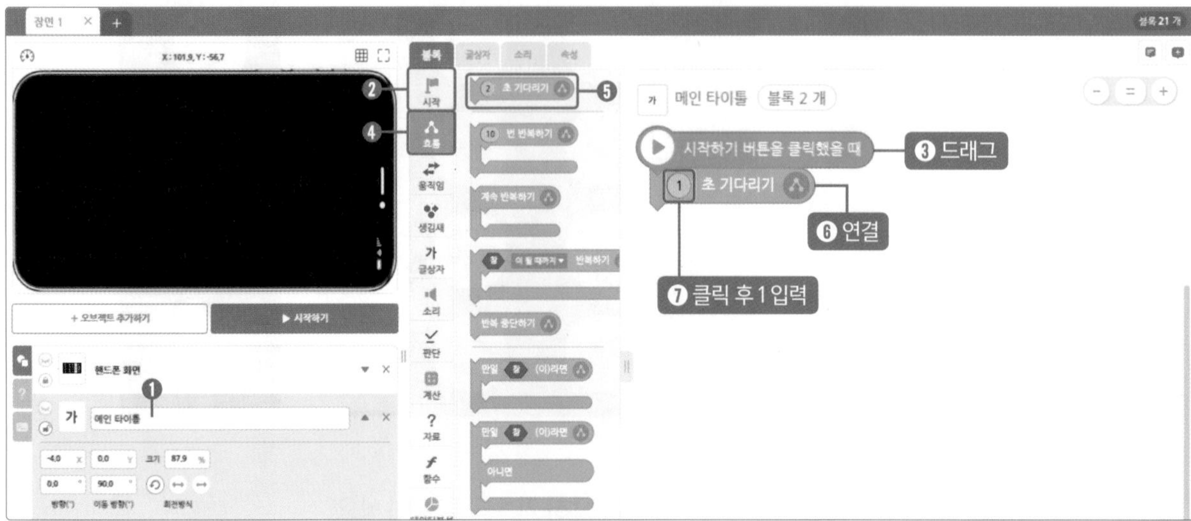

03 실행화면에 숨겨져 있던 **[메인 타이틀]**을 나타내기 위해 [생김새]의 [모양 보이기]를 아래쪽에 연결하세요.

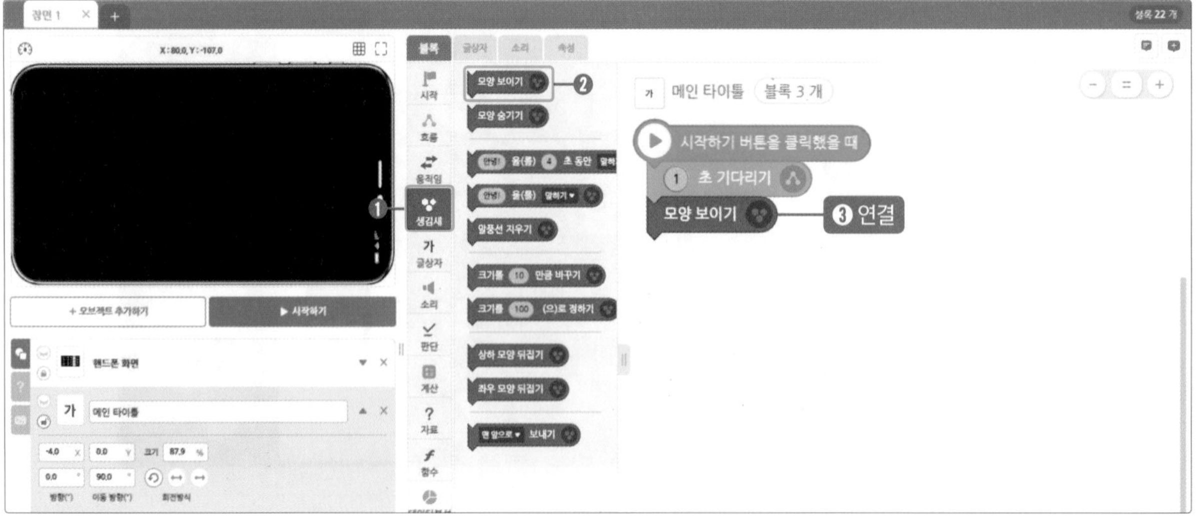

04 **[메인 타이틀]**에 텍스트 내용을 쓰기 위해 [가 글상자]의 [엔트리 라고 글쓰기]를 아래쪽에 연결한 후 **엔트리**를 클릭하여 영어 대문자 **G**를 입력하세요.

<시작하기> 버튼을 누르면 1초 뒤에 핸드폰 화면에 영어 대문자 G가 나타나요.

05 다음 글자가 나올 때까지 일정한 시간을 주기 위해 [흐름]의 [2 초 기다리기]를 아래쪽에 연결한 후 **2**를 클릭하여 **0.3**으로 입력하세요.

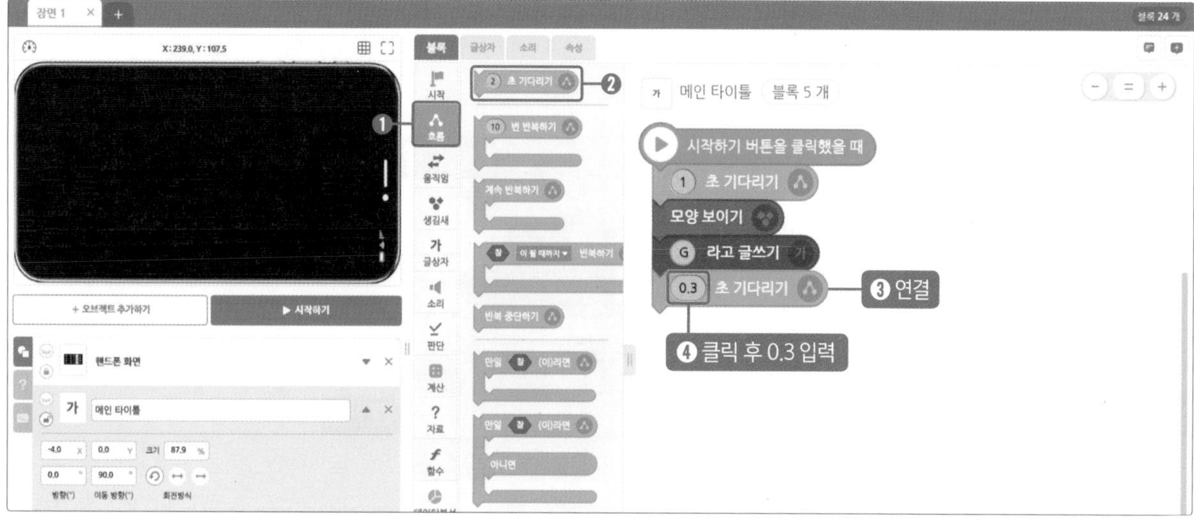

06 다음 텍스트 내용을 이어서 쓰기 위해 [가 글상자]의 [엔트리 라고 뒤에 이어쓰기 가]를 아래쪽에 연결한 후 **엔트리**를 클릭하여 영어 소문자 **a**를 입력하세요.

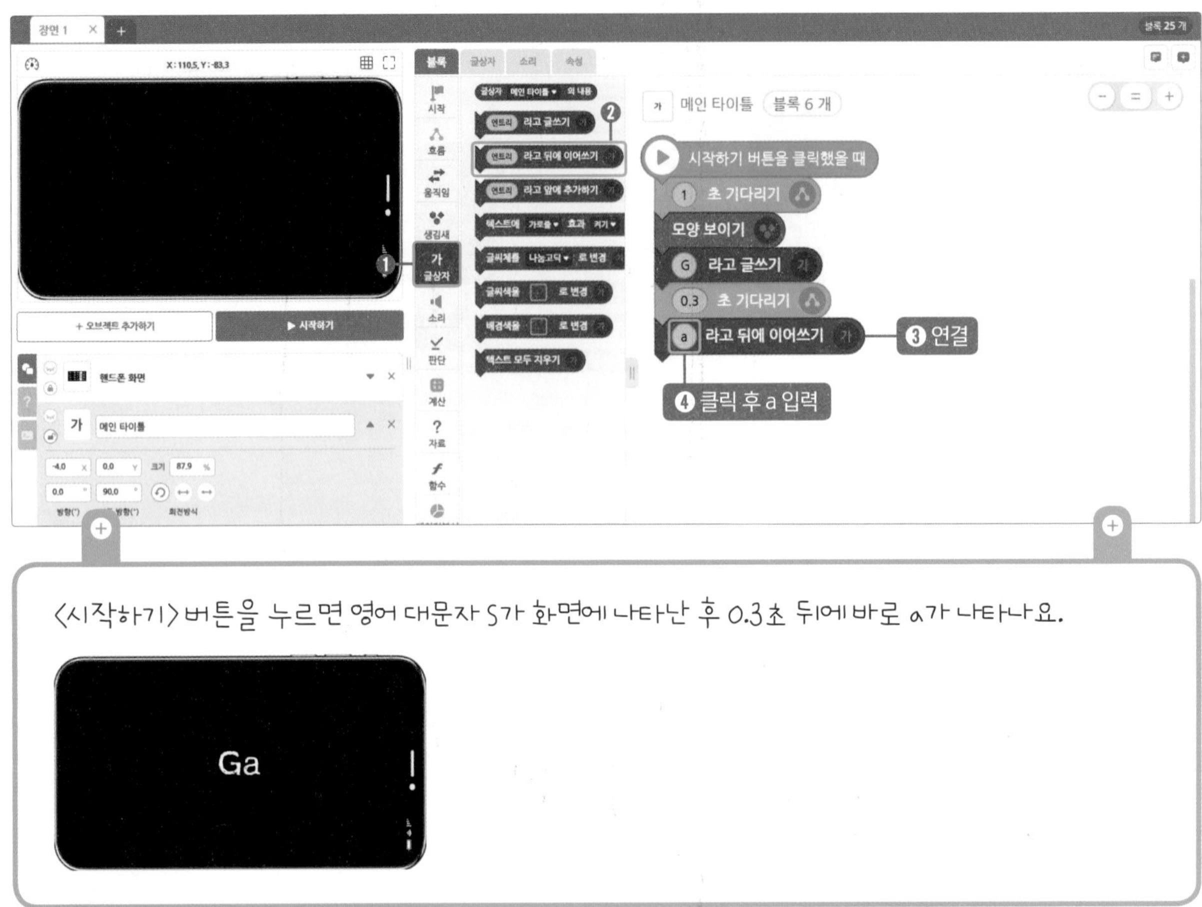

07 a 뒤에 텍스트 내용을 이어서 쓰기 위해 [0.3 초 기다리기] 위에서 마우스 오른쪽 버튼을 눌러 **[코드 복사 & 붙여넣기]**를 클릭하세요.

08 코드가 복사되면 아래쪽에 연결한 후 영어 내용 **a**를 **l**로 수정하세요.

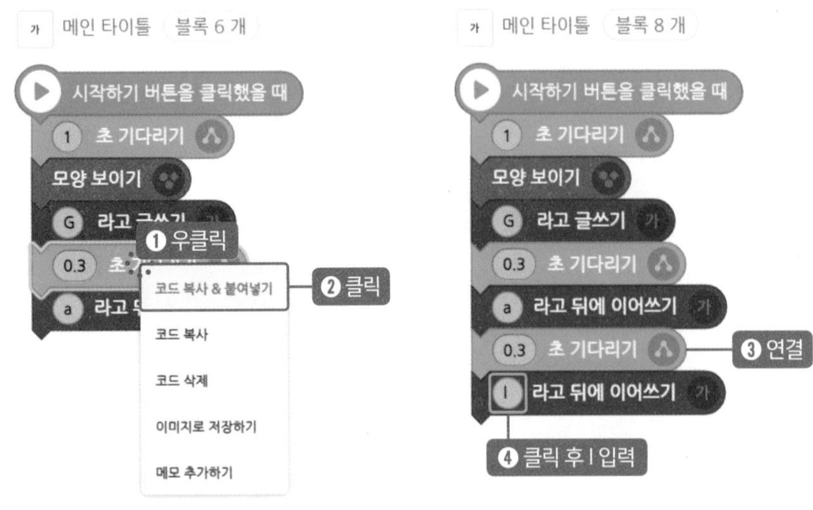

▲ 코드 복사&붙여넣기 ▲ 코드 연결 후 내용 수정

09 똑같은 방법으로 코드를 복사하여 연결한 후 영어 내용을 수정해 보세요. 영어 내용은 **Galaxy S24**이며, 중간에 공백이 들어간 부분은 텍스트 내용 대신 Space Bar 를 누르세요.

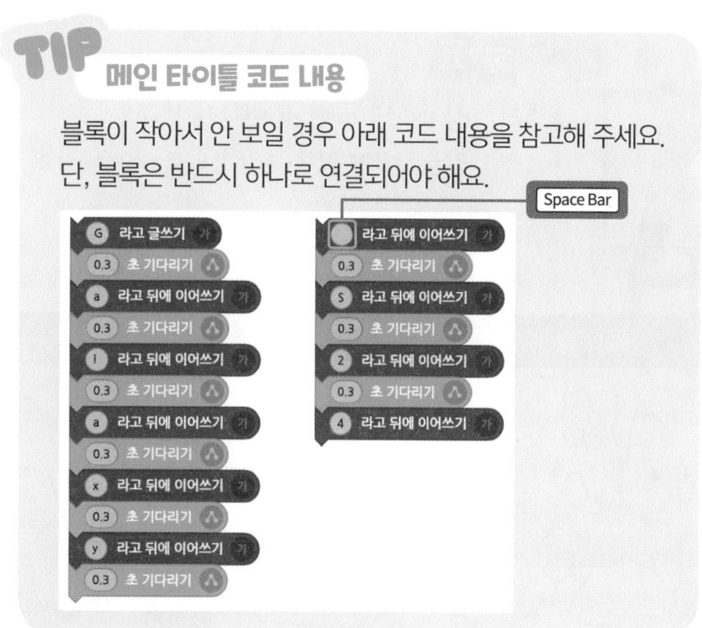

TIP
메인 타이틀 코드 내용
블록이 작아서 안 보일 경우 아래 코드 내용을 참고해 주세요.
단, 블록은 반드시 하나로 연결되어야 해요.
Space Bar

10 <시작하기> 버튼을 눌러 핸드폰 화면이 로딩된 후 메인 화면으로 바뀌는 것을 확인해 보세요.

Galaxy S24 아래쪽에 SAMSUNG 글자가 나올 수 있도록 [서브 타이틀]에 코드를 추가해 보세요.

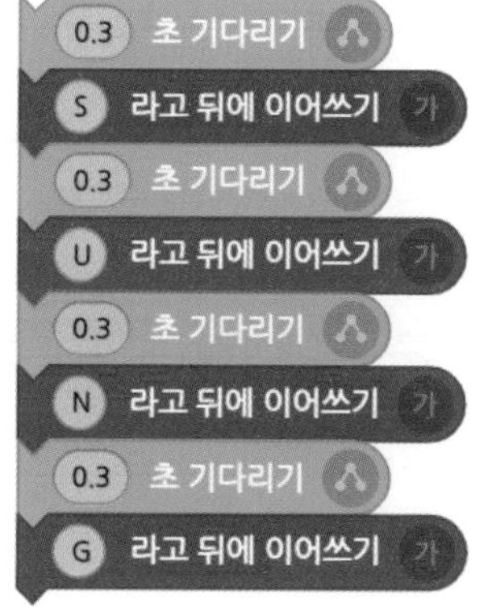

◀ 반드시 한 줄로 연결해서 코드 작성

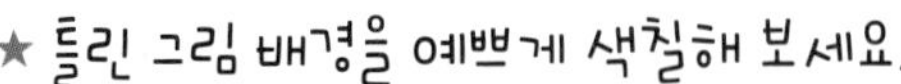

틀린그림찾기

학습목표

★ 틀린 그림 배경을 예쁘게 색칠해 보세요.
★ 틀린 그림을 찾으면 양쪽 그림 모두 크기가 커지고, 색깔이 계속 변경돼요.

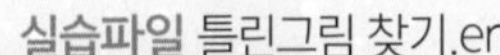

실습파일 틀린그림 찾기.ent　　완성파일 틀린그림 찾기(완성).ent

틀린그림 배경 색칠하기	틀린그림 찾기

오브젝트 파헤치기

❶ **성공** : 성공 신호를 받으면 성공이라는 텍스트가 화면에 나와요.
❷ **별, 방울** : 별 또는 방울을 클릭하면 양쪽 모두 크기가 커지고 색상이 계속 변경돼요.
❸ **풀1, 풀2** : 풀1 또는 풀2를 클릭하면 양쪽 모두 크기가 커지고 색상이 계속 변경돼요.
❹ **틀린그림 배경** : 틀린그림이 맞는지 체크한 후 맞으면 성공 신호를 보내요.

명령 블록 파헤치기

블록 꾸러미	명령 블록	설명
시작	펜던트 정답 ▾ 신호 보내고 기다리기	선택한 신호를 보내고, 해당 신호를 받은 블록들의 실행이 끝날때까지 기다린 후 아래쪽에 연결된 블록들을 실행해요.
	펜던트 정답 ▾ 신호를 받았을 때	선택한 신호를 받으면 아래쪽에 연결된 블록들을 실행해요.
생김새	크기를 100 (으)로 정하기	오브젝트의 크기를 입력한 값으로 정해요.
	색깔 ▾ 효과를 10 만큼 주기	오브젝트에 색깔 효과를 입력한 값만큼 줘요.

알록달록 오브젝트 꾸미기

01 **틀린그림 찾기**.ent 파일을 불러와 **[틀린그림 배경]** 오브젝트를 선택한 후 **[모양]** 탭을 클릭하세요.

02 **채우기( )**를 이용하여 예쁘게 색칠한 후 **<저장하기>**를 클릭하세요.

03 엔트리 그림판에서 모든 작업이 완료되면 -**저장하기**를 클릭한 후 **[블록]** 탭을 선택하세요.

>>>

뚝딱뚝딱 블록 조립하기

01 **[별]** 오브젝트를 선택한 후 [시작]을 클릭하여 [오브젝트를 클릭했을 때]를 블록 조립소로 드래그하세요.

02 **[별]**을 클릭했을 때 **[방울]**로 신호를 보내고 기다리기 위해 [펜던트 정답 ▾ 신호 보내고 기다리기]를 아래쪽에 연결하세요.

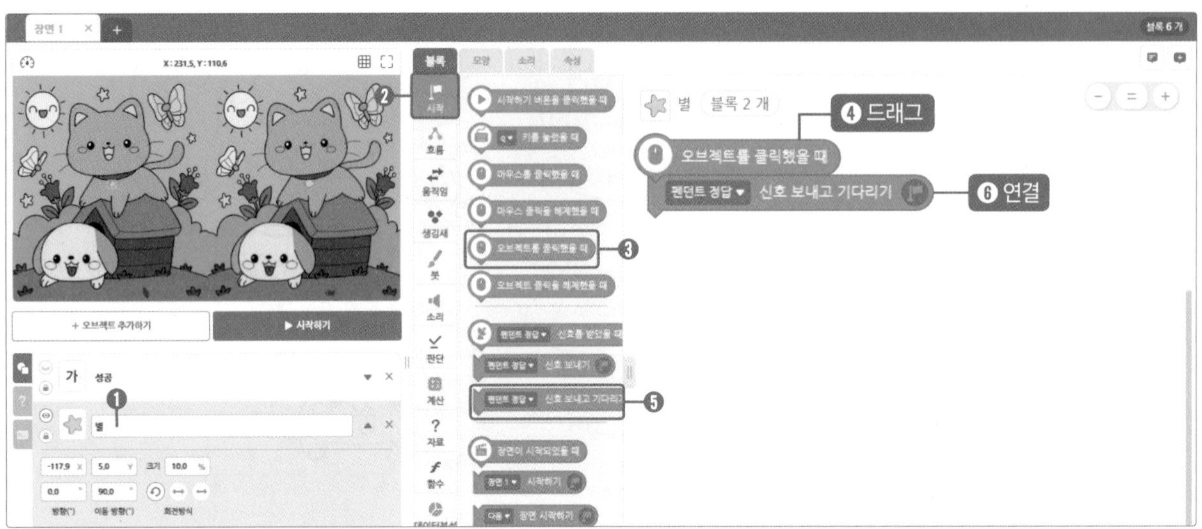

TIP

신호를 받는 [방울] 오브젝트에서 [신호를 받았을 때] 아래쪽에 연결된 블록들이 모두 실행된 후 [별] 오브젝트의 [신호 보내고 기다리기] 아래쪽에 연결된 블록을 실행해요. 이전에 사용했던 [신호 보내기]는 신호를 보냄과 동시에 [신호 보내기] 아래쪽에 연결된 블록을 실행했어요.

03 특정 블록을 계속 반복하기 위해 [흐름]의

를 아래쪽에 연결하세요.

04 신호를 보내고 기다린 후 **[별]**의 색깔을 변경하기 위해 [생김새]의 [색깔▾ 효과를 10 만큼 주기]를 [계속 반복하기] 안쪽에 끼워넣은 후 **10**을 클릭하여 **1**로 입력하세요.

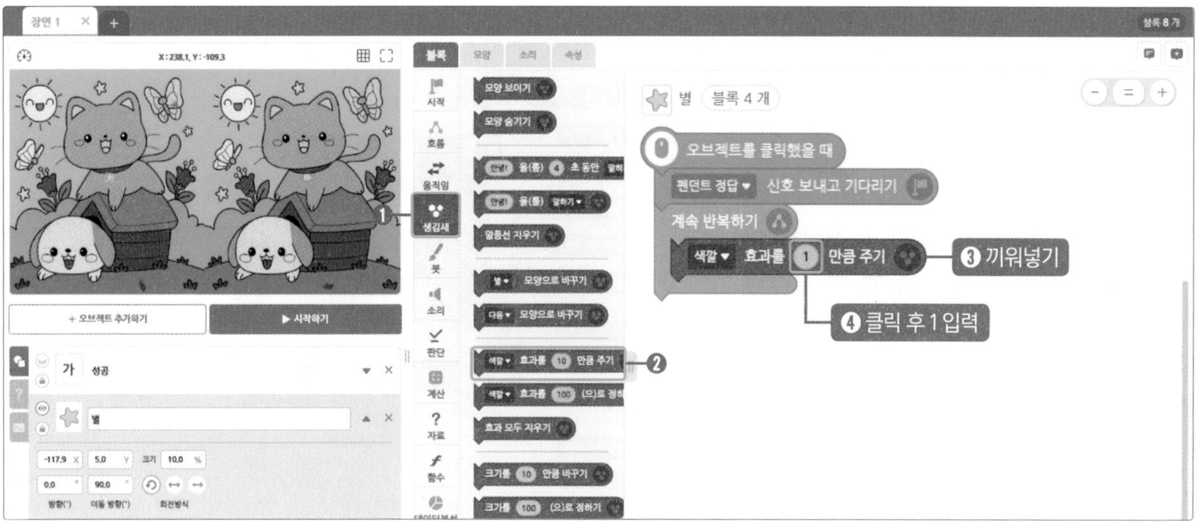

05 색깔 효과와 함께 크기를 정하기 위해 [크기를 100 (으)로 정하기]를 안쪽에 연결한 후 **100**을 클릭하여 **20**으로 입력하세요.

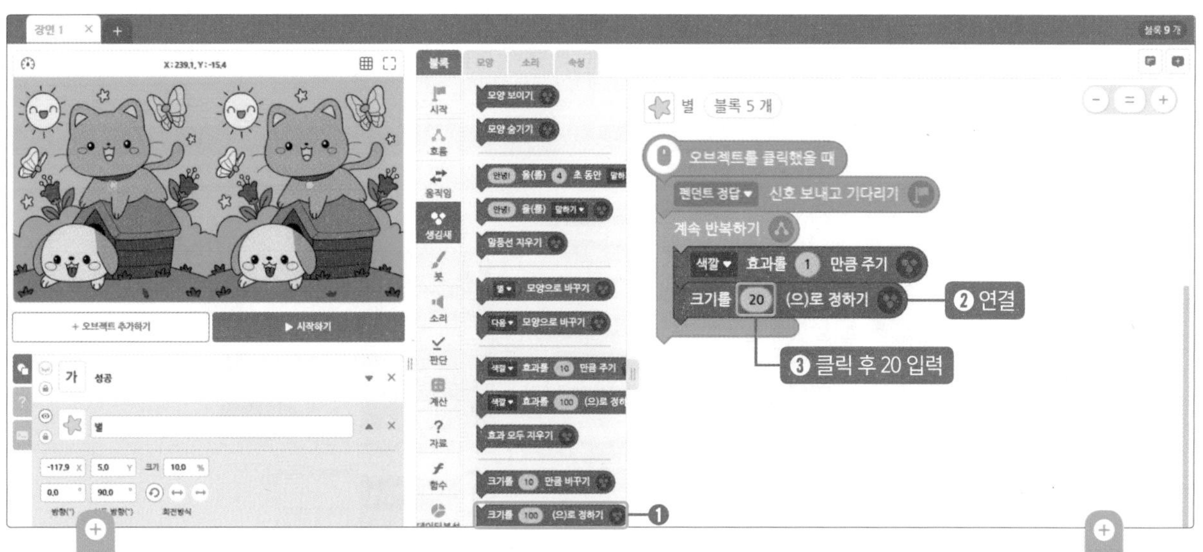

틀린그림 중에서 [별]을 클릭하면 [방울]로 신호를 보내고 기다려요. [방울]이 신호를 받아 아래쪽에 연결된 블록들의 실행이 끝나면 [별]은 그때 자기 자신의 색깔과 크기를 변경해요.

06 반대쪽 틀린그림인 **[방울]**에서 신호를 보내고 기다릴 때 **[별]**도 똑같은 코드를 실행하기 위해 [시작]을 클릭하여 (펜던트 정답 ▾ 신호를 받았을 때)를 블록 조립소로 드래그하세요.

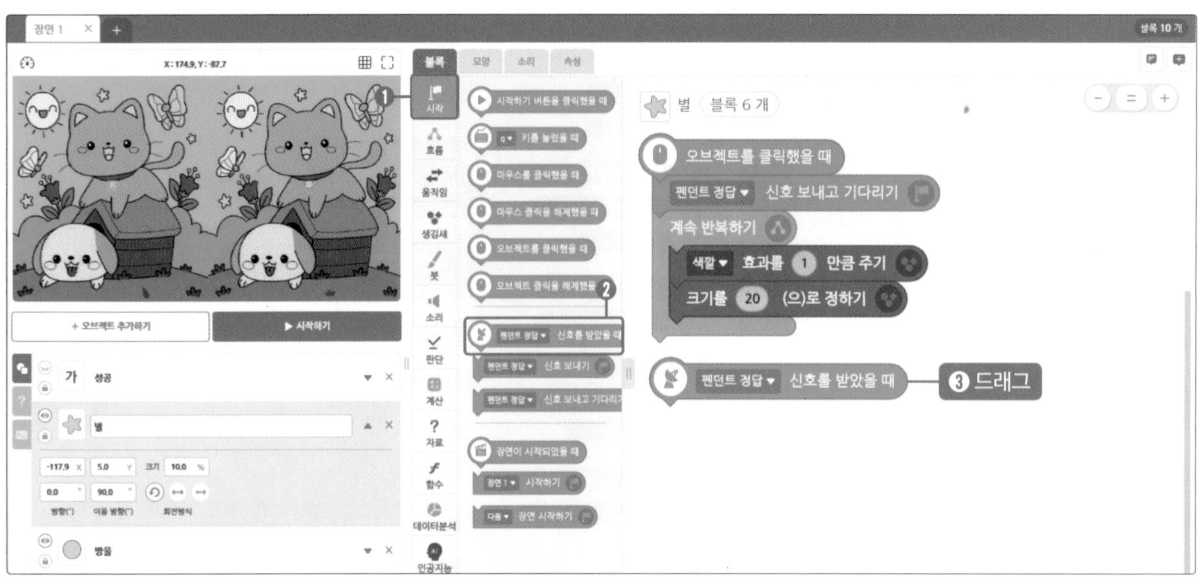

07 (계속 반복하기) 위에서 마우스 오른쪽 버튼을 눌러 **[코드 복사 & 붙여넣기]**를 클릭하세요. 코드가 복사되면 (펜던트 정답 ▾ 신호를 받았을 때) 아래쪽에 연결하세요.

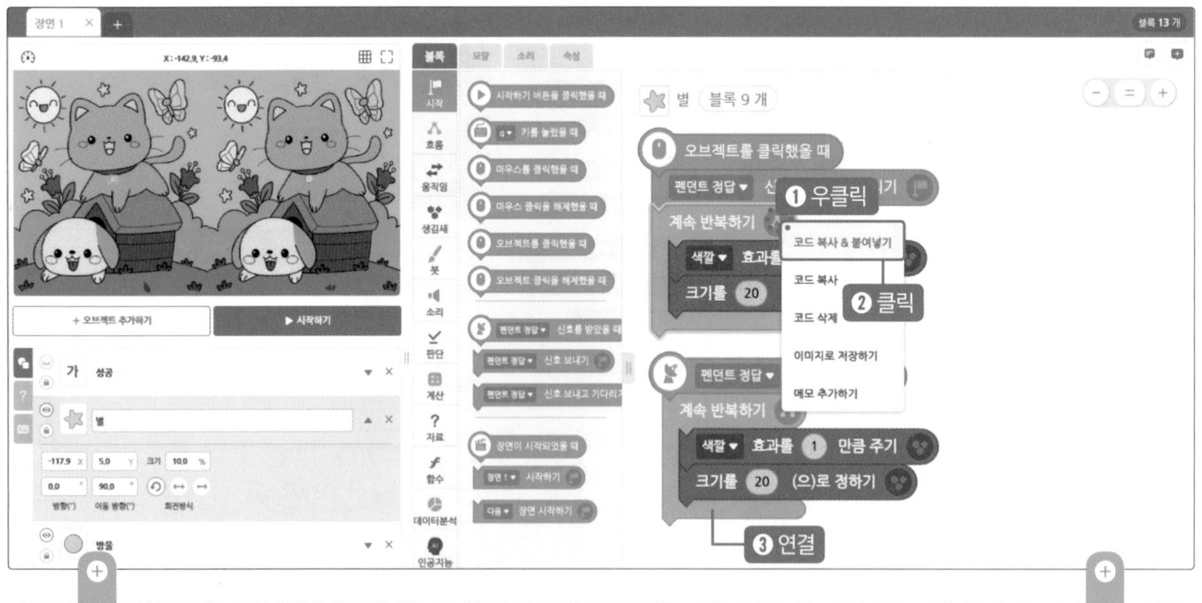

틀린그림 중에서 [방울]을 클릭하면 [별]로 신호를 보내고 기다려요. [별]과 [방울]은 서로 틀린그림이기 때문에 양쪽 모두 코드가 똑같아야 해요.

08 **[별]**에 작성된 모든 코드를 복사하여 **[방울]**에 붙여넣기 위해 (오브젝트를 클릭했을 때) 위에서 마우스 오른쪽 버튼을 눌러 **[코드 복사]**를 클릭하세요.

09 **[방울]**을 선택한 후 마우스 오른쪽 버튼 눌러 **[붙여넣기]**를 클릭하세요.

10 똑같은 방법으로 **[펜던트 정답 신호를 받았을 때]**도 코드를 복사하여 붙여넣으세요.

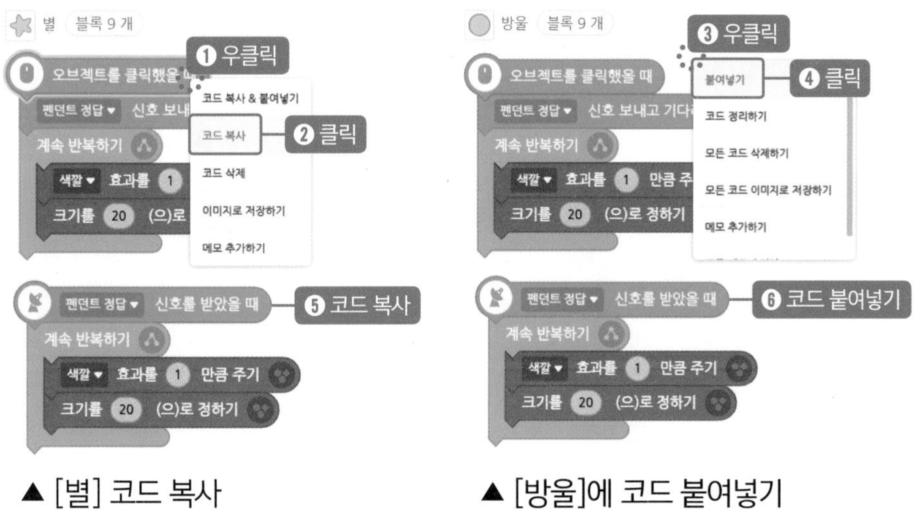

▲ [별] 코드 복사　　　▲ [방울]에 코드 붙여넣기

11 <시작하기> 버튼을 누른 후 왼쪽 그림의 **[별]** 또는 오른쪽 그림의 **[방울]**을 클릭하여 결과가 같은지 확인해 보세요.

[풀1]과 [풀2]도 틀린그림이기 때문에 [별]의 모든 코드를 복사하여 붙여넣은 후 **펜던트 정답** 신호를 **풀정답** 신호로 변경하여 실행해 보세요.

학교생활

학습목표

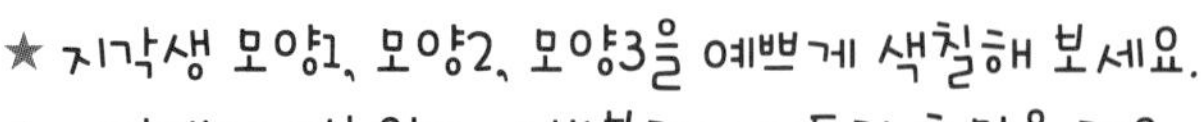

★ 지각생 모양1, 모양2, 모양3을 예쁘게 색칠해 보세요.
★ 지각생이 교실 앞까지 반복하여 이동한 후 말을 해요.

실습파일 학교생활.ent **완성파일** 학교생활(완성).ent

지각생 모양 색칠하기	지정된 X좌표까지 지각생 반복하기
10분 후...	10분 후...

오브젝트 파헤치기

1. **지각생 :** 지정된 X좌표까지 반복적으로 모양을 바꾸며 이동을 한 후 일정 시간동안 말을 해요.
2. **선희 :** [민지]와 대화를 한 후 [선생님]과 함께 교실안으로 이동해요.
3. **민지 :** 지정된 위치로 이동을 하여 [선희]와 대화를 한 후 [선생님]과 함께 교실안으로 이동해요.
4. **선생님 :** 지정된 위치로 이동한 후 학생들과 함께 교실안으로 이동해요.

명령 블록 파헤치기

블록 꾸러미	명령 블록	설명
흐름	참 이 될 때까지 ▾ 반복하기	참이 될 때까지 안쪽에 감싸고 있는 블록을 반복해서 실행해요.
계산	지각생 ▾ 의 x 좌푯값 ▾	선택한 오브젝트의 X 좌표값 정보를 가져와요.
판단	10 < 10	왼쪽의 값이 오른쪽의 값 보다 작은 경우 '참'으로 판단해요.
움직임	x 좌표를 10 만큼 바꾸기	오브젝트 X좌표의 값을 입력한 값만큼 바꿀 수 있어요.

알록달록 오브젝트 꾸미기

01 **학교생활**.ent 파일을 불러와 **[지각생]** 오브젝트를 선택한 후 **[모양]** 탭을 클릭하세요.

02 지각생1, 지각생2, 지각생3 모양을 확인하세요.

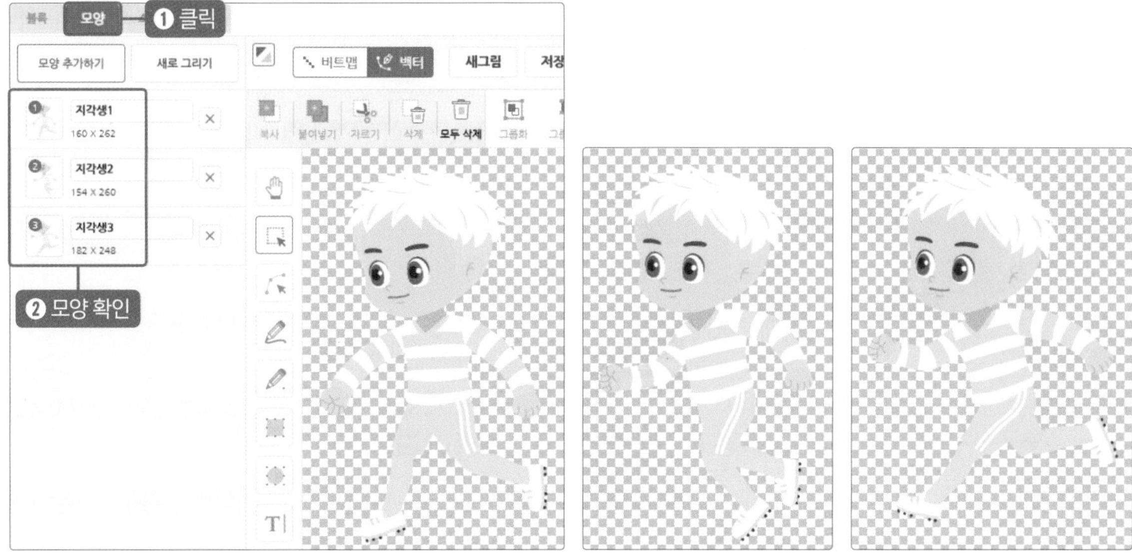

03 **채우기**( )를 이용하여 지각생 모양 3개를 예쁘게 색칠한 후 **<저장하기>**를 클릭하세요.

04 엔트리 그림판에서 모든 작업이 완료되면 -**저장하기**를 클릭한 후 **[블록]** 탭을 선택하세요.

>>>

뚝딱뚝딱 블록 조립하기

01 **[지각생]** 오브젝트가 선택된 상태에서 [시작]을 클릭하여 [시작하기 버튼을 클릭했을 때]를 블록 조립소로 드래그하세요.

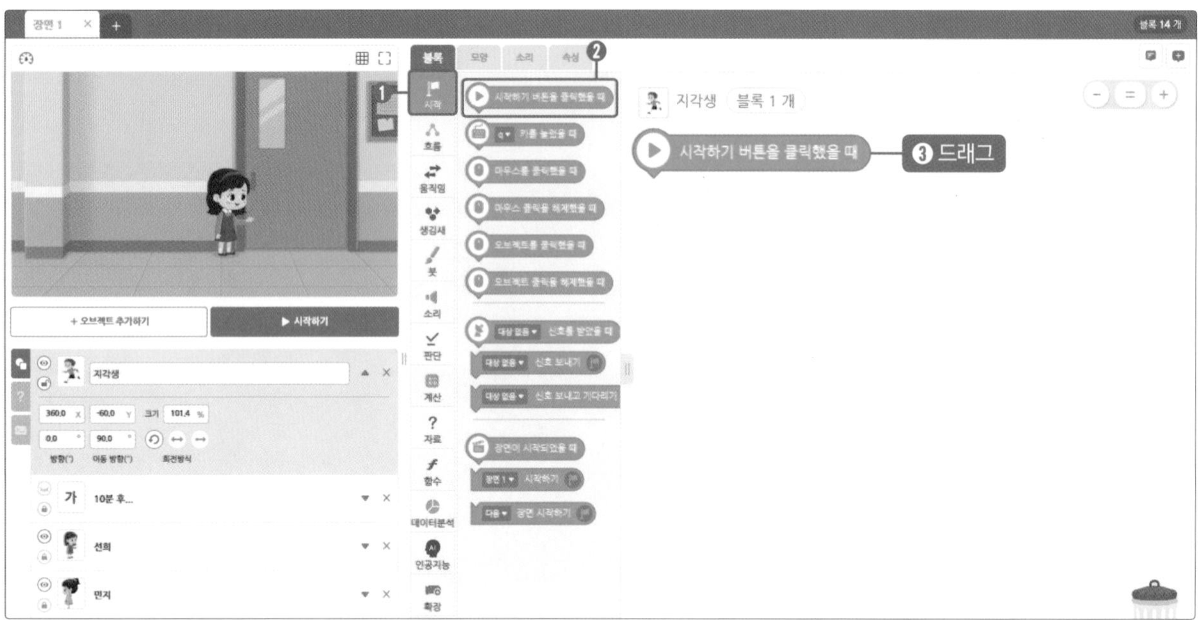

02 일정 시간이 지난 후 참이 될 때까지 반복하기 위해 [흐름]의 [2 초 기다리기]와 [참 이 될 때까지 반복하기]를 아래쪽에 순서대로 연결하세요. 이어서, 2를 클릭하여 **13**으로 입력하세요.

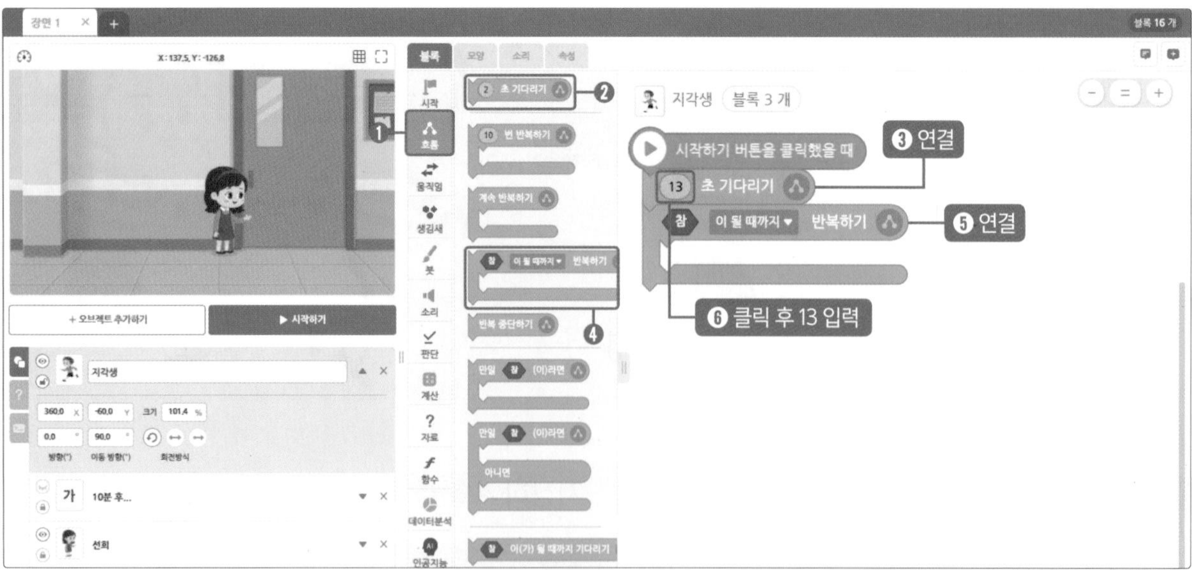

03 특정 조건을 판단하기 위해 [판단]의 (10 < 10)를 (참)에 끼워넣은 후 오른쪽 10을 클릭하여 120으로 입력하세요.

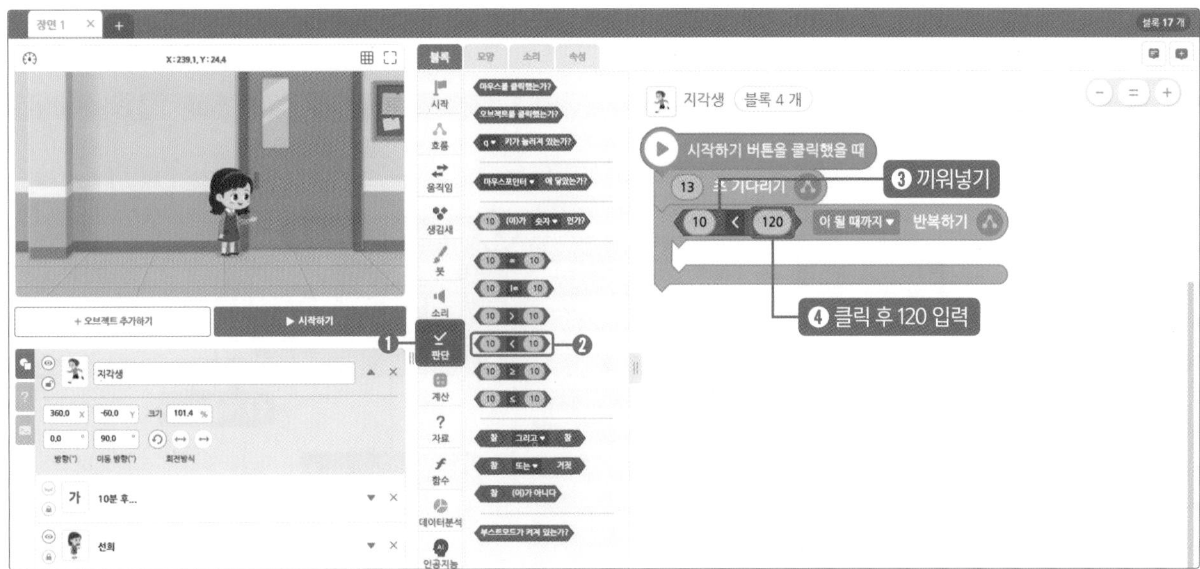

04 **[지각생]**의 x좌표값을 가져오기 위해 [계산]의 (지각생 의 x 좌푯값)를 10에 끼워넣으세요.

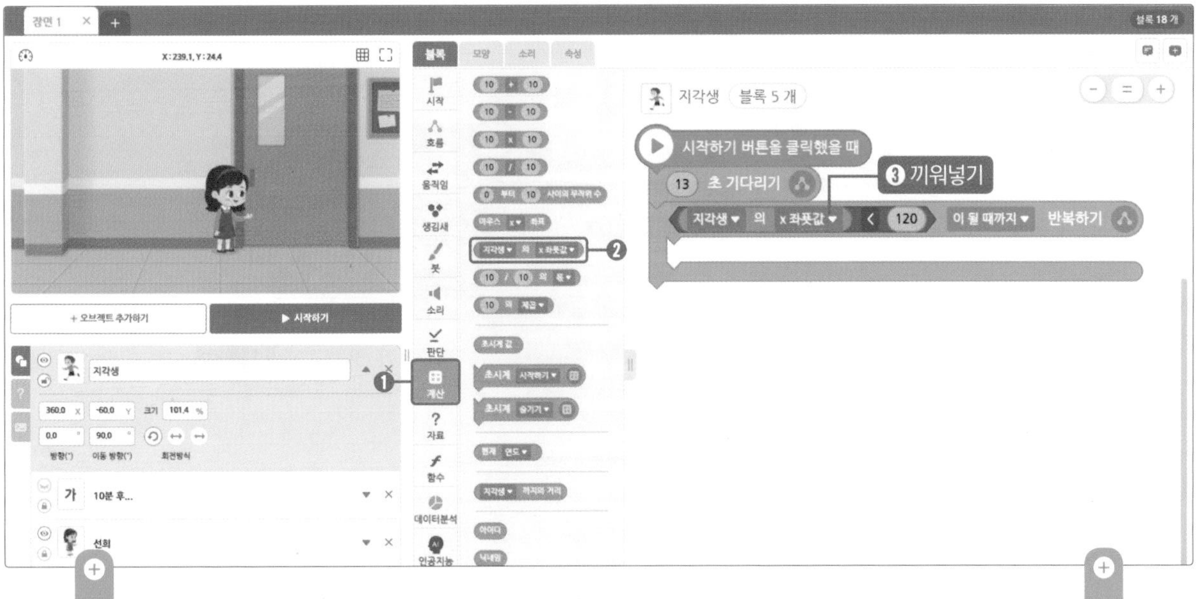

다른 오브젝트들이 실행화면에서 사라질 때까지 13초를 기다렸다가 [지각생]의 x좌표값이 120보다 작을 때까지 (참 이 될 때까지 반복하기) 안쪽의 명령블록을 실행해요. [지각생]은 x좌표값이 360으로 설정되어 있기 때문에 오른쪽 화면밖에 있어서 보이지 않아요.

05 **[지각생]**이 조건에 맞는 위치까지 왼쪽으로 계속 움직일 수 있도록 [움직임]의 [x 좌표를 10 만큼 바꾸기]를 [참 이 될 때까지 반복하기] 안쪽에 끼워넣은 후 **10**을 클릭하여 **-10**으로 입력하세요.

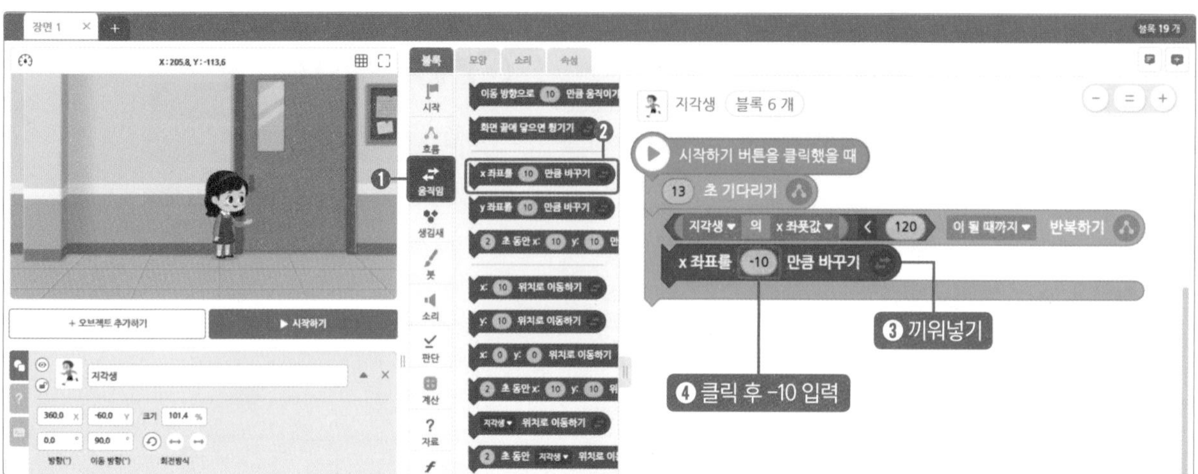

06 **[지각생]**을 뛰는 모양으로 바꾸기 위해 [생김새]의 [다음 모양으로 바꾸기]를 안쪽에 연결하세요.

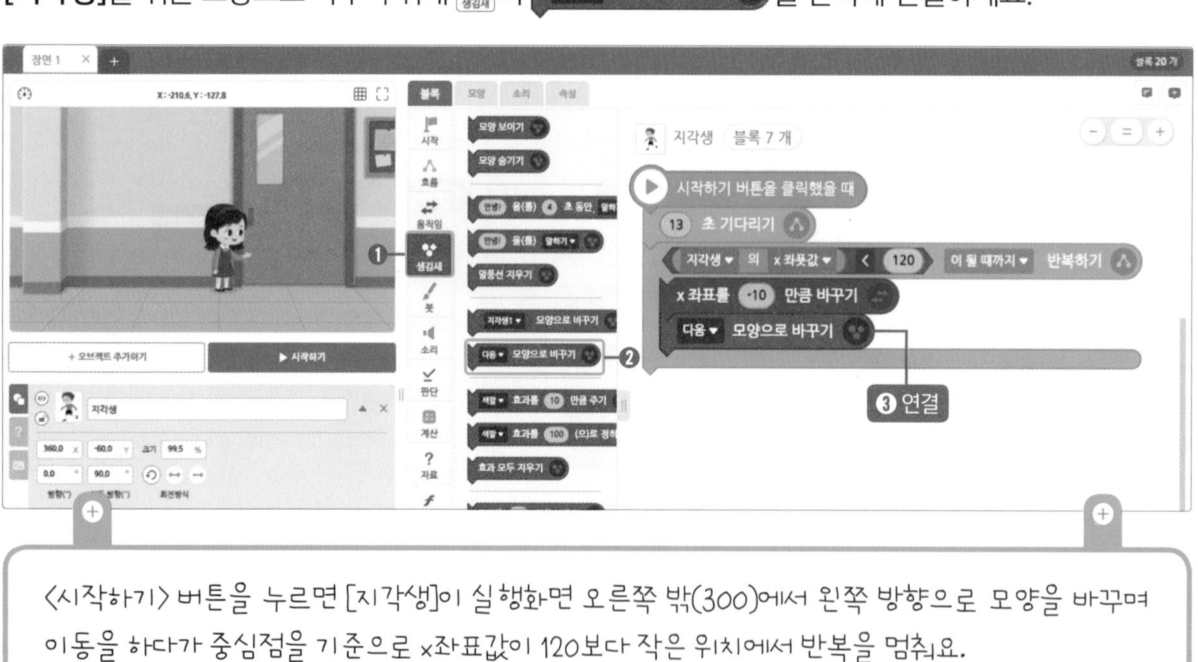

<시작하기> 버튼을 누르면 [지각생]이 실행화면 오른쪽 밖(300)에서 왼쪽 방향으로 모양을 바꾸며 이동을 하다가 중심점을 기준으로 x좌표값이 120보다 작은 위치에서 반복을 멈춰요.

▲ 기본 x좌표(360)

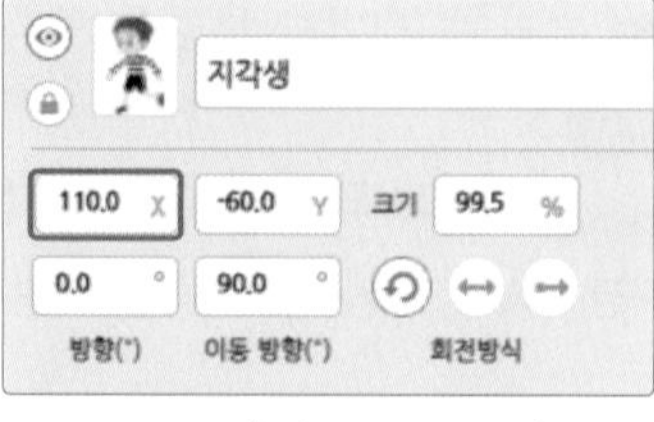

▲ 반복 멈춤(x좌표 : 110)

07 <시작하기> 버튼을 눌러 선생님과 학생이 교실로 들어간 이후에 **[지각생]** 나타나는지 확인해 보세요.

코딩 플러스

[지각생]이 교실 앞에 도착했을 때 1초 후에 말을 할 수 있도록 명령블록을 추가한 후 원하는 대사 내용을 입력해 보세요.

```
시작하기 버튼을 클릭했을 때
13 초 기다리기
지각생 ▾ 의 x 좌푯값 ▾ < 120 이 될 때까지 ▾ 반복하기
    x 좌표를 -10 만큼 바꾸기
    다음 ▾ 모양으로 바꾸기
1 초 기다리기
아우 힘들어~ 을(를) 2 초 동안 말하기 ▾
오늘도 내가 1등이군 ㅋㅋ 을(를) 2 초 동안 말하기 ▾
```

우주 전쟁

학습목표

★ 장면을 추가한 후 여러 가지 모양을 가져와 꾸밀 수 있어요.
★ 글상자 오브젝트를 추가하여 장면이 시작되었을 때 크기를 변경할 수 있어요.

실습파일 우주 전쟁.ent 완성파일 우주 전쟁(완성).ent

장면 추가 후 배경 꾸미기

우주 전쟁 게임하기

오브젝트 파헤치기

❶ **장면1_서브 제목** : 게임을 시작하려면 화면을 클릭하세요.라는 텍스트가 나와요.
❷ **장면2_외계인** : 외계인을 복제하여 아래쪽 방향으로 이동시켜요. [미사일]에 닿으면 모양이 변경되면서 점수가 올라가고, 아래쪽 벽 또는 [비행기]에 닿으면 다음 장면이 시작돼요.
❸ **장면2_비행기** : 마우스포인트를 계속 따라다녀요.
❹ **장면2_미사일** : 비행기 위치에서 미사일을 복제하여 위쪽으로 이동시켜요.
❺ **장면3_game over** : 장면이 시작되면 글자 크기가 변경돼요.

명령 블록 파헤치기

블록 꾸러미	명령 블록	설명
시작	장면이 시작되었을 때	장면이 시작되면 아래쪽에 연결된 블록들을 실행해요. 장면을 시작하려면 장면을 시작하라는 신호가 반드시 있어야 해요.
흐름	10 번 반복하기	입력한 값만큼 안쪽에 감싸고 있는 블록들을 반복해서 실행해요.
생김새	크기를 10 만큼 바꾸기	오브젝트의 크기를 입력한 값만큼 바꿀 수 있어요.

알록달록 오브젝트 꾸미기

01 **우주전쟁.ent** 파일을 불러와 **[장면2]** 옆의 **플러스(+)**를 클릭하세요. **[장면3]**이 추가되면 **<+오브젝트 추가하기>**를 눌러 **[배경]**에서 **별 헤는 밤**을 선택한 후 <추가하기>를 클릭하세요.

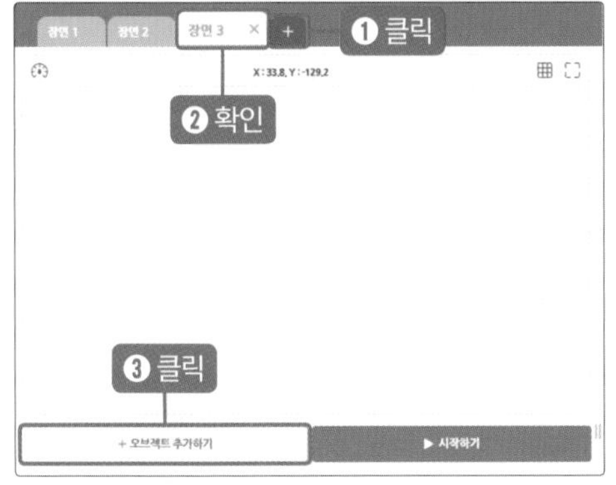

02 배경을 꾸미기 위해 **[모양]** 탭과 **<벡터>**를 선택한 후 **<모양 가져오기>**를 클릭하세요. [모양 가져오기] 창이 열리면 왼쪽 카테고리에서 **[환경]**을 선택하여 우주에 관련된 모양을 추가하세요.

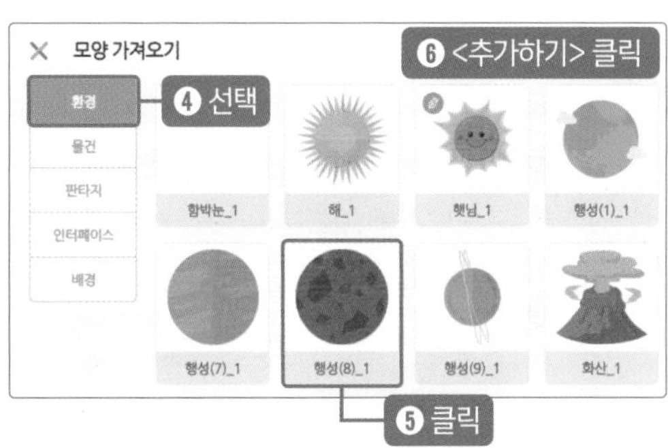

03 모양이 추가되면 왼쪽 Shift를 누른 채 조절점(□)을 드래그하여 크기를 변경한 후 위치를 변경하세요. 여러 가지 모양이 추가되면 **<저장하기>**를 클릭하세요.

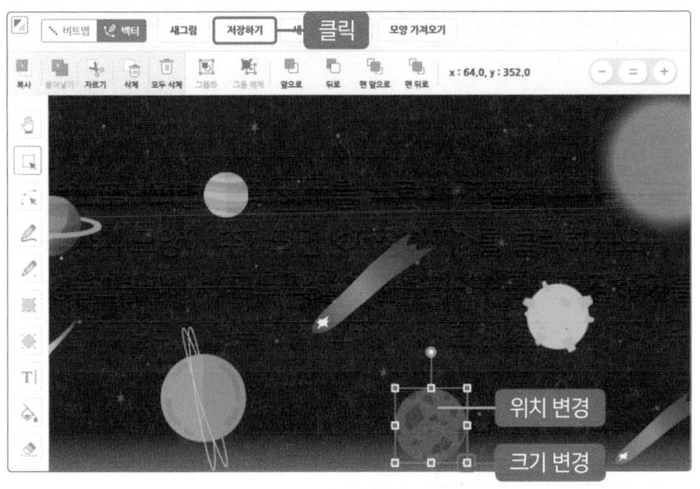

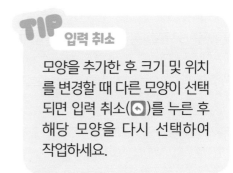

TIP 입력 취소

모양을 추가한 후 크기 및 위치를 변경할 때 다른 모양이 선택되면 입력 취소( )를 누른 후 해당 모양을 다시 선택하여 작업하세요.

04 엔트리 그림판에서 모든 작업이 완료되면 [저장] - **저장하기**를 클릭한 후 **[블록]** 탭을 선택하세요.

뚝딱뚝딱 블록 조립하기

01 **[장면3]**에 글상자 오브젝트를 추가하기 위해 **<+오브젝트 추가하기>**를 클릭하세요.

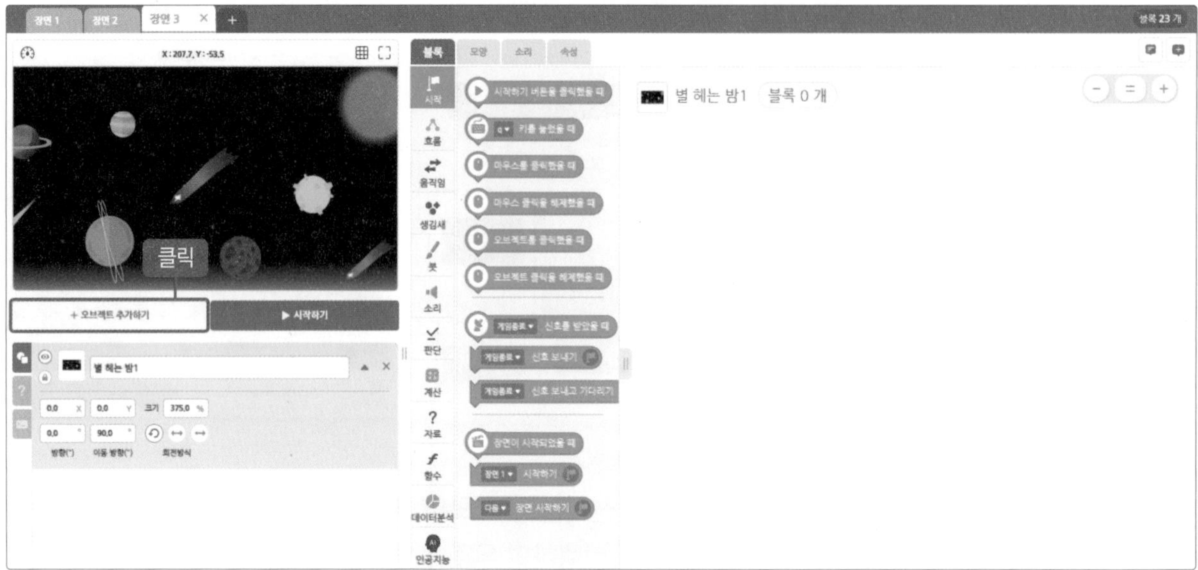

02 [오브젝트 추가하기] 창이 나오면 **[글상자]**를 클릭하세요. 글꼴을 변경하기 위해 **나눔고딕**을 클릭한 후 **산돌 씨네마극장**을 선택하세요.

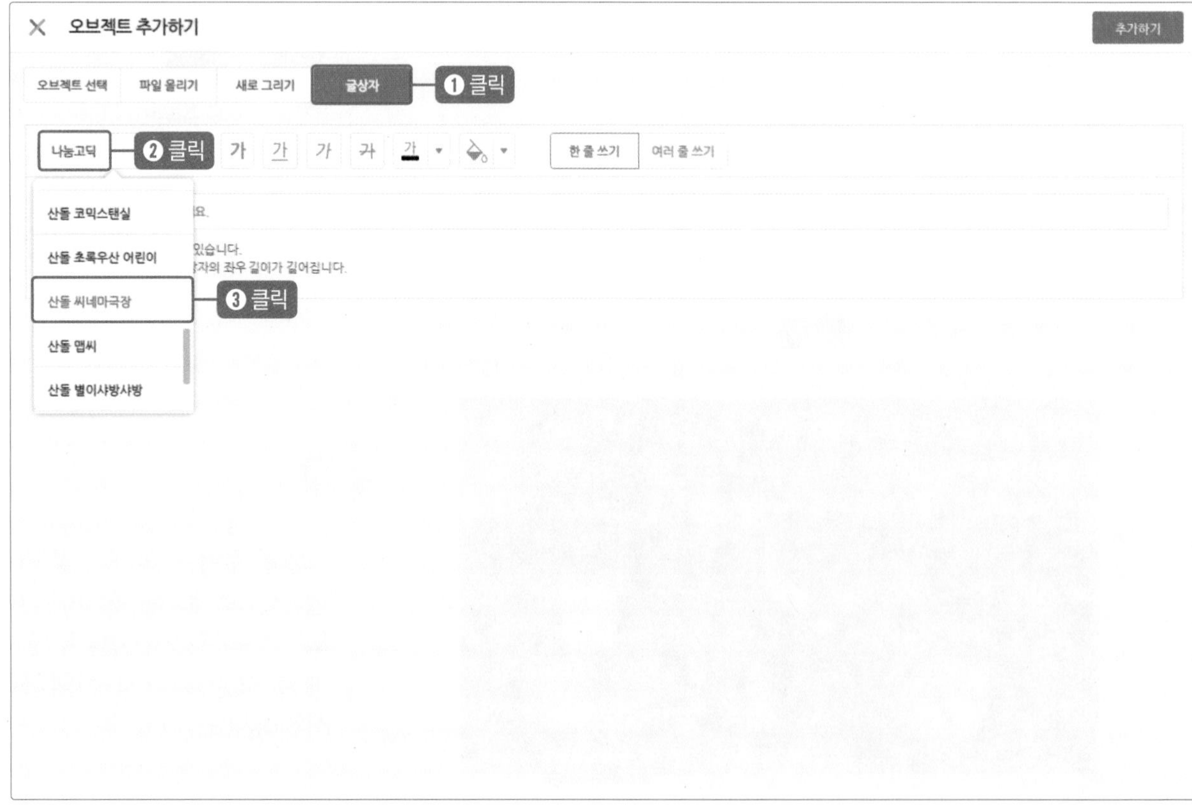

03 내용 입력 칸에 game over를 입력한 후 **글꼴 색상**을 클릭하여 **흰색**을 선택하세요.

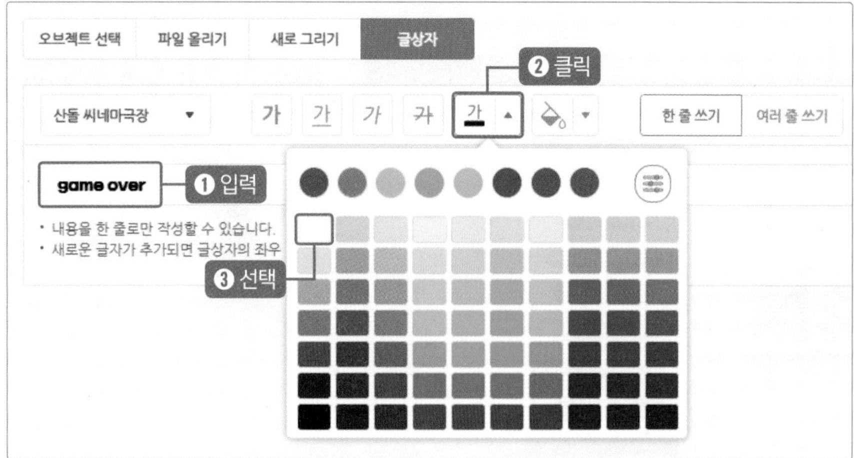

04 글꼴 색상이 흰색으로 변경되면 채우기 색상을 클릭한 후 **슬라이더 모드**를 선택하세요.

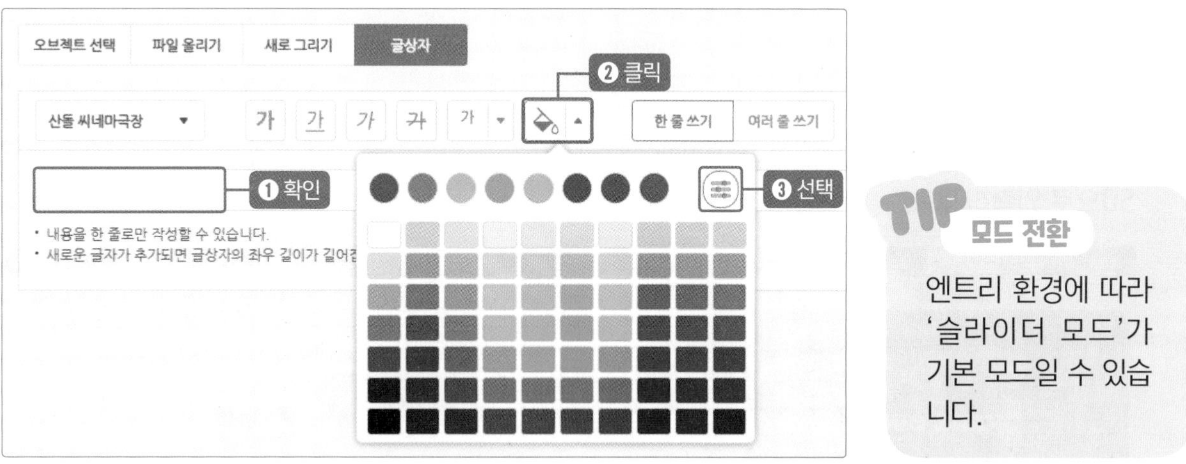

TIP 모드 전환

엔트리 환경에 따라 '슬라이더 모드'가 기본 모드일 수 있습니다.

05 채우기 색상이 슬라이더 모드로 변경되면 미리보기 **색상 칸( )**을 클릭하여 **배경색을 투명으로 지정**( )한 후 **<추가하기>** 단추를 누르세요.

06 [game over] 오브젝트가 추가된 상태에서 [시작]을 클릭하여 [장면이 시작되었을 때]를 블록 조립소로 드래그하세요.

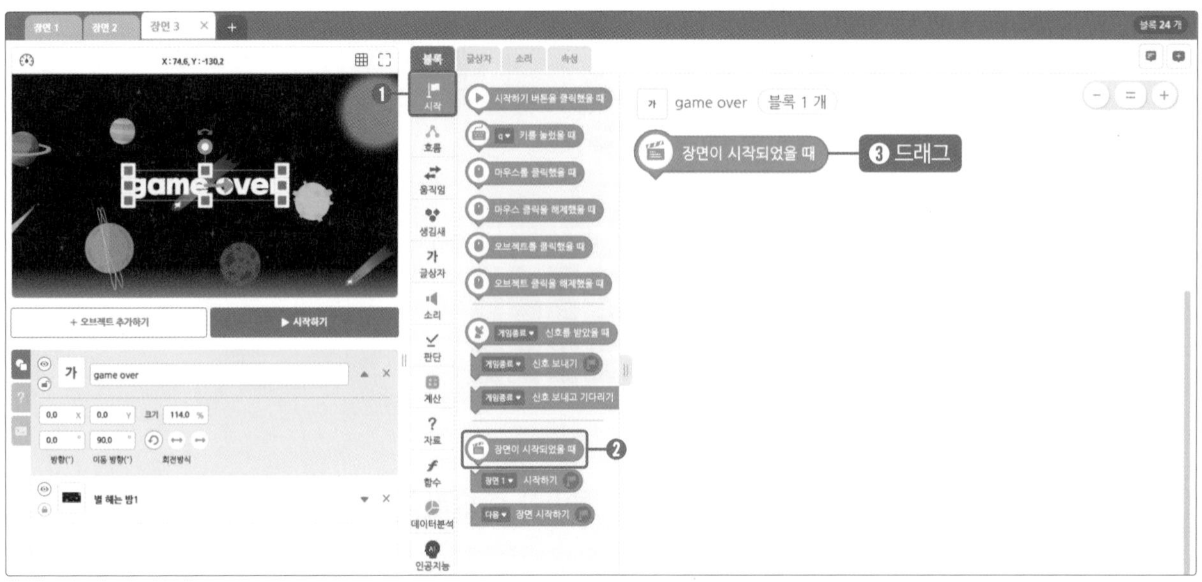

07 특정 블록을 입력한 값만큼 반복하기 위해 [흐름]의 [10 번 반복하기]를 아래쪽에 연결한 후 **10**을 클릭하여 **50**으로 입력하세요.

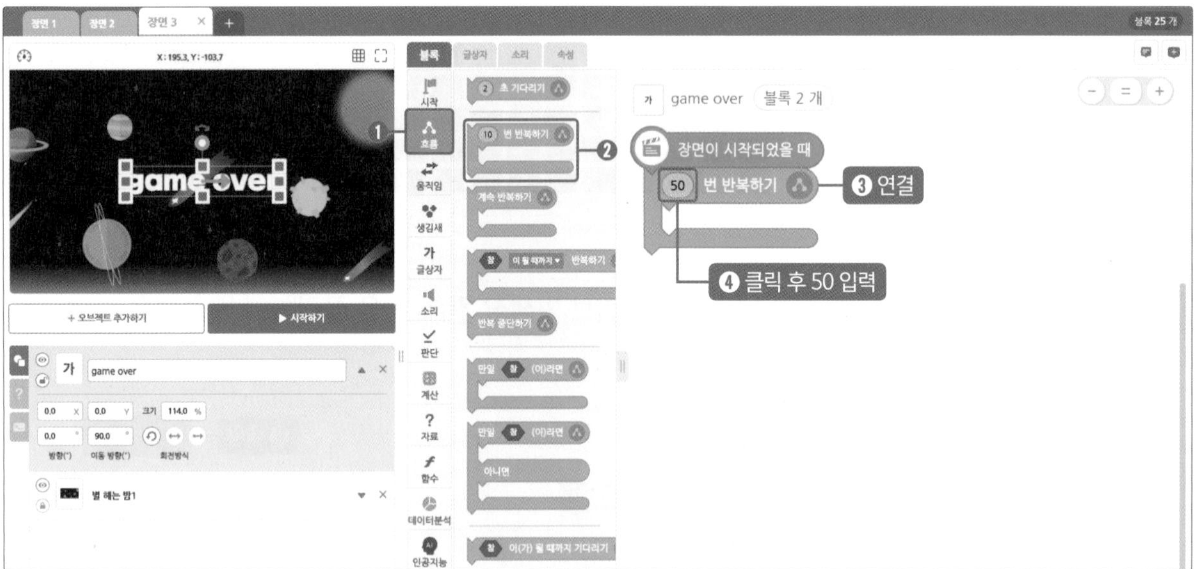

08 크기를 변경하기 위해 [생김새]의 [크기를 10 만큼 바꾸기]를 [50 번 반복하기] 안쪽에 끼워넣은 후 **10**을 클릭하여 **2**로 입력하세요.

[장면2]에서 게임이 종료되어 [장면3]이 시작되면 game over 글자가 점점 커지도록 50번 반복해요.

09 **[장면1]**을 선택한 후 <시작하기> 버튼을 누르세요. 게임을 하다가 종료되었을 때 **[장면3]**이 실행되는지 확인해 보세요.

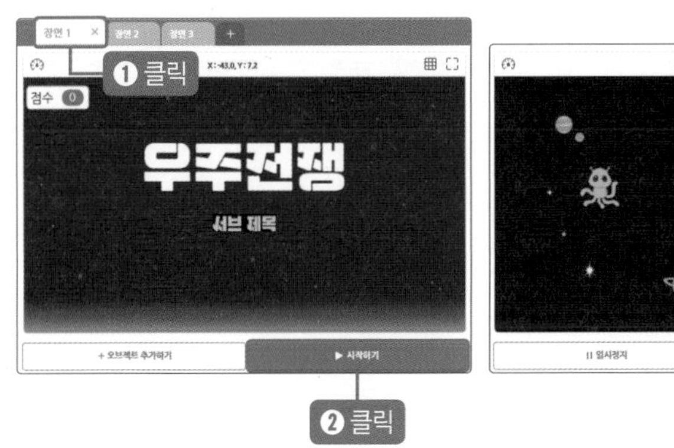

코딩 플러스

[장면3]의 [글상자]에서 [글씨색을 로 변경]과 [배경색을 로 변경]을 추가한 후 글씨색과 배경색을 변경하여 실행해 보세요.

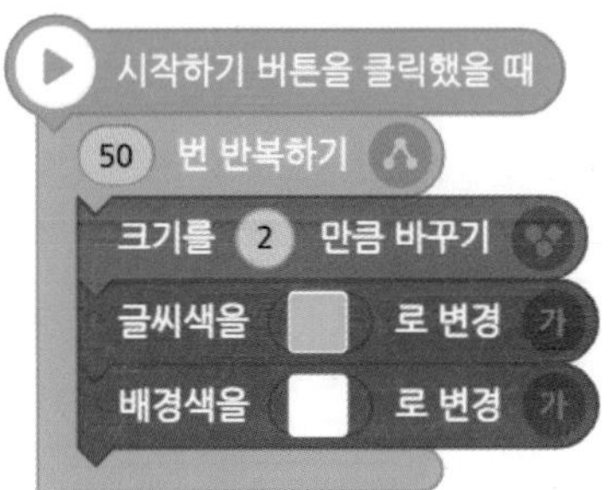

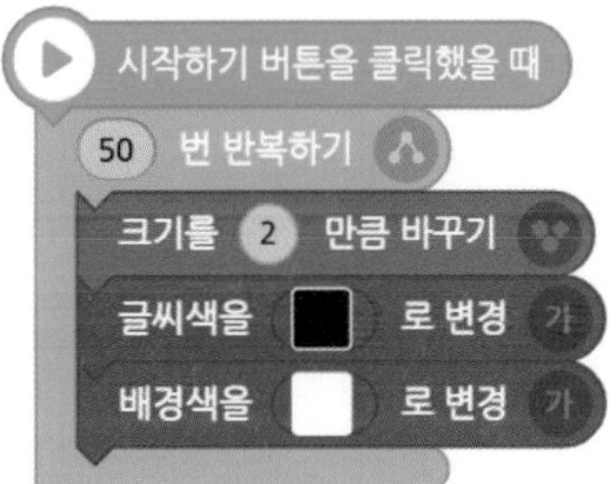

숨은그림 찾기

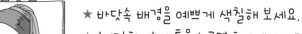

★ 바닷속 배경을 예쁘게 색칠해 보세요.
★ <시작하기> 버튼을 누르면 초시계가 시작되고 일정 시간이 지나면 멈추게 할 수 있어요.

실습파일 숨은그림 찾기.ent **완성파일** 숨은그림 찾기(완성).ent

바닷속 배경 색칠하기

5초 동안 숨은그림 찾기

오브젝트 파헤치기

❶ **성공, 실패** : 틀린그림을 다 찾거나 시간내에 찾지 못했을 때 글자가 나와요.
❷ **짧은 해파리, 긴 해파리** : 색깔을 계속 변경해요.
❸ **노란 복어, 가오리, 거북이** : 모양 또는 크기를 변경하면서 이동해요.
❹ **아귀** : 크기를 변경하면서 말을 해요.
❺ **문어, 꽃게** : 클릭했을 때 숨은 그림을 찾았다는 표시로 모양이 변경돼요.

명령 블록 파헤치기

블록 꾸러미	명령 블록	설명
계산	초시계 시작하기 ▾	초시계를 시작하거나 정지할 수 있어요.
	초시계 값	블록이 실행되는 순간 초시계 값을 저장해요.
흐름	만일 참 (이)라면	판단이 참이라면 안쪽에 감싸고 있는 블록들을 실행해요.
판단	10 > 10	왼쪽의 값이 오른쪽의 값 보다 큰 경우 '참'으로 판단해요.

알록달록 오브젝트 꾸미기

01 숨은그림 찾기.ent 파일을 불러와 **[바닷속 배경]** 오브젝트를 선택한 후 **[모양]** 탭을 클릭하세요.

02 채우기( )를 이용하여 예쁘게 색칠한 후 **<저장하기>**를 클릭하세요.

03 엔트리 그림판에서 모든 작업이 완료되면 -**저장하기**를 클릭한 후 **[블록]** 탭을 선택하세요.

뚝딱뚝딱 블록 조립하기

01 **[바닷속 배경]** 오브젝트가 선택된 상태에서 [시작]을 클릭하여 [시작하기 버튼을 클릭했을 때]를 블록 조립소로 드래그하세요.

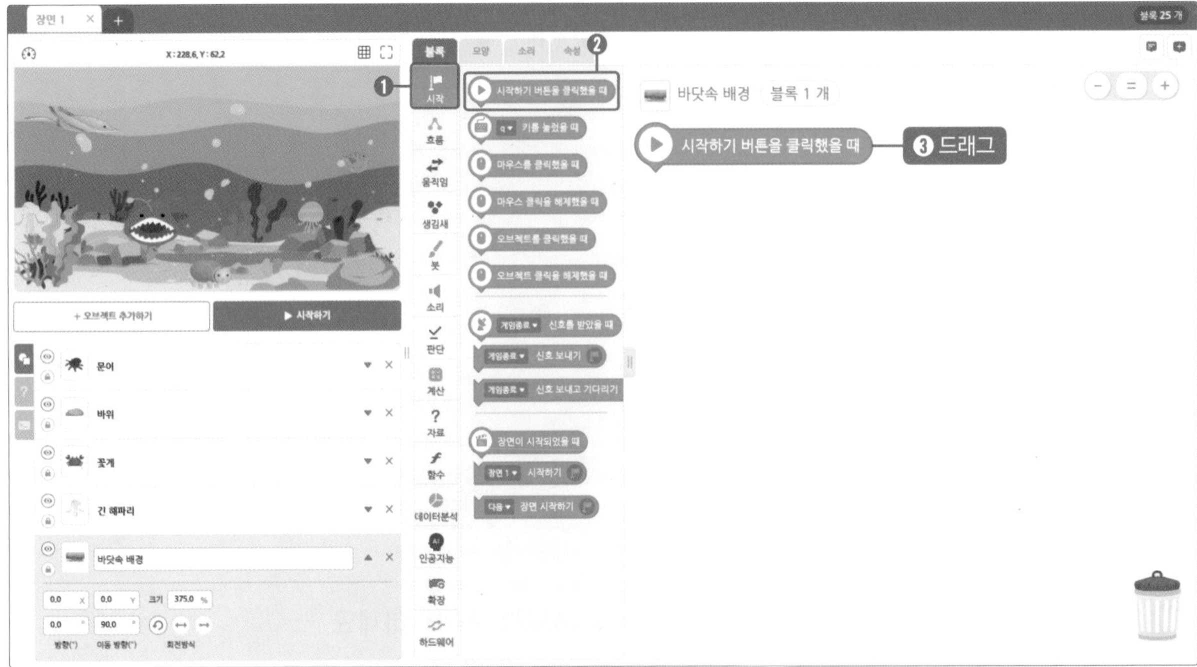

02 초시계를 시작하기 위해 [계산]의 [초시계 시작하기▾]를 아래쪽에 연결하세요.

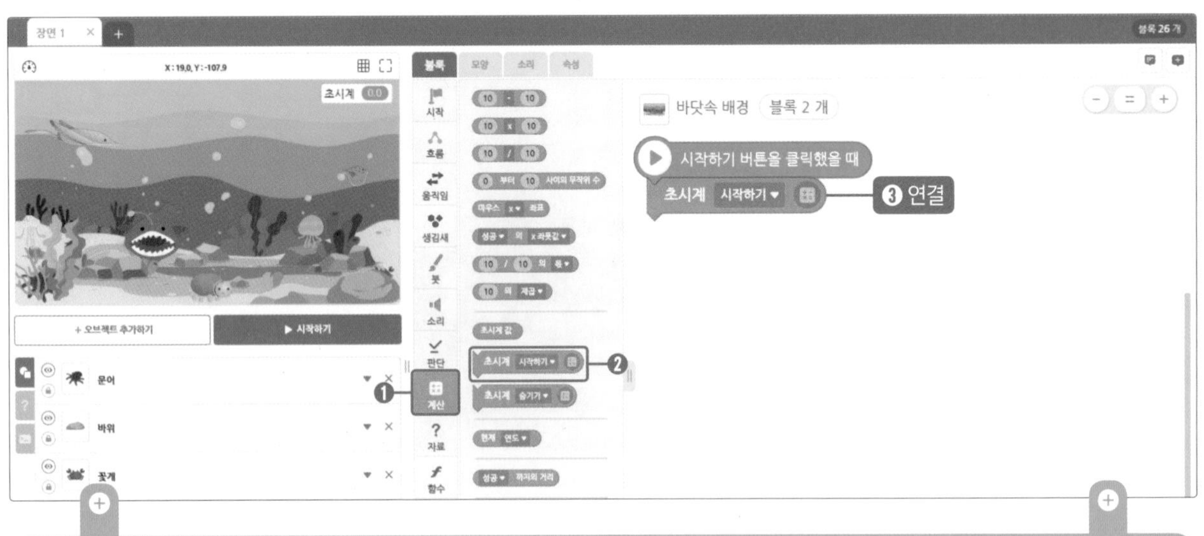

<시작하기> 버튼을 누르면 초시계가 시작되어 시간을 잴 수 있으며, 실행화면에서도 확인할 수 있어요.

03 특정 블록을 계속 반복하기 위해 [흐름]의 [계속 반복하기]를 아래쪽에 연결한 후 [만일 참 (이)라면]을 [계속 반복하기] 안쪽에 끼워넣으세요.

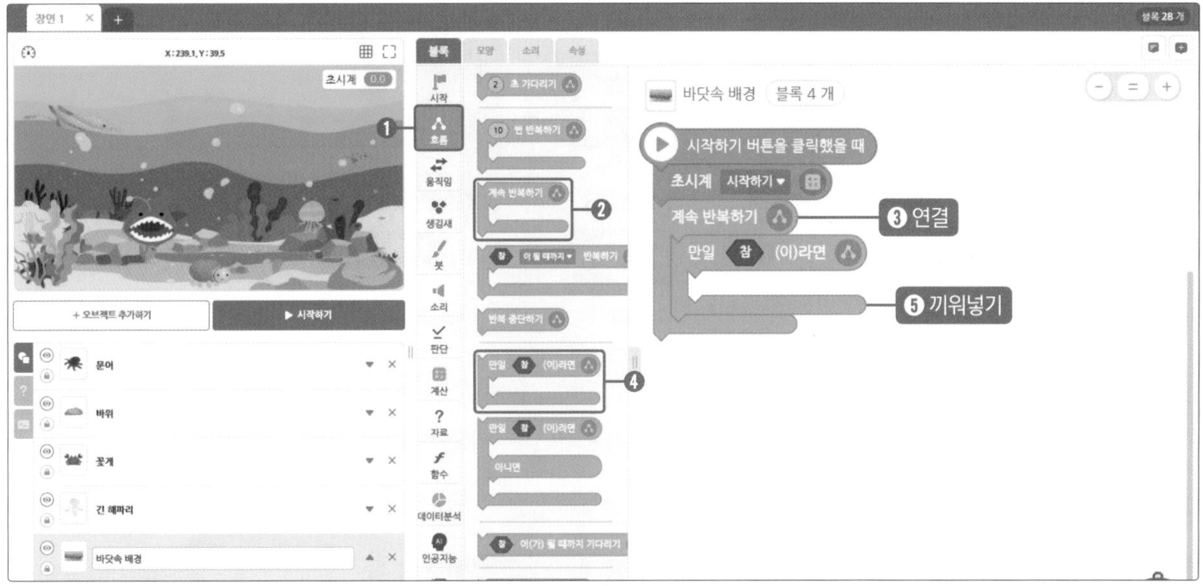

04 특정 조건을 판단하기 위해 [판단]의 [10 > 10]를 [참]에 끼워넣은 후 오른쪽 10을 클릭하여 5로 입력하세요.

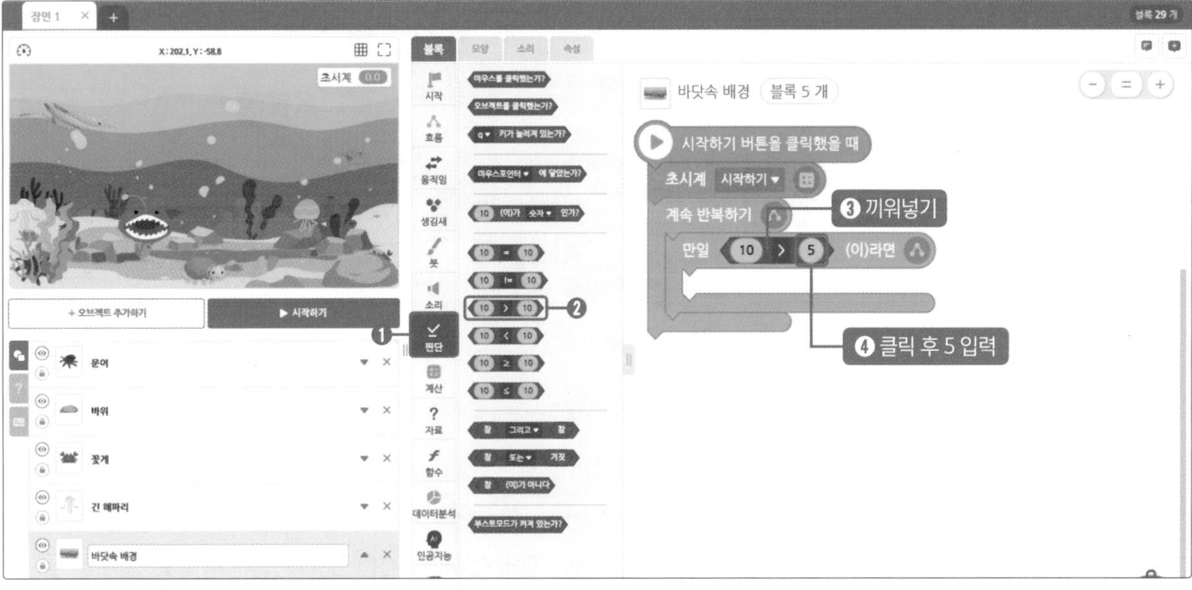

05 초시계의 시간을 값으로 가져오기 위해 [계산]의 (초시계 값)를 10에 끼워넣으세요.

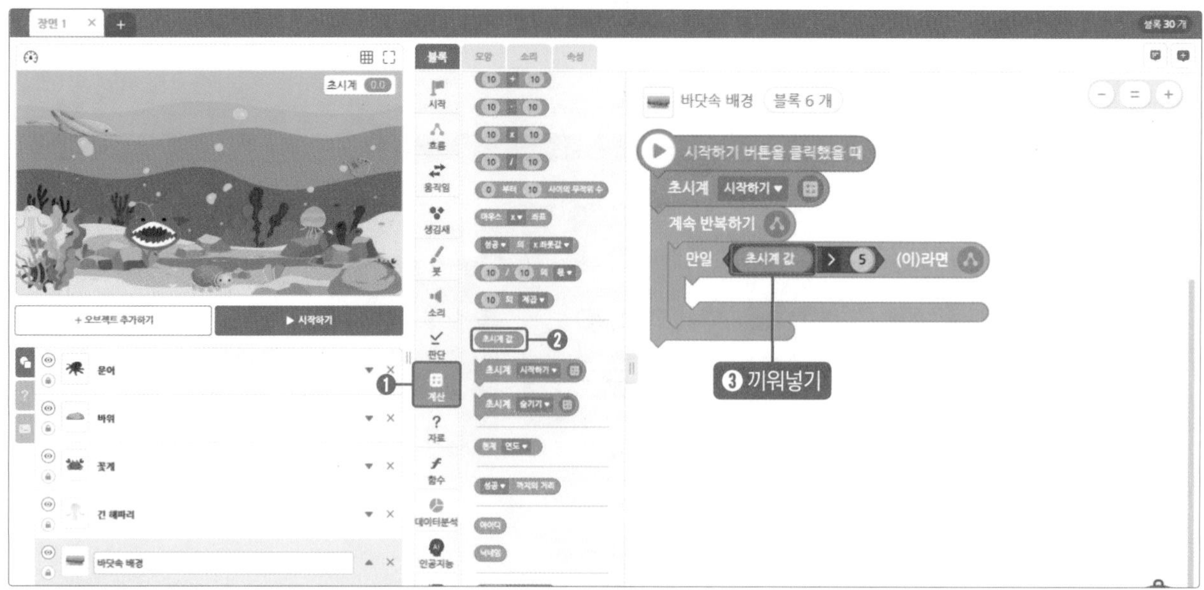

06 초시계 값이 조건에 맞으면 정지시키기 위해 (초시계 시작하기)를 (만일 참 (이)라면) 안쪽에 끼워넣은 후 **시작하기**를 클릭하여 **정지하기**로 변경하세요.

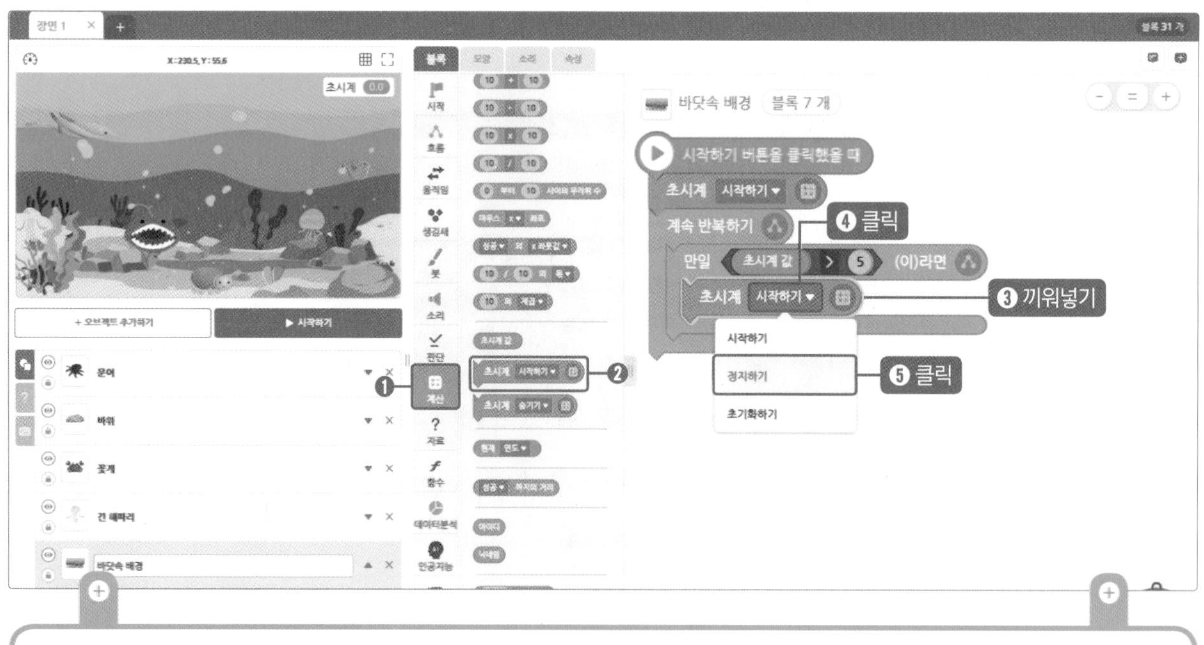

<시작하기> 버튼을 눌러 초시계가 시작되면 5초 후에 정지시켜요. 즉, 게임이 시작되면 5초 동안만 숨은그림을 찾을 수 있어요.

07 초시계가 정지되면 특정 오브젝트로 신호를 보내기 위해 [시작]의 [게임종료▾ 신호 보내기]를 안쪽에 연결하세요.

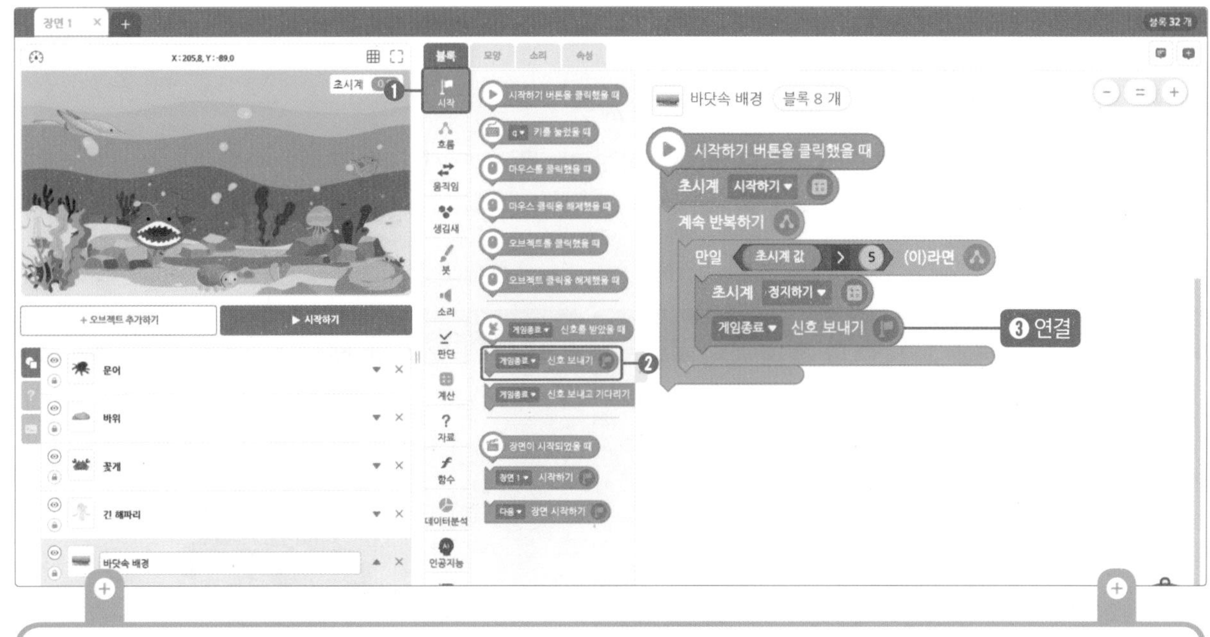

5초가 지나면 게임을 종료시키기 위해 [실패]로 '게임종료' 신호를 보내요.

08 <시작하기> 버튼을 눌러 5초 이내에 **[문어]**와 **[꽃게]**를 찾아 클릭해 보세요.

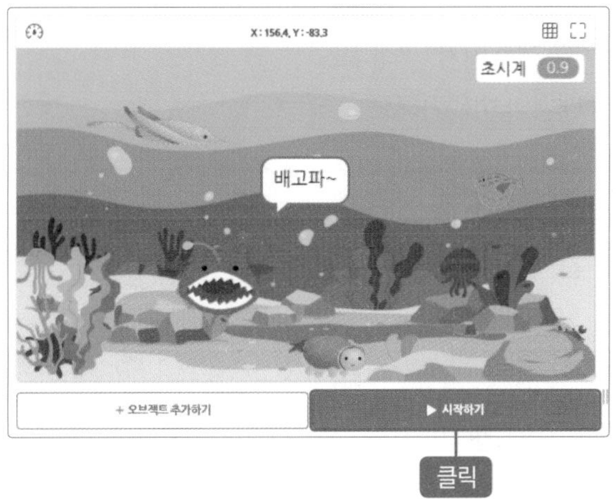

클릭

실행화면에서 초시계가 보이지 않도록 [초시계 숨기기▾]를 추가해 보세요.

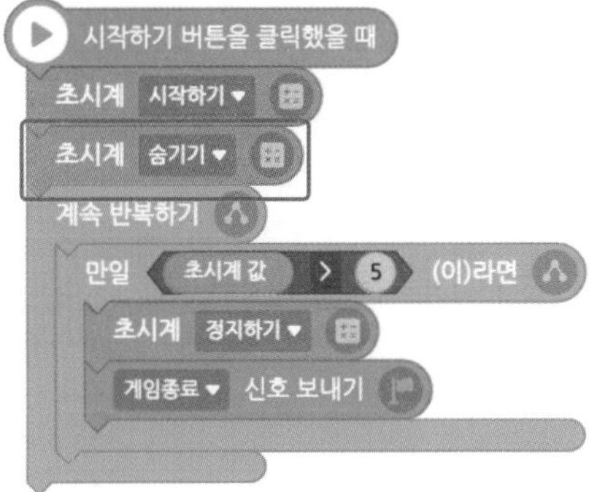

알에서 깨어난 몬스터

★ 몬스터를 예쁘게 색칠해 보세요.
★ 알을 계속 클릭하면 알이 점점 깨지면서 마지막에 몬스터가 나타나요.

실습파일 알에서 깨어난 몬스터.ent **완성파일** 알에서 깨어난 몬스터(완성).ent

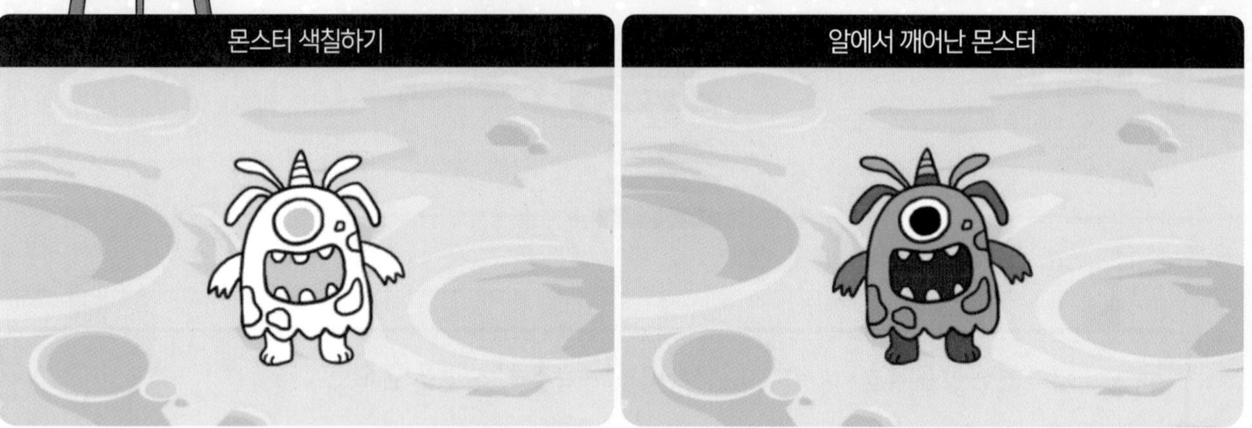

오브젝트 파헤치기

❶ **알** : 알을 계속 클릭하면 점점 모양이 변경되면서 마지막에 몬스터가 나타나요.
❷ **배경** : 알을 깨고 몬스터가 나타날 때 천둥 소리와 함께 배경이 번쩍거려요.

명령 블록 파헤치기

블록 꾸러미	명령 블록	설명
자료	카운트▾ 에 10 만큼 더하기	선택한 변수에 입력한 값을 더해요
	카운트▾ 를 10 (으)로 정하기	선택한 변수의 값을 입력한 값으로 정해요.
	카운트▾ 값	선택한 변수의 값을 가져와요.
흐름	만일 참 (이)라면	판단이 참이라면 안쪽에 감싸고 있는 블록들을 실행해요.
판단	10 = 10	왼쪽과 오른쪽 값이 같은 경우 '참'으로 판단해요.

알록달록 오브젝트 꾸미기

01 **알에서 깨어난 몬스터**.ent 파일을 불러와 **[알]** 오브젝트를 선택한 후 **[모양]** 탭에서 **[몬스터]**를 클릭하세요.

02 **채우기(** **)**를 이용하여 예쁘게 색칠한 후 **<저장하기>**를 클릭하세요.

03 코드 작업 중에서 모양 변경 있기 때문에 **알-1**을 선택하세요.

04 엔트리 그림판에서 모든 작업이 완료되면 -**저장하기**를 클릭한 후 **[블록]** 탭을 선택하세요.

뚝딱뚝딱 블록 조립하기

01 **[알]** 오브젝트가 선택된 상태에서 [시작]을 클릭하여 [오브젝트를 클릭했을 때]를 블록 조립소로 드래그하세요.

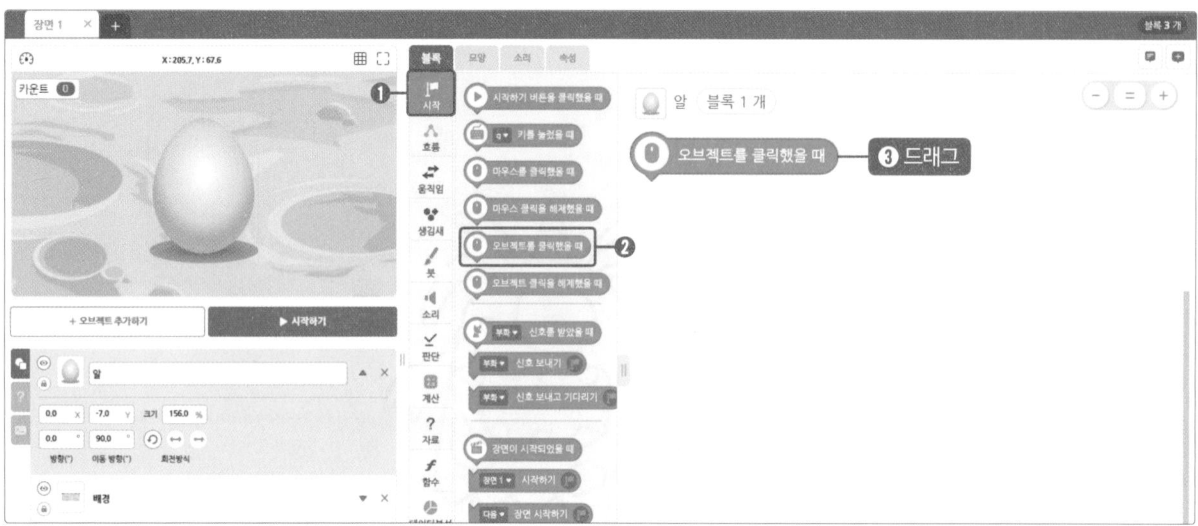

02 **[알]**을 클릭할 때마다 변수값을 1만큼 증가시키기 위해 [자료]의 [카운트 ▾ 에 10 만큼 더하기]를 아래쪽에 연결한 후 **10**을 클릭하여 **1**로 입력하세요.

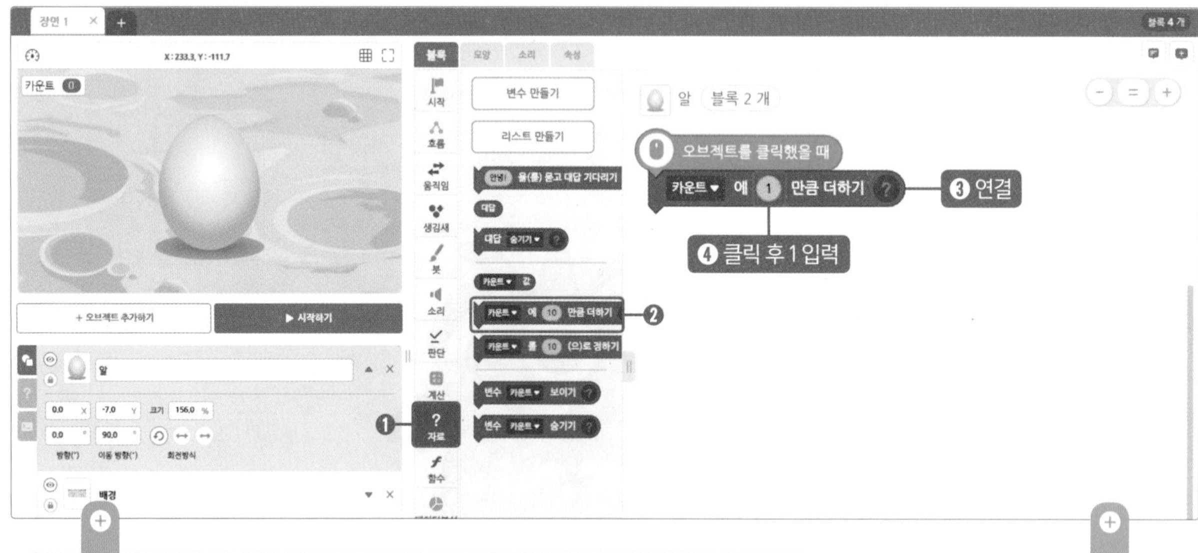

[알]을 클릭할 때마다 '카운트'라는 변수에 값이 1씩 증가해요. 만약 [알]을 3번 클릭하면 '카운트' 변수에는 3이라는 값이 저장되어 있고, 5번 클릭하면 5라는 값이 저장돼요. '카운트'라는 변수는 [속성]–[변수]에서 만들 수 있지만 작업 편의상 미리 만들어 놓았어요.

03 코드를 추가하기 위해 [시작]의 [시작하기 버튼을 클릭했을 때]를 블록 조립소로 드래그하세요.

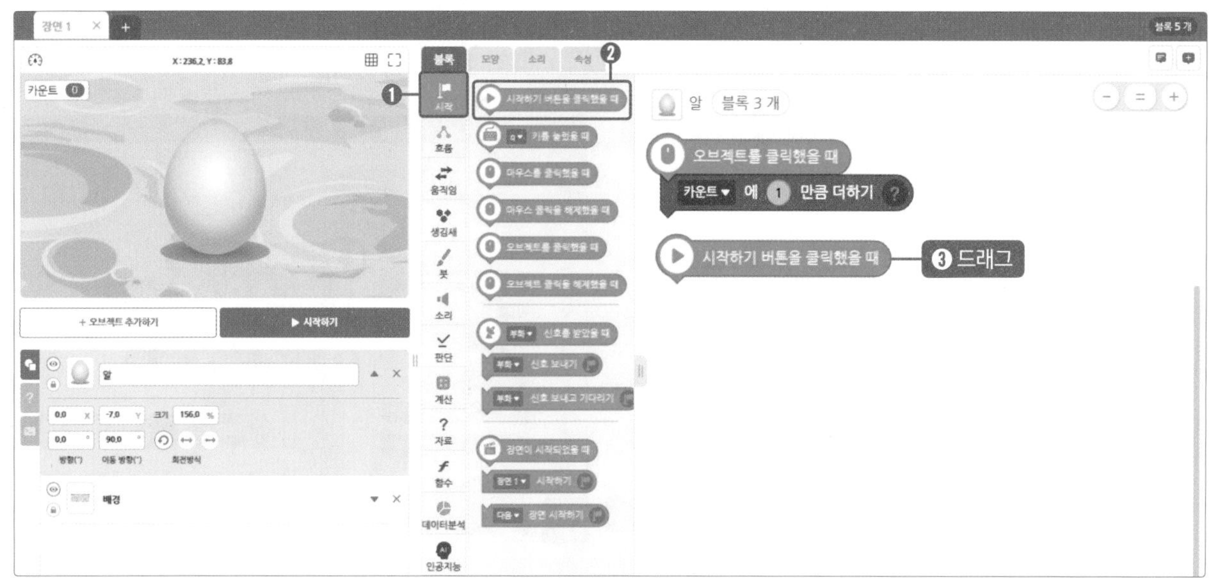

04 특정 블록을 계속 반복하기 위해 [흐름]의  를 아래쪽에 연결한 후  을 [계속 반복하기] 안쪽에 끼워넣으세요.

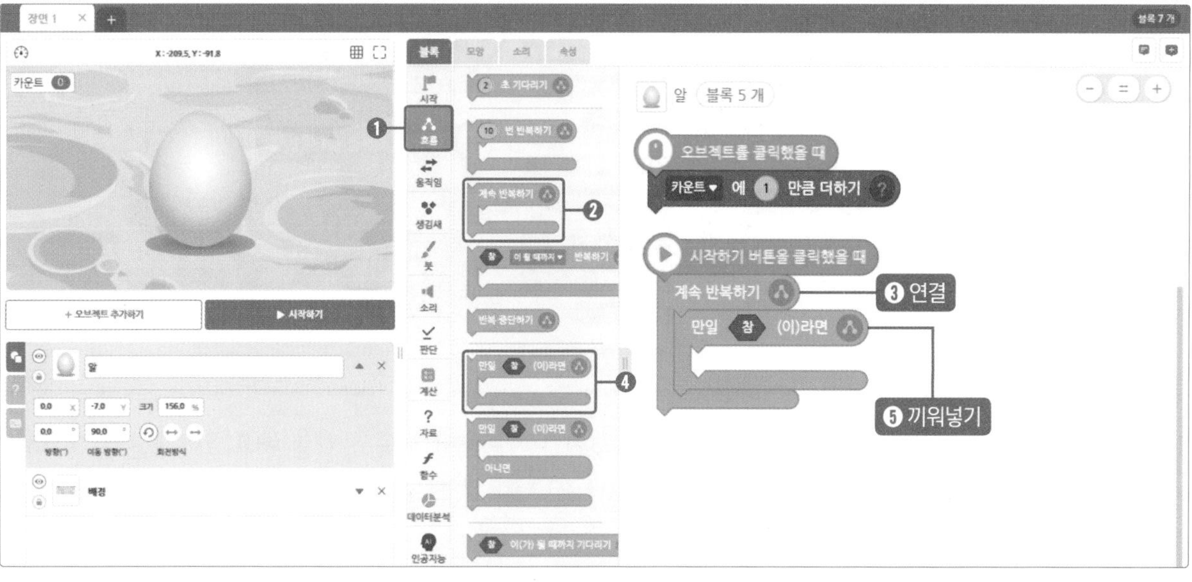

05 특정 조건을 판단하기 위해 [판단]의 ⟨10 = 10⟩를 ⟨참⟩에 끼워넣은 후 오른쪽 10을 클릭하여 7로 입력하세요.

06 **카운트** 변수의 값을 가져오기 위해 [자료]의 (카운트 ▾ 값)를 10에 끼워넣으세요.

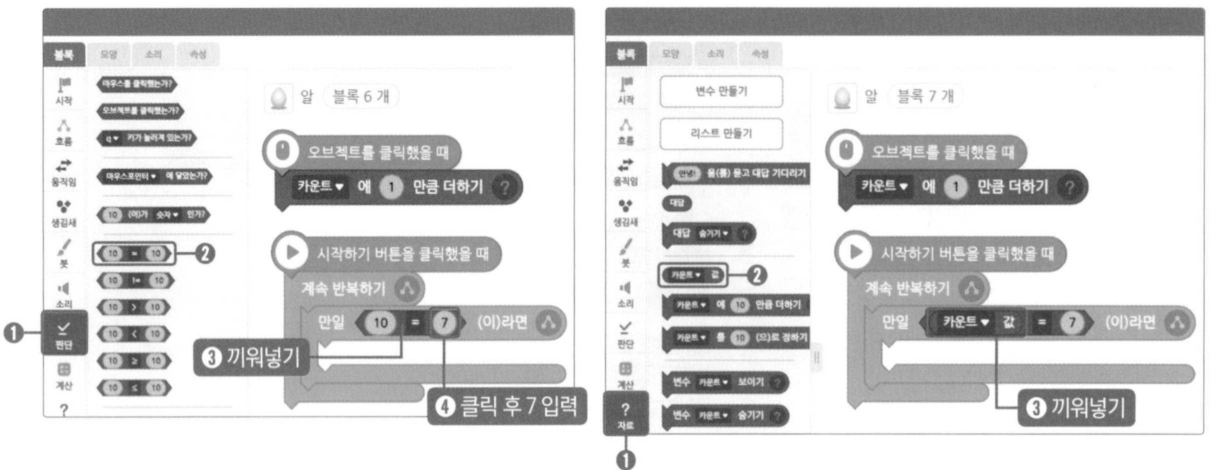

07 조건에 맞으면 **[알]**을 다음 모양으로 바꾸기 위해 [생김새]의 (다음 ▾ 모양으로 바꾸기)를 [만일 참 (이)라면] 안쪽에 끼워넣으세요.

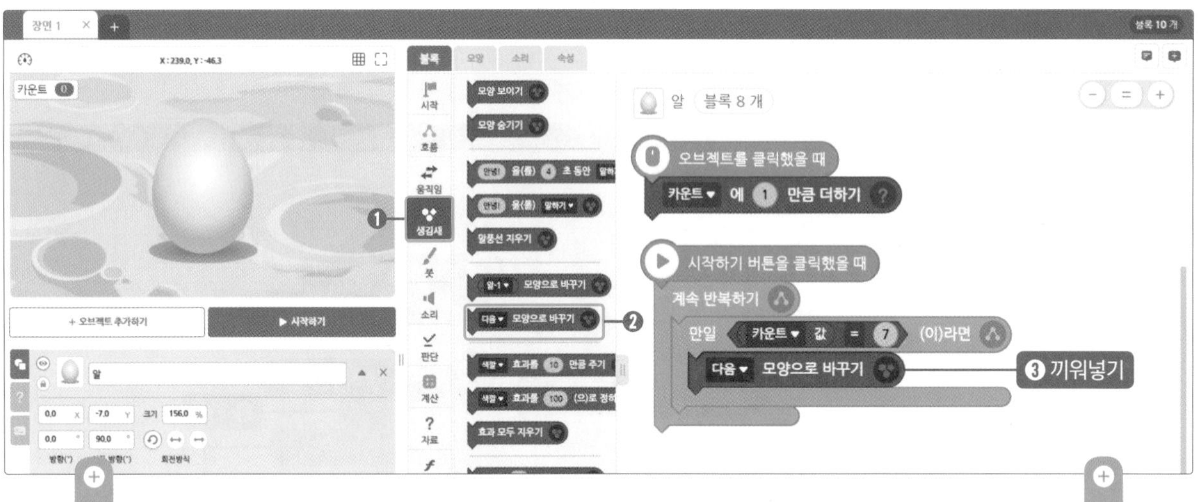

〈시작하기〉 버튼을 누르면 '카운트' 변수의 값이 7과 같은지 계속 확인을 해요. 만약 [알]을 7번 클릭해서 '카운트' 변수 값이 7이 되어 조건과 일치하면 현재 알 모양(알-1)이 다음 모양(알-2)으로 변경돼요.

08 [알] 모양이 바뀌었을 때 변수값을 0으로 초기화하기 위해 [? 자료]의 [카운트 ▾ 를 10 (으)로 정하기]를 안쪽에 연결한 후 **10**을 클릭하여 **0**으로 입력하세요.

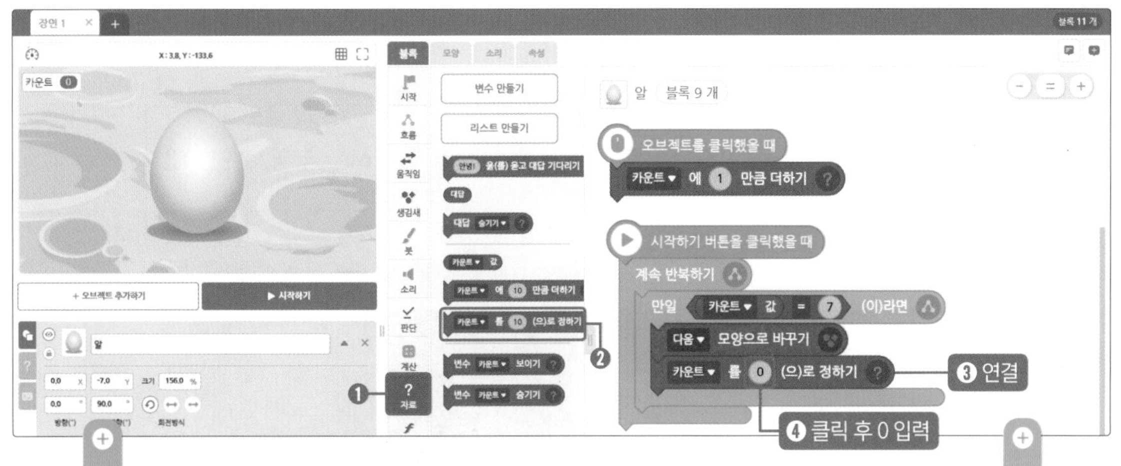

[알]을 7번 클릭하여 다음 모양(알-2)으로 변경되면 다시 7번 클릭하여 모양을 변경할 수 있도록 '카운트' 변수값을 0으로 초기화해요.

09 <시작하기> 버튼을 누른 후 **[알]**을 연속으로 클릭하여 모양을 변경해 보세요. 1개의 모양을 변경하기 위해서는 **7번**을 클릭해야 해요.

❶ 클릭

코딩 플러스

실행화면에 보이는 변수값을 보이지 않도록 설정하기 위해서는 [속성]-[변수]를 클릭하세요. 아래쪽 변수 목록에서 '카운트' 변수 옆에 있는 [◎]를 클릭하세요.

>>>

칠판에 낙서하기

학습목표

★ 칠판 배경을 예쁘게 색칠해 보세요.
★ 분필이 마우스포인터를 따라서 계속 움직이며 칠판에 글을 쓸 수 있어요.

실습파일 칠판에 낙서하기.ent **완성파일** 칠판에 낙서하기(완성).ent

오브젝트 파헤치기

❶ **분필** : 마우스포인터를 따라서 계속 움직이다가 마우스 클릭시 칠판에 글을 쓸 수 있어요.

명령 블록 파헤치기

블록 꾸러미	명령 블록	설명
흐름	만일 참 (이)라면 / 아니면	참이면 첫 번째 안쪽 블록들을 실행하고, 거짓이면 두 번째(아니면) 안쪽 블록을 실행해요.
판단	마우스를 클릭했는가?	마우스를 클릭한 경우 '참'으로 판단해요.
붓	그리기 시작하기	오브젝트가 이동하는 경로에 맞추어 선을 그려요
	그리기 멈추기	오브젝트가 선 그리는 것을 멈춰요.
	그리기 굵기를 1 (으)로 정하기	오브젝트가 그리는 선의 굵기를 입력한 값으로 정해요.
	그리기 색을 ■ (으)로 정하기	오브젝트가 그리는 선의 색을 선택한 색으로 정해요.

알록달록 오브젝트 꾸미기

01 **칠판에 낙서하기.ent** 파일을 불러와 **[칠판 배경]** 오브젝트를 선택한 후 **[모양]** 탭을 클릭하세요.

02 **채우기( )**를 이용하여 예쁘게 색칠한 후 **<저장하기>**를 클릭하세요.

03 엔트리 그림판에서 모든 작업이 완료되면 -**저장하기**를 클릭한 후 **[블록]** 탭을 선택하세요.

뚝딱뚝딱 블록 조립하기

01 **[분필]** 오브젝트를 선택한 후 [시작]을 클릭하여 (시작하기 버튼을 클릭했을 때)를 블록 조립소로 드래그하세요.

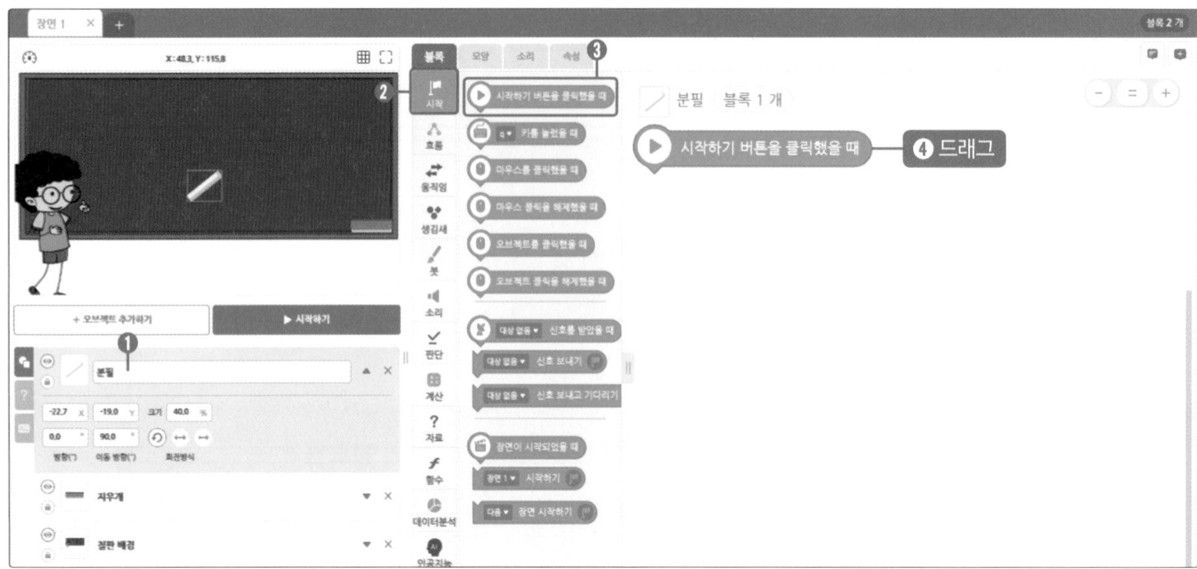

02 특정 블록을 계속 반복하기 위해 [흐름]의 (계속 반복하기)를 아래쪽에 연결하세요.

03 **[분필]**을 마우스포인터 위치로 이동시키기 위해 [움직임]의 (분필 ▾ 위치로 이동하기)를 (계속 반복하기) 안쪽에 끼워넣은 후 **분필**을 클릭하여 **마우스포인터**로 변경하세요.

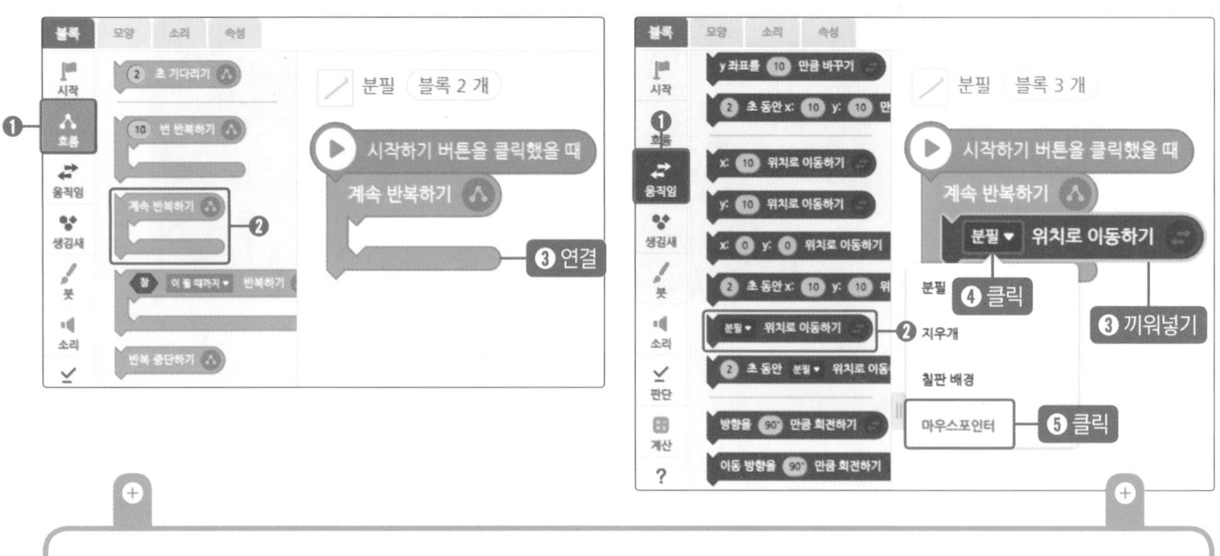

<시작하기> 버튼을 누르면 [분필]이 마우스포인터를 계속 따라다녀요.

04 참과 거짓을 판단하여 실행하기 위해 [흐름]의 을 안쪽에 연결하세요.

05 특정 조건을 확인하기 위해 [판단]의 마우스를 클릭했는가?를 참에 끼워넣으세요.

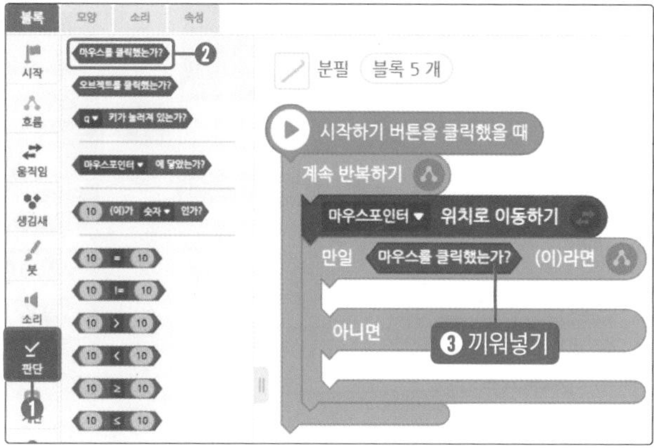

06 마우스를 클릭했을 때 글을 쓰기 위해 [붓]의 그리기 시작하기를 첫 번째 안쪽에 끼워넣으세요.

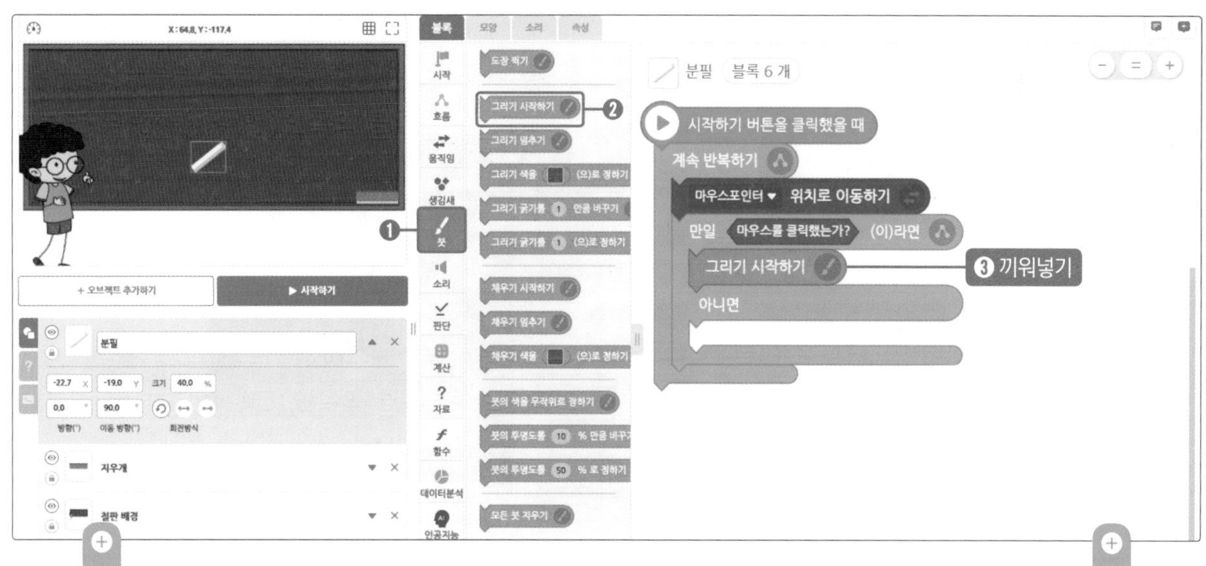

마우스 버튼을 누르면 첫 번째 안쪽의 블록(그리기 시작하기)들이 실행되고, 마우스 버튼에서 손을 떼면 두 번째(아니면) 안쪽의 블록들이 실행돼요.

07 글을 쓸 때 굵기를 정하기 위해 `그리기 굵기를 1 (으)로 정하기` 를 첫 번째 안쪽에 연결한 후 **1**을 클릭하여 3으로 입력하세요.

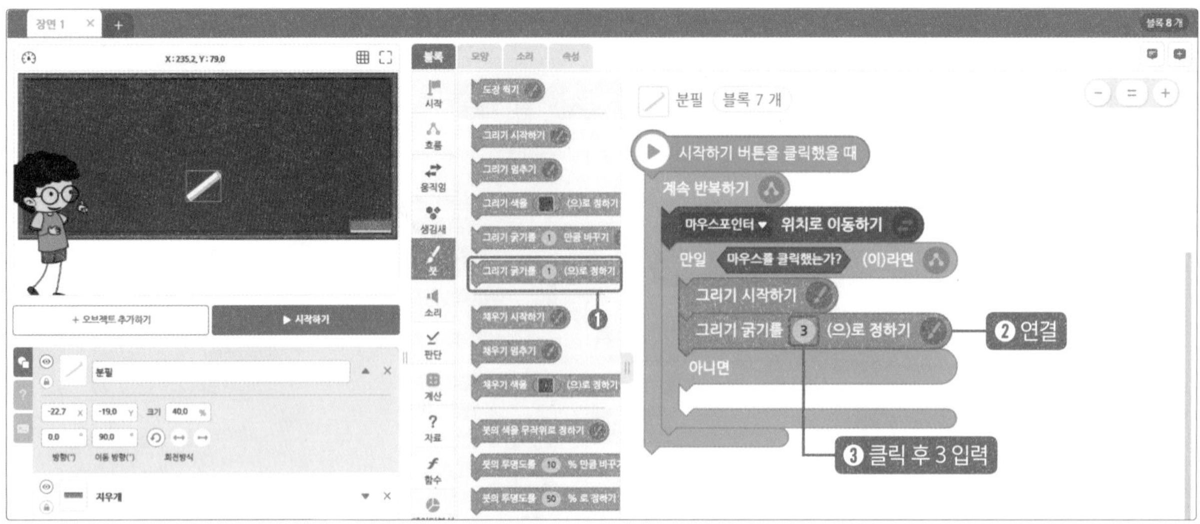

08 글을 쓸 때 색을 정하기 위해 `그리기 색을 ■ (으)로 정하기` 를 첫 번째 안쪽에 연결한 후 **색(■)**을 클릭하여 **흰색**을 선택하세요.

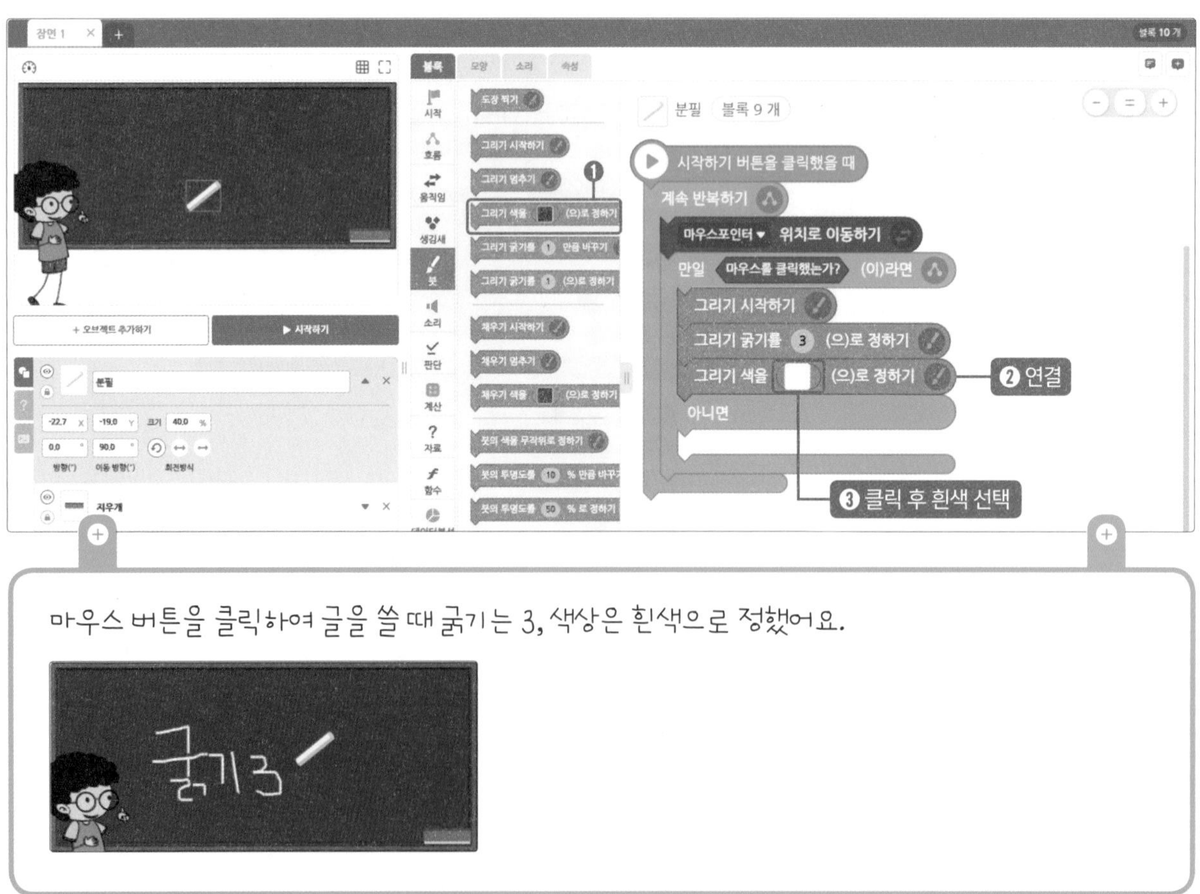

09 마우스 버튼에서 손을 떼면 글씨가 안 써지도록 하기 위해 그리기 멈추기 를 두 번째(아니면) 안쪽에 끼워넣으세요.

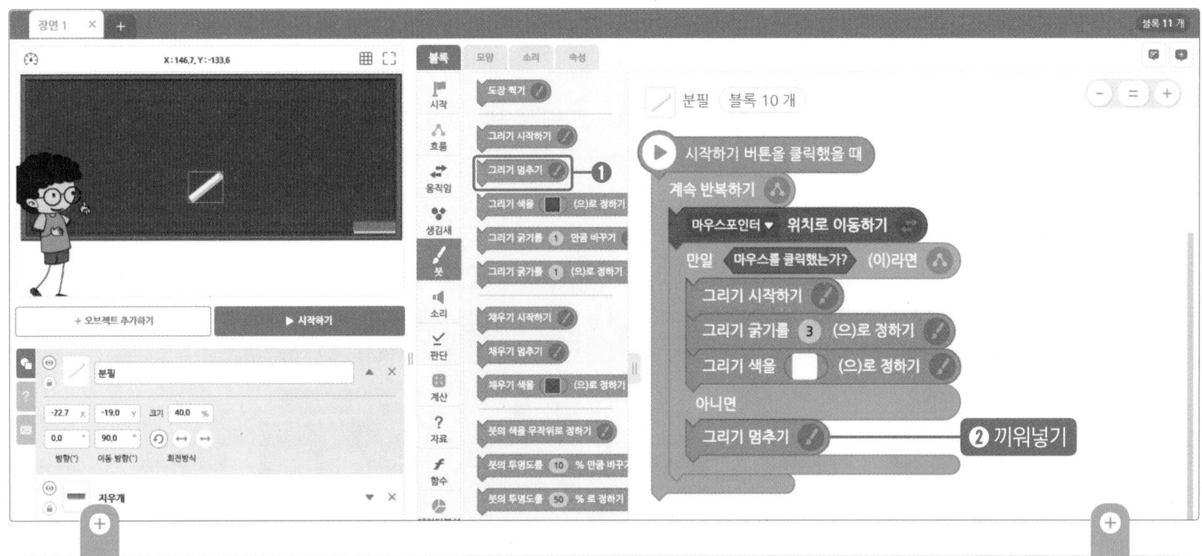

마우스 버튼을 클릭한 상태에서는 그림을 그리듯이 글을 쓸 수 있지만 클릭을 하지 않은 상태에서는 글을 쓸 수가 없어요.

10 <시작하기> 버튼을 누른 후 마우스 왼쪽 버튼을 누른 채 그림을 그리 듯이 글을 써보세요.

코딩 플러스

글을 쓰는 도중에 틀렸을 경우 Space Bar 를 누르면 모든 글을 지울 수 있도록 모든 붓 지우기 로 **[분필]**에 코드를 추가해 보세요.

마트 물건 채우기

학습목표

★ 마트 물건 중에서 도넛과 머핀을 예쁘게 색칠해 보세요.
★ 마우스로 도장을 찍고, 방향키로 모양과 크기를 변경해요.

실습파일 마트 물건 채우기.ent **완성파일** 마트 물건 채우기(완성).ent

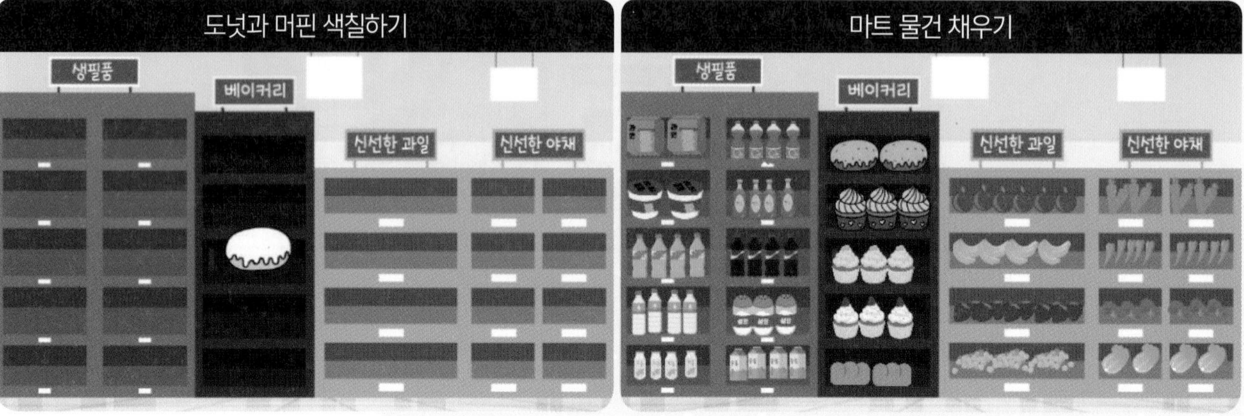

오브젝트 파헤치기

❶ **물건 :** 마우스포인터를 따라다니면서 마우스 클릭시 현재 모양을 도장으로 찍어요. 물건의 모양과 크기는 방향키(←, →, ↑, ↓)를 이용하여 변경할 수 있어요.

명령 블록 파헤치기

블록 꾸러미	명령 블록	설명
시작	마우스를 클릭했을 때	실행화면을 마우스로 클릭하면 아래쪽에 연결된 블록들이 실행돼요.
	q▼ 키를 눌렀을 때	선택한 키를 누르면 아래쪽에 연결된 블록들이 실행돼요.
생김새	다음▼ 모양으로 바꾸기	오브젝트의 모양을 이전 또는 다음 모양으로 바꿀 수 있어요.
	크기를 10 만큼 바꾸기	오브젝트의 크기를 입력한 값만큼 바꿀 수 있어요.
붓	도장 찍기	오브젝트의 모양을 도장처럼 실행화면 위에 찍을 수 있어요.
	모든 붓 지우기	실행화면 위에 찍은 도장과 선을 모두 지울 수 있어요.

알록달록 오브젝트 꾸미기

01 **마트 물건 채우기.ent** 파일을 불러와 **[물건]** 오브젝트를 선택한 후 **[모양]** 탭에서 **도넛**과 **머핀**을 클릭하여 이미지를 확인하세요.

02 **채우기( )**를 이용하여 **도넛**과 **머핀**을 예쁘게 색칠한 후 **<저장하기>**를 클릭하세요.

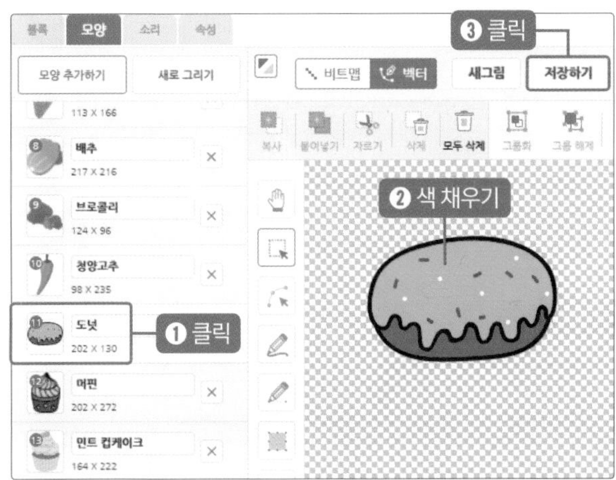

03 엔트리 그림판에서 모든 작업이 완료되면 ( ) - **저장하기**를 클릭한 후 **[블록]** 탭을 선택하세요.

뚝딱뚝딱 블록 조립하기

01 [물건] 오브젝트가 선택된 상태에서 [시작]을 클릭하여 [마우스를 클릭했을 때]를 블록 조립소로 드래그하세요.

02 마우스를 클릭하여 도장을 찍기 위해 [붓]의 [도장 찍기]를 아래쪽에 연결하세요.

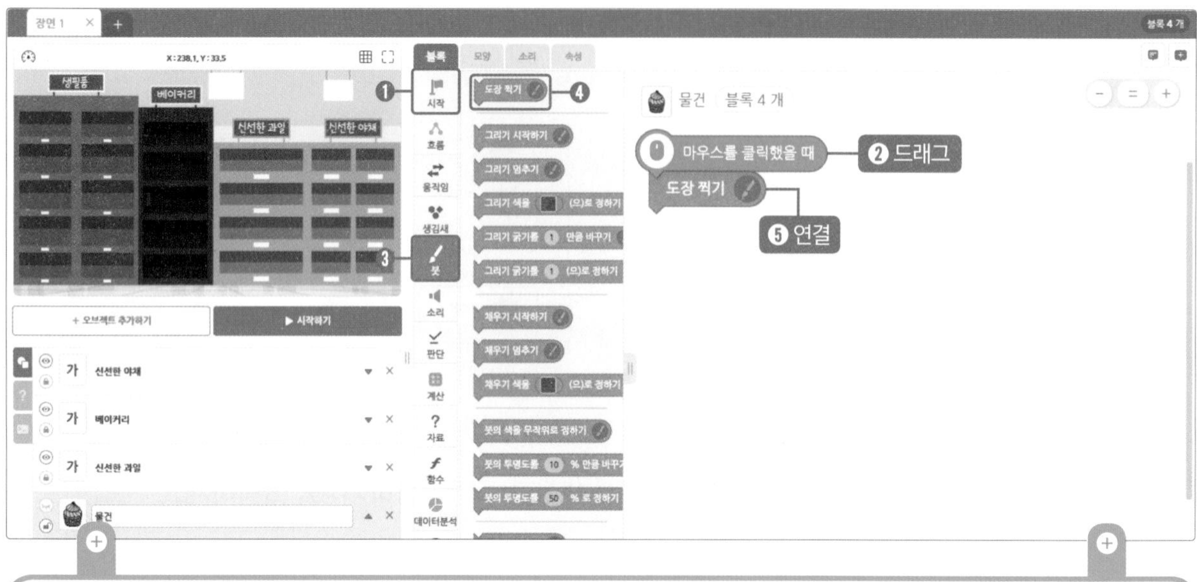

<시작하기> 버튼을 누른 후 실행화면을 클릭하면 도장을 찍듯이 똑같은 물건 모양을 만들어 낼 수 있어요.

03 [물건] 모양을 변경하기 위해 [시작]의 [q▾ 키를 눌렀을 때]를 블록 조립소로 드래그한 후 q를 클릭하여 **오른쪽 화살표**를 선택하세요.

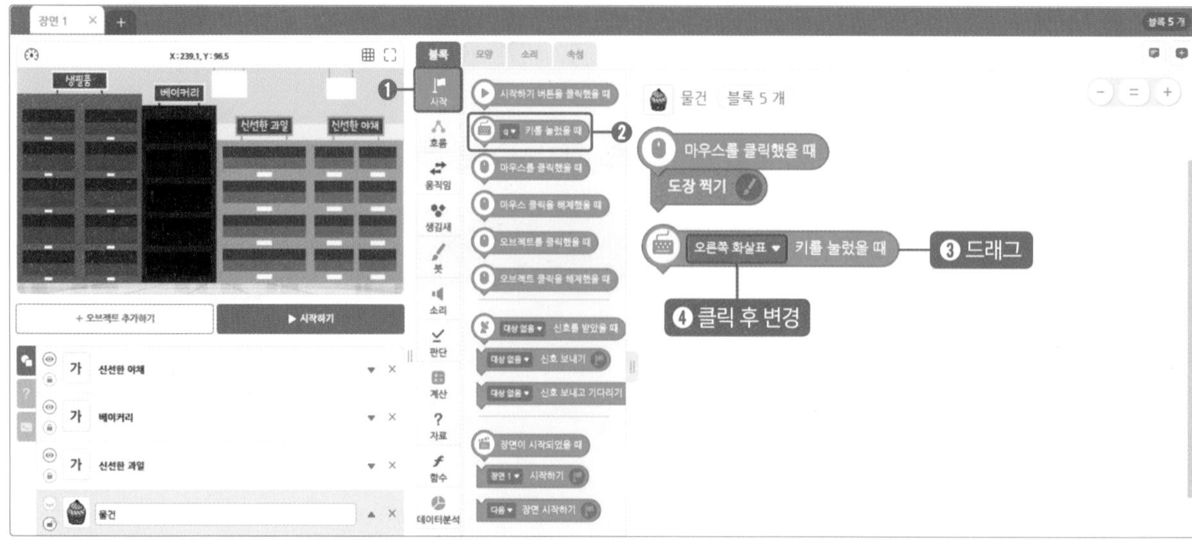

04 오른쪽 방향키(→)를 눌렀을 때 **[물건]** 모양을 변경하기 위해 [생김새]의 [다음 ▾ 모양으로 바꾸기]를 아래쪽에 연결하세요.

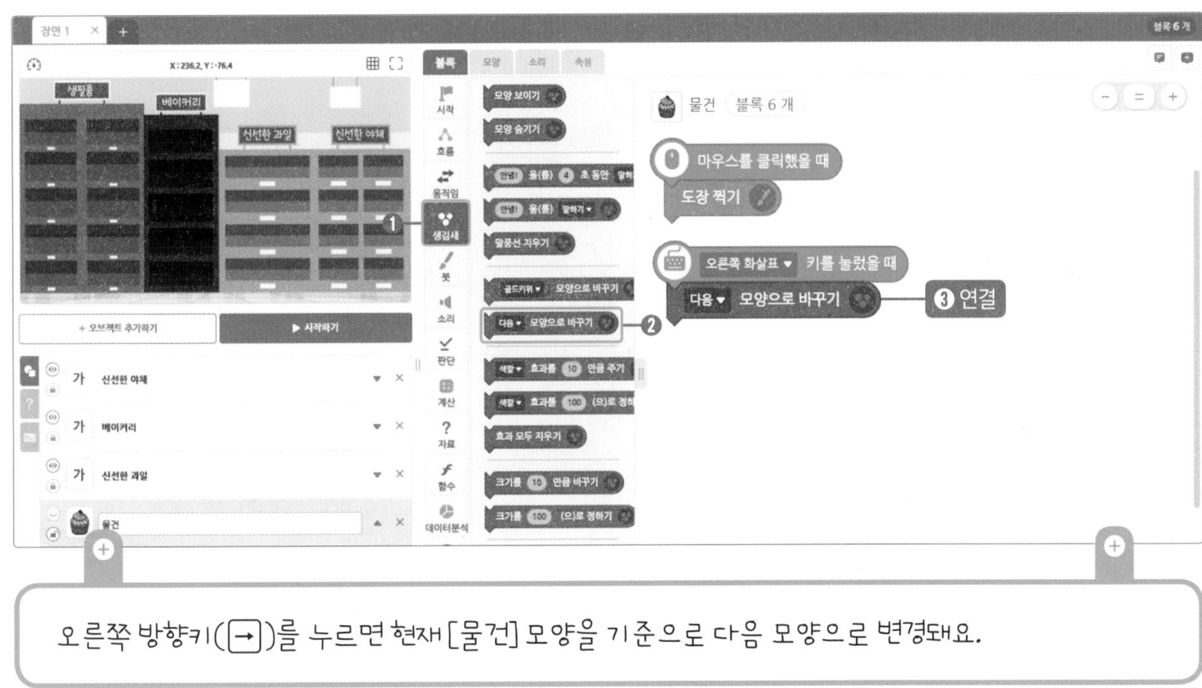

오른쪽 방향키(→)를 누르면 현재 [물건] 모양을 기준으로 다음 모양으로 변경돼요.

05 코드를 복사하여 왼쪽 화살표 코드를 작성하기 위해 [오른쪽 화살표 ▾ 키를 눌렀을 때] 위에서 마우스 오른쪽 버튼을 눌러 **[코드 복사 & 붙여넣기]**를 클릭하세요.

06 코드가 복사되면 위치를 이동시킨 후 **키(왼쪽 화살표)**와 **모양(이전)**을 수정하세요.

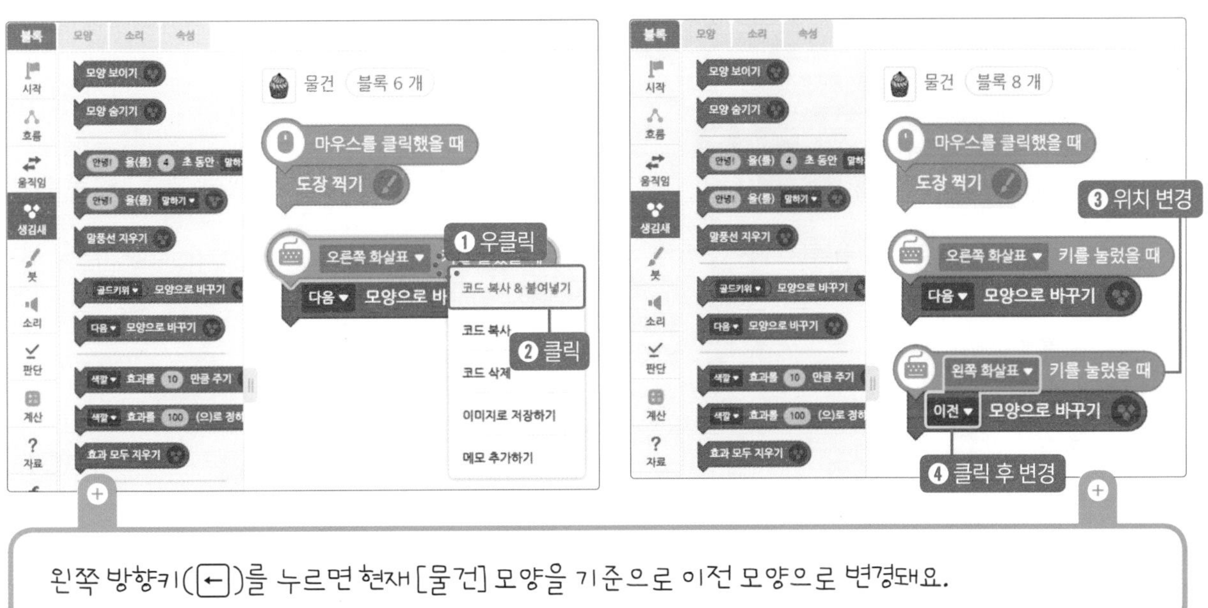

왼쪽 방향키(←)를 누르면 현재 [물건] 모양을 기준으로 이전 모양으로 변경돼요.

07 코드를 복사하여 위쪽 화살표 코드를 작성하기 위해 [오른쪽 화살표 ▾ 키를 눌렀을 때] 위에서 마우스 오른쪽 버튼을 눌러 **[코드 복사 & 붙여넣기]**를 클릭하세요.

08 코드가 복사되면 위치를 이동시킨 후 **키(위쪽 화살표)**를 변경하고 [다음 ▾ 모양으로 바꾸기]를 휴지통으로 드래그하세요.

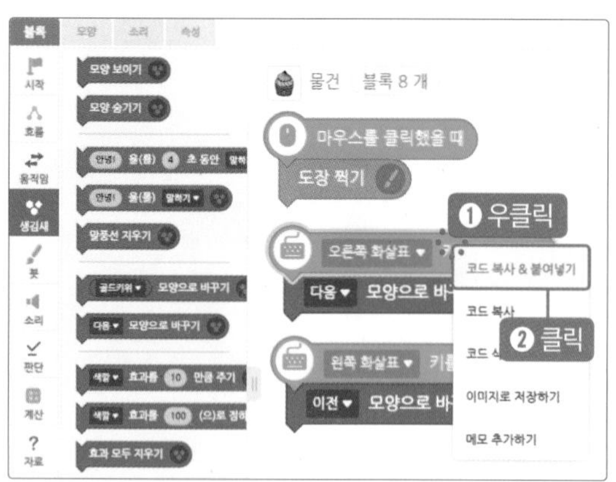

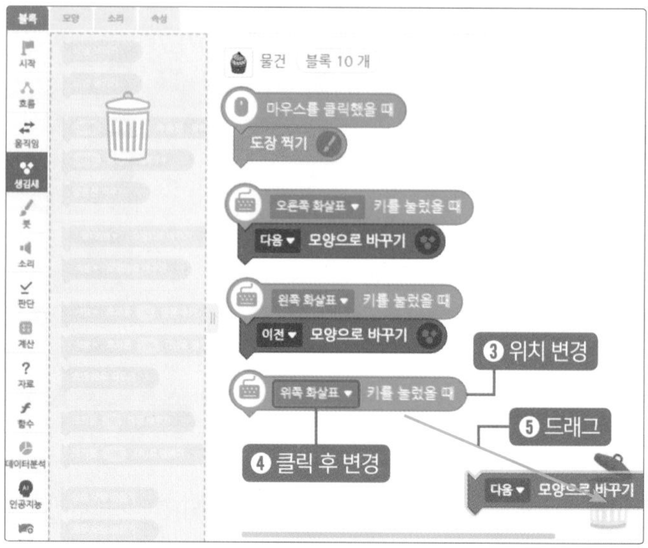

09 위쪽 방향키(↑)를 눌렀을 때 **[물건]**의 크기를 확대하기 위해 [생김새]의 [크기를 10 만큼 바꾸기]를 아래쪽에 연결한 후 **10**을 클릭하여 **2**로 입력하세요.

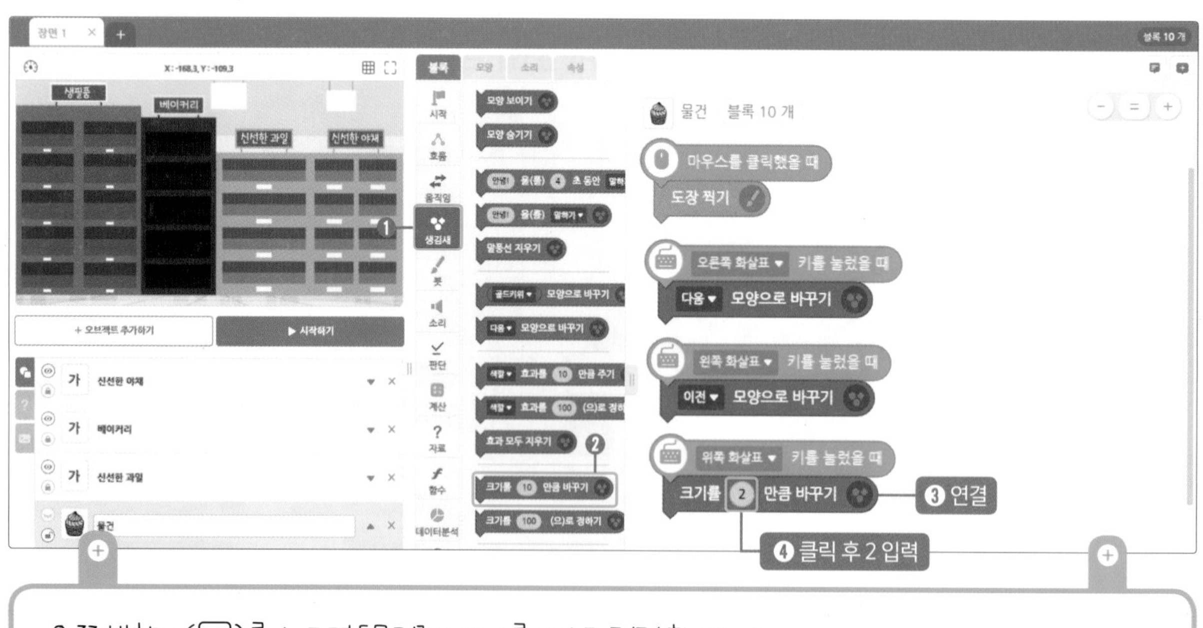

위쪽 방향키(↑)를 누르면 [물건]의 크기를 2만큼 점점 확대해요.

10 코드를 복사하여 아래쪽 화살표 코드를 작성하기 위해 [위쪽 화살표 ▾ 키를 눌렀을 때] 위에서 마우스 오른쪽 버튼을 눌러 **[코드 복사 & 붙여넣기]**를 클릭하세요.

11 코드가 복사되면 위치를 이동시킨 후 **키(아래쪽 화살표)**와 **크기(-2)**를 수정하세요.

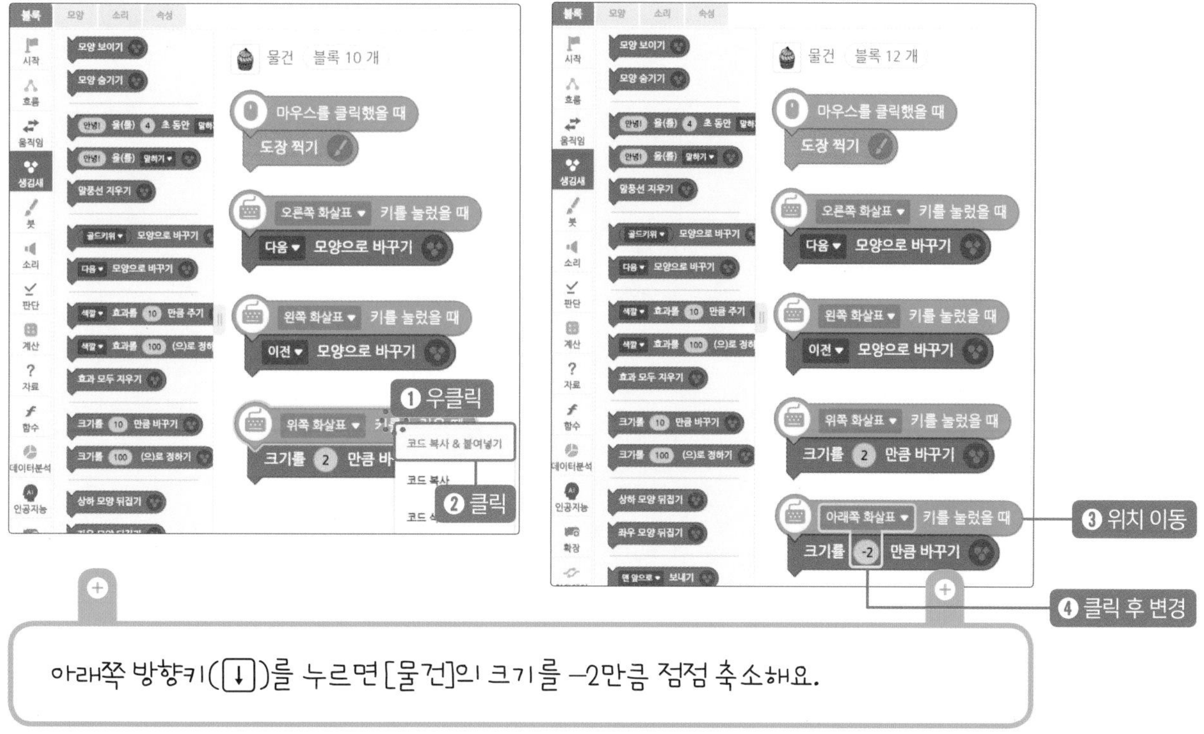

아래쪽 방향키(↓)를 누르면 [물건]의 크기를 –2만큼 점점 축소해요.

12 <시작하기> 버튼을 눌러 방향키(↓, ↑, →, ←)로 **[물건]**의 모양과 크기를 변경한 후 마우스를 클릭하여 진열장에 물건을 채워보세요.

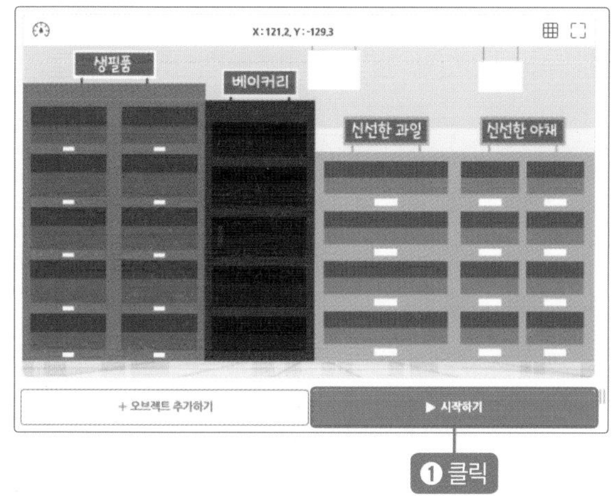

코딩 플러스

Enter를 누르면 진열대의 모든 물건이 없어지도록 [물건]에 코드를 추가해 보세요.

MEMO

MEMO

MEMO